广视角 · 全方位 · 多品种

权威 · 前沿 · 原创

皮书系列为
"十二五"国家重点图书出版规划项目

药品流通蓝皮书

BLUE BOOK OF
PHARMACEUTICAL DISTRIBUTION INDUSTRY

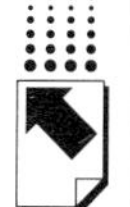

中国药品流通行业发展报告（2014）

ANNUAL REPORT ON CHINA'S PHARMACEUTICAL DISTRIBUTION INDUSTRY (2014)

中国医药商业协会
中国社会科学院经济研究所公共政策研究中心
主　　编／佘鲁林　温再兴
执行主编／朱恒鹏　唐民皓　付明仲

社会科学文献出版社
SOCIAL SCIENCES ACADEMIC PRESS (CHINA)

图书在版编目（CIP）数据

中国药品流通行业发展报告.2014/佘鲁林，温再兴主编.—北京：社会科学文献出版社，2014.11
（药品流通蓝皮书）
ISBN 978-7-5097-6672-9

Ⅰ.①中… Ⅱ.①佘… ②温… Ⅲ.①药品-商品流通-经济发展-研究报告-中国-2014 Ⅳ.①F724.73

中国版本图书馆CIP数据核字（2014）第242072号

药品流通蓝皮书
中国药品流通行业发展报告（2014）

主　　编／佘鲁林　温再兴
执行主编／朱恒鹏　唐民皓　付明仲

出 版 人／谢寿光
项目统筹／邓泳红
责任编辑／吴　敏

出　　版／社会科学文献出版社·皮书出版分社（010）59367127
地址：北京市北三环中路甲29号院华龙大厦　邮编：100029
网址：www.ssap.com.cn
发　　行／市场营销中心（010）59367081　59367090
读者服务中心（010）59367028
印　　装／北京季蜂印刷有限公司

规　　格／开 本：787mm×1092mm　1/16
印 张：19.5　字 数：315千字
版　　次／2014年11月第1版　2014年11月第1次印刷
书　　号／ISBN 978-7-5097-6672-9
定　　价／128.00元

皮书序列号／B-2014-398

药品流通蓝皮书编委会

序　言

在商务部市场秩序司指导下，经过中国医药商业协会编撰人员的辛勤劳动，《中国药品流通行业发展报告（2014）》现在与大家见面了。这是协会第一次以正式出版物的形式发布蓝皮书，带来了对 2013 年药品流通行业的全面解读，以及对药品流通行业中的热点事件、重点问题的透视和预测，是政府有关部门、从事药品流通产业研究和企业管理人员了解行业状况、分析行业发展趋势的重要参考用书。

药品是关系人们生命健康的特殊产品，药品流通行业是关系国计民生的重要行业。党的十八大报告提出，重点推进药品供应等领域的综合改革；党的十八届三中全会提出，要使市场在资源配置中起决定性作用。近年来，国家在药品安全、公立医院改革、医药价格形成机制等改革中也更加重视药品流通行业的改革、规范与发展。商务部承担药品流通行业管理职责以来，出台了《全国药品流通行业发展规划纲要（2011～2015 年）》，推动建立行业管理工作体系，着力加强行业基础建设，努力完善药品流通的市场机制，构建公平竞争的统一市场。经过全行业的共同努力，我国药品流通行业呈现行业集中度、流通效率和管理现代化水平进一步提升的积极势头，进入了一个发展转型的关键阶段。但由于我国所处的经济发展时期，长期实行的“以药养医”体制性弊端等多种因素使我国药品流通行业在高速发展的同时也存在着行业结构不合理、流通效率不高、流通秩序不规范等问题。解决这些问题，需要进一步深化改革，需要进一步发挥行业组织在发布市场信息、引导行业发展等方面的作用，需要全行业从业人员了解行业发展现状、问题、形势与任务，形成促进全行业转型发展的合力。

《中国药品流通行业发展报告（2014）》的出版发行是适应新形势、促进行业发展的具体体现。希望《药品流通蓝皮书》能够成为全面发布行业信息

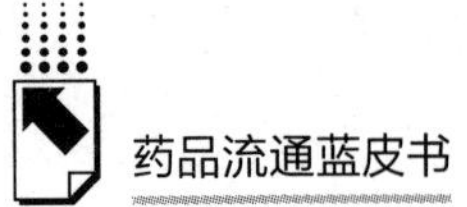

的一个知名品牌，能够成为政府主管部门了解行业发展状况、医药企业经营者分析和调整经营策略、行业研究人员分析研究问题的有效渠道，能够成为促进行业持续健康发展的重要纽带。

常晓村

商务部市场秩序司司长

2014 年 7 月 15 日

摘 要

随着我国经济体制的发展和变化，药品流通行业作为连接药品生产与终端消费的重要环节也经历了不同的发展阶段。新医改以来，药品流通行业发展迅速，但同时也存在一定的问题。本书对新医改以来药品流通行业的发展现状、存在的问题及其原因等进行了分析，并提出了相应的政策建议。

随着新医改的进一步推进，我国医疗机构数量、资源及卫生总费用在全国范围内普遍增长。2013 年医药市场增速放缓，这在医疗流通环节和使用环节都有所体现。在药品流通环节，本书考察了我国医药商业企业的经营情况，归纳了医药商业企业的发展方向。在零售药店方面，新医改下零售药店的生存压力加大，但开店数量仍然不断增加，业务呈现新的特征。在医疗机构方面，医院与基层的药品业务比重有所下降，但仍处于医院收入的核心位置。

医药电商和流通上市是近年来药品流通商业模式的重要风向。我国有关部门已经正式确认了互联网药品交易的合法性，并初步构建了我国互联网药品交易的监管框架，目前正在进一步完善中。面对 2013 年行业增速放缓以及毛利持续降低等严峻形势，药品流通上市企业不断进行调整和尝试，主要包括战略定位调整、新业务的拓展、新模式的探索、互联网的尝试等。

药品流通行业的发展与国家政策、改革趋势密不可分。国际上，主要发达国家药品流通市场结构趋同，药品零售市场实施医药分业、药品批发市场高度集中和分销体系扁平化，而价格管制程度和模式各异。我国新医改以来，各地区在取消药品加成、降低药品价格、逐步理顺医疗服务价格等方面做了大量的工作。分析发现，在经济发达地区实施医药分业，对包括患者、医疗机构及医生在内的各方都有好处。本书还分析了社会医保发展中存在的问题并提出了政策建议。

药品流通行业是由众多药品流通企业组成的。本书选取了国药控股、华润医药和九州通三家企业作为案例，并展示了药品流通企业的统计情况。

关键词： 药品流通　药品市场　医疗体制改革

目 录

𝔹Ⅰ 总报告

𝔹Ⅱ 批发、零售市场篇

𝔹Ⅲ 医药流通行业发展模式篇

BⅣ 综合篇

BⅤ 典型案例篇

BⅥ 附录

皮书数据库阅读使用指南

总　报　告

General Report

B.1 新医改以来药品流通行业的发展及存在的问题

朱恒鹏　王　林*

摘　要：

药品流通行业作为连接药品生产与终端消费的重要环节，随着我国经济体制的发展和变化，也经历了不同的发展阶段。本文对新医改以来药品流通行业的发展现状、存在的问题及其原因等进行了分析。新医改以来，药品流通行业发展迅速，药品流通行业的规模不断发展壮大，新型药品流通模式不断涌现，但同时也存在一定的问题，如当前的公立医院药品购销模式、社会药店的连锁化率较低等。这不仅与药品流通行业本身有关，还与当前的医疗体制有关。本文对造成药品流通行业的问题进行了分析，并提出了相应的政策建议。

* 朱恒鹏，中国社会科学院经济研究所公共政策研究中心与微观研究室主任；王林，中国社会科学院经济研究所博士后。

关键词：

药品流通　现状问题　政策建议

药品流通行业，是指主要从事药品及有关服务流动与交易的行业。传统的医药商品流通通常只包括批发和零售两个环节，国际上药品流通已转型为分销、零售、医药物流、医药电子商务四个环节。但我国目前由于各种复杂的原因，医药不分，药品流通除了批发和零售环节外，还包括医院门诊药房。药品流通环节连接了药品的生产与最终消费，聚合了医药生产企业与医疗行业的有关要素。药品流通行业运行的相关指标可以反映医药行业运行质量及其经济效益，也能反映医疗体制改革的进展。

对于药品流通行业的发展，改革开放前后存在一定的差异，大致可以分为三个发展阶段：改革开放前、改革开放后至新医改和 2009 年新医改以来。

改革开放前，即以计划经济为主的时代，药品流通的主要功能是计划、调拨、仓储和运输配送，主要为完成相应的使命，不以营利为目的。当时的药品流通企业以国企为主，即中国医药公司。药品流通模式的主要特征是条块分割、统购包销、实行从上到下的四级医药批发。

改革开放后至新医改，即 1980 年至 2009 年，药品流通逐渐由计划指令的模式转为市场化的状态。药品流通渠道不仅仅是四级医药批发体制，开始出现多渠道的药品流通。20 世纪末的药品流通行业仍以国有药品流通企业为主，但 1999 年出台的《关于深化医药流通体制改革的指导意见》倡导对国有医药商业企业实行产权制度改革，推行产权多元化发展，药品流通企业的运营目标由原来的完成相应的使命转向盈利。这推动了药品流通行业的改革，加快了市场化的发展，民营药品流通企业不断崛起，药品流通企业间的竞争加剧，打破了以国有医药商业企业为主导的格局，使其市场和利润空间不断地被压缩。同时，药品生产企业组织营销队伍向药品商业企业及医院终端等推销药品。随着药品流通领域改革的推进，药品流通企业中出现了国有、民营和外资企业并存且共同发展的局面。

2009 年开始的新医改，出台了相应的医疗体制改革意见，提出要促进药

品流通企业的市场化发展，进行企业化运作，以政府引导为支撑，不断提高药品流通企业的竞争力和降低药品流通成本。新医改以来，药品流通行业的发展取得了一定的成绩，新型药品流通模式不断出现。流通的营销方式走向多样化，总代理、总经销、区域代理、区域分销、直销、连锁经营、现代医药物流、互联网医药销售和信息服务等，这些新型流通模式对传统模式造成了极大的冲击。经过一系列改革，药品流通企业的经营规模正朝着集约化方向发展，市场集中度逐步提高。

药品流通行业经过多年来的发展，药品流通市场规模不断增大，行业集中度也得到了一定程度的提高。随着经济的增长，老年人口的增加及人们健康意识的提高，药品流通行业面临良好的发展机遇。但是也应该看到，我国药品流通行业与国外相比还存在很大的差距，仍然存在费用率高及地方保护主义盛行等问题，与药品流通有关的医疗体制问题，如现行的药品招标采购制度、医药不分等制度仍然不利于药品流通行业的健康发展。本报告对我国药品流通行业，尤其是新医改以来的药品流通的现状、存在问题和原因及政策建议几方面进行论述。

一　我国药品流通行业的现状

据国家食品药品监督管理总局统计数据显示，截至2012年底国内有医药批发企业1.63万家，药品零售连锁企业3107家，零售连锁企业门店15.26万家，零售单体药店27.11万家，零售药店门店总数42.37万家，药品流通领域“多、小、散”的产业格局依然存在。但与此同时，一些大型龙头企业正在崛起，企业间重组扩张加剧，规模化、现代化的中国医药商业正在形成。

2013年，全国药品流通行业销售总额达13036亿元。其中，药品批发企业前100位的主营业务收入占同期全国市场总规模的64.28%，与2012年相比增长0.3%；排名前3位的药品批发企业占29.7%，与2012年相比增长0.9%；排名前10位的药品批发企业占36.3%，与2012年相比增长0.5%；排名前20位的药品批发企业占42.4%，与2012年相比下降2.8%。2013年主营业务收入在100亿元以上的药品批发企业有12家，50亿~100亿元的企业有11家，10亿~50亿元的有75家。对于药品零售企业来说，前100位药品零售企业销售额占零售市场销售额的28.3%；排名前5位的企业占9.0%；排名前10位的企业占14.4%；排名前20位的企业占18.5%。药品零售企业销售额超过50亿元的有3家，30亿~40亿元的有4家，20亿~30亿元的有3家，10亿~20亿元的有6家。因此，虽然我国药品流通企业销售规模不断增大，但“多、小、散”的产业格局依然存在，而与此同时产业集中度也在逐步提高，尤其是药品流通企业的集中度在不断提高，如图1所示，全国64.28%的市场份额已经被前100位的药品批发企业占有。相比较而言，我国药品零售企业的集中度过低，前100位药品零售企业的销售额仅占全国市场份额的5.66%，这与我国当前的医疗体制，如医药不分、医保制度等有关。

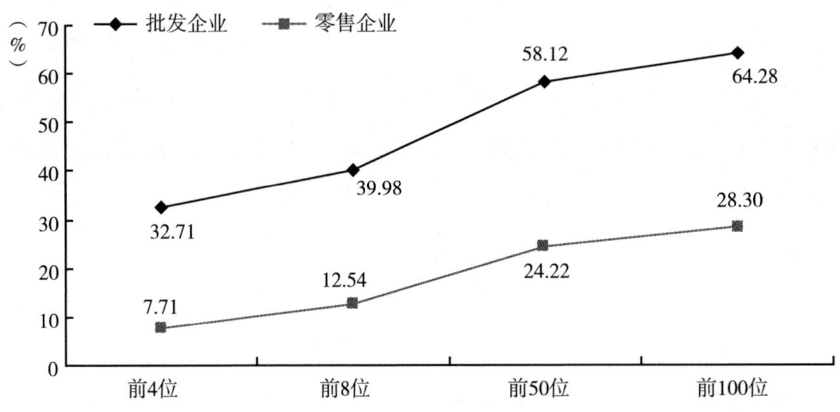

图1　2013年药品流通企业的集中度

资料来源：商务部药品流通行业统计系统。

概括起来，目前国内药品流通行业呈现的一些主要特征如下。

（一）骨干企业销售增长迅速，企业规模继续扩大

2013年，药品流通企业中批发企业主营业务收入超过100亿元的有12家，零售企业销售额超过50亿元的有3家，均比2012年增加了3家。药品批发企业主营业务收入超过50亿元的有23家，与2012年相比增加了6家；药品零售企业销售额超过30亿元的有7家，与2012年相比减少了1家。药品批

发企业主营业务收入超过20亿元的有50家，与2012年相比增加了5家；药品零售企业销售额超过10亿元的有16家，与2012年相比减少了3家。整体来看，药品流通企业的销售规模不断增加，尤其是药品批发企业的销售规模快速增加。同时，从前3位药品批发企业的主营业务收入来看，中国医药集团总公司、华润医药商业集团有限公司和上海医药集团股份有限公司2013年的主营业务收入分别为1866.04亿元、735.44亿元和710.02亿元，与2012年相比分别增长了24.68%、15.22%和15.12%。

（二）大型药品流通企业更加关注区域深度分销

大型药品流通企业开始专注于对各区域分销市场的渠道控制，全国范围内的大型流通渠道整合正在进行中。我国药品流通领域正在经历深刻的变革，传统的批发商正在向现代物流配送服务提供商转变。批发商由于与医院零售终端有稳定的商业往来，在药品流通环节中占据了主导地位。但随着新医改的推行，尤其是药品招投标工作的开展，使得医院终端的药品常用品种不断调整，批发商在药品流通环节的服务模式开始向终端客户提供价值服务转型。农村基层药品市场迅速扩容，配送能力较强的企业开始关注这个市场。现阶段农村基层市场主要掌握在中小型药品批发企业手里，这些企业大多只能覆盖区域内局部药品市场，向大企业靠拢，重组、兼并、整合成为它们拥有区域内话语权的唯一途径。在区域市场中，已经初步形成具有终端配送优势的流通企业正在着手将配送终端结构调整作为企业今后发展服务战略的方向，以进一步扩大企业配送规模，逐步增强区域市场配送服务能力直至获得强势终端市场地位，并以此为"筹码"，获得上游供应厂商的品种、价格以及其他营销活动的支持。同时，利用企业资金实力和规模效应，兼并配送"盲点地区"的中小企业，形成上游资源和市场资源的共享，增强整体规模效应。

（三）现代医药物流迅速发展

从2001年起，北京医药股份、上海医药、广州医药、国药股份、九州通等公司相继建设了一系列现代医药物流中心。由初期引进部分国外设备与技术发展到引进、消化、吸收、创新，再到信息化与业务模式的融合，实现信息流、资金流与商流的三流合一，全国医药现代物流已上了一个初始化的台阶。2013 年，药品批发直报企业配送总额为 8087 亿元，自有配送中心配送额占 80.2%。在药品流通企业降费增效的改革中，现代医药物流贡献巨大。政府也已从宏观层面开始推动医药供应链物流的发展，进行现代医药物流“四化”融合，即信息化、自动化、标准化、流程化，这将成为未来医药经营企业发展的战略目标。但是从国外物流业的发展历程看，已全面实现了“五化”融合（在前文“四化”的基础上，加上工程化），因此，当前药品流通行业加速“四化”融合，是新医改和零售药店、电商转型升级的需要，也是药品流通企业必然的选择。

（四）第三方医药物流开始兴起

第三方医药物流公司是从事医药物流产品配送的专业物流公司。有研究表明，第三方医药物流公司能极大地提高药品流通的效率。国内也有一些企业因尝试第三方医药物流而获利。以杭州邦达为例，2003 年起步，2008 年的配送量以产品金额计已突破 150 亿元，它不仅成为当地许多大型医药工业企业的指定物流运输商，还与国药控股、浙江英特、浙医股份、海王集团、浙江省医药工业公司等开展全面合作，承担其专业配送服务职能。第三方医药物流呈现快速发展的趋势，如 2013 年全国药品流通直报企业中，具有第三方医药物流资质的批发企业有 80 家；具有食品药品监管部门颁发的开展第三方药品物流业务确认文件的专业医药物流企业有 62 家。各地均已出现第三方物流公司，对这些企业的规范管理和有关政策法规相关部门应加速完善。

（五）与发达国家相比，对批发的销售占比较高

从 2010 ~ 2013 年药品的批发和纯销占比来看，对批发的销售占比在 40% 以上，纯销占比在 55% 左右。然而，需要注意的是，发达国家的药品流通企业主要以端到端的业务为主，基本没有对批发的销售业务，实现了药品流通的扁平化。在这方面我国还有很长的路要走。2010 ~ 2013 年，药品销售结构如表 1 所示。

表1　2010～2013年药品销售结构

单位：%

年份	对批发的销售占比	对终端的销售占比（含医疗终端、零售终端、居民零售）
2010	43.90	56.10
2011	43.99	56.01
2012	45.06	54.94
2013	43.12	56.88

资料来源：商务部药品流通行业统计系统。

（六）外资企业药品占据市场领先地位

目前，我国居民的疾病谱排序已经发生变化，心脑血管疾病、肿瘤及糖尿病等慢性病已成为发病率最高的疾病，因此对治疗这些慢性病的药品需求也较多，并以对外资药企所产药品的需求为主。

从药学会与麦肯锡有关中国医院药品市场的深度报告来看，自2010年以来，外资药企在我国的二、三级医院及一、二线城市的市场份额稳居首位，对比来看，在三级医院及一线城市占绝对主体地位。从2013年前3个季度的统计来看，外资药企在三级医院的市场份额占比达38%，高于二级医院的29%；在一线城市的市场份额达47%，高于二线城市的34%。在样本医院中，2013年前3个季度外资药企的市场份额居前10位的有7家，其中排前3位的外资药企及占比分别是：辉瑞制药，占比3.4%；阿斯利康，占比2.7%；赛诺菲，占比2.5%。因此，可以看出，外资药企在我国药品市场上占据领先地位。

（七）大型药品零售连锁企业快速发展

2003年以来，药品零售连锁企业发展迅速。据中国医药商业协会统计，继2008年“百强药店”门槛首度突破亿元大关以来，零售药店数量不断增加，2012年底全国零售药店门店总数已达42.37万家，并出现了国药控股国大药房有限公司、中国北京同仁堂（集团）有限责任公司、老百姓大药房连锁股份有限公司、云南鸿翔一心堂药业（集团）股份有限公司、大参林医药集团股份有限公司、辽宁成大方圆医药连锁有限公司、深圳市海王星辰医药有限公司、益丰大药房连锁股份有限公司、重庆和平药房连锁有限责任公司及云南健之佳健康连锁店股份有限公司等十几家大型的药品零售连锁企业。药品零售连锁企业间的重组并购的规模和数量及拟上市公司数量不断增加。2013 年前 100 位零售连锁药店的销售额达 738.4 亿元，利润率也有所提高。2013 年排名前 5 位、前 10 位、前 20 位和前 100 位的连锁企业分别占销售总额的 9.0%、14.4%、18.5%和 28.3%。2008 年销售额前 100 位药品零售连锁企业的平均利润率为 3.05%，2012 年达到 4.4%。中国药品零售企业的综合经营管理能力已有明显提升。

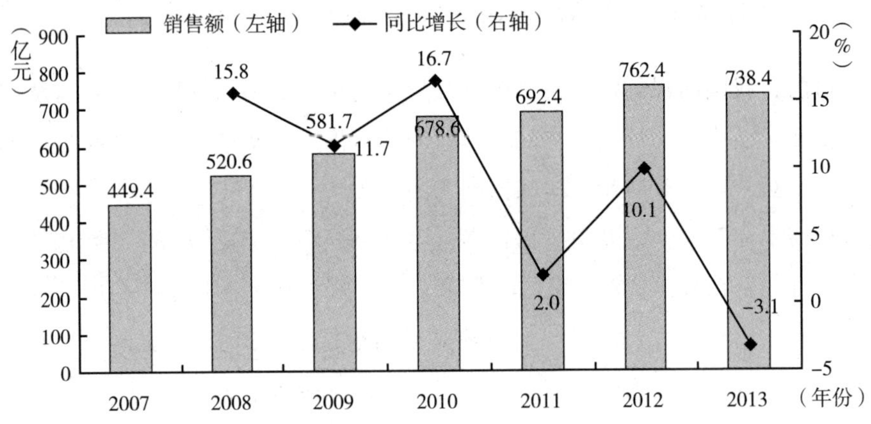

图 2　2007～2013 年零售企业销售总额前 100 位销售额增长变化

资料来源：中国医药商业协会。

（八）药品批发配送模式向“端到端”转型

药品流通领域竞争的加剧，促使“端到端”这一新型药品流通模式出现。在这种新型药品流通模式下，药品批发企业既批发又零售，在药品流通的各环节进行紧密合作，具体包括：与药品生产企业有稳定的商业关系，在全国和各区域分别布局及建立药品分销网络、物流配送中心及相应的连锁药店。与此同时，与各区域的药品经销商及医疗机构建立稳定的商业往来关系。从药品分销网络处获取药品需求信息后传递给批发企业，再由批发企业向上游的药品生产企业订货，生产企业将所需药品发给区域物流中心，并配送给药店、医疗机

构、个人消费者及养老院和护理院终端需求客户，同时随着电商的发展，非处方药品可以直接配送给最终消费者（见图3）。在这种“端到端”的配送模式下，能够使供需信息很好地传递，减少了不必要的中间流通环节，缩短药品的流通过程。同时，在这种扁平化药品分销网络模式下，药品配送品种齐全、批发配送效率高、成本低、服务水平高。普药和OTC类药品主要以这种批发配送模式为主，而且主要的零售终端是中小型批发商、药店、县级或民营医疗机构。而对于面向大型公立医疗机构的“新特药”，并不适合以该种模式进行配送。因此，可以看出虽然这种扁平化、快批快送的模式在很多方面具有优势，但由于医疗机构的药品市场规模占比较高，在我国的发展空间比较受限。

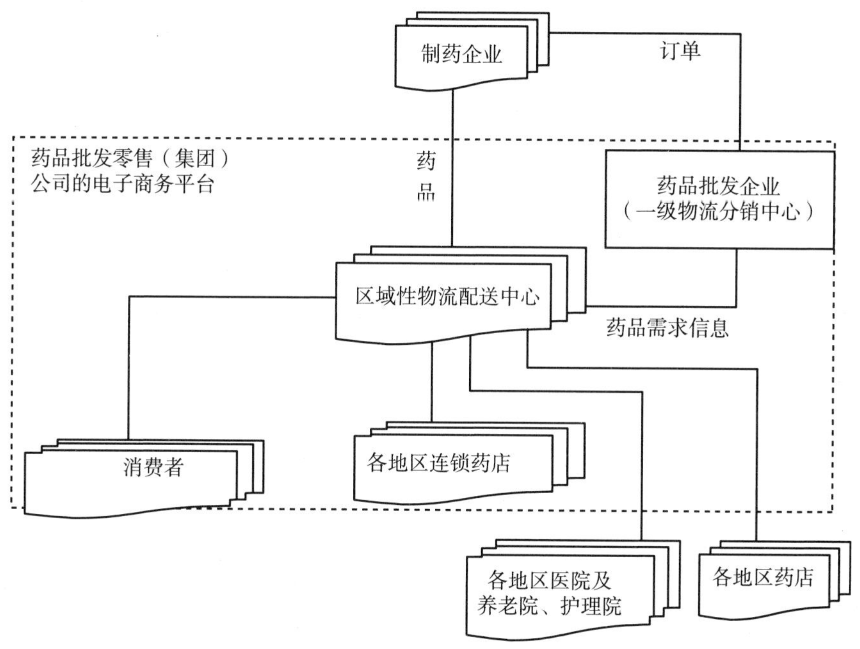

图3　高效药品流通配送模式

这种流通模式的代表企业是九州通集团。九州通集团以“端到端”的配送方式为主，并逐步向电商转型。九州通集团于2000年成立第一家子公司，经过十几年的发展，已由一家名不见经传的地方小型药品批发企业迅速发展成为药品流通企业的龙头企业。该公司的年销售收入（含税）由2000年的15亿元增加到2013年的385亿元，年复合增长率在30%以上。

二　我国药品流通行业存在的突出问题

药品流通行业经过一系列的改革和发展，由单一的药品流通渠道转变为多种流通渠道，由国有流通企业为主转变为民营、外资及股份制的流通企业并存，经营方式也得以不断改善。但是，我国的药品流通行业仍然存在一些问题，与发达国家相比还存在很大的差距。现对我国药品流通行业存在的问题进行如下分析。

（一）药品流通行业的集中度及物流配送服务水平低

我们用前4位和前8位药品流通企业的销售额占总销售额的比例（即CR4和CR8）与前50位药品流通企业的销售额占总销售额的比例的平方和（即赫芬达尔-郝思曼指数）来表示药品流通行业的集中度，具体如表2所示。虽然2010~2013年，以CR4、CR8和HHI表示的药品流通行业的集中度在不断提高，但是与发达国家相比，我国药品流通行业的集中度仍然较低。同时，2010~2013年我国药品流通行业的HHI指数均小于0.05，对应于表3中的市场结构类型为分散竞争型的市场结构。2013年前3位的药品流通企业，即中国医药集团总公司、华润医药商业集团有限公司和上海医药集团股份有限公司的年销售额也仅占全行业的29.7%。其规模与美国、日本和欧盟相比均存在很大差距，如美国、日本和欧盟的前3位药品流通业企业的销售份额分别达到了95%、80%和65%。与国外药品流通行业高集中度相对应的，就是国外的药品流通企业并不多，美国的药品批发商仅70家，而德国更少，仅有10个大型药品批发商。

表2　2010~2013年国内典型药品流通企业的产业集中度

年份	2010	2011	2012	2013
CR4(%)	24.59	22.27	27.46	29.93
CR8(%)	33.56	29.65	35.08	36.76
HHI	0.027	0.023	0.037	0.041

资料来源：根据商务部药品流通行业统计系统数据计算。

表 3　以 HHI 值划分的市场结构类型

HHI 值	类　型	HHI 值	类　型
0.10≤HHI<0.18	低度寡占型	0.01≤HHI<0.02	高度分散型
0.05≤HHI<0.10	低集中竞争型	HHI<0.01	极端分散型
0.02≤HHI<0.05	分散竞争型		

药品流通行业的集中度过低，直接导致物流配送服务水平低。当前的医疗体制导致的“以药养医”模式，及地域市场分割，如药品招投标政策和地方保护主义也限制了医药物流企业的市场化竞争，不利于其效率的提高。

（二）行业的成本费用高、利润低

由于我国药品流通行业发展的特殊性，药品流通企业数量多、规模小、效率低，对应的药品分销集中度低、规模化程度低和物流配送水平低和流通费用高昂。此外，国有药品批发企业效率低也是其运营成本过高的重要原因。国内批发企业尽管平均毛利率较高，但平均费用率也很高，超过了 7%，利润率不足 1%。美国和日本药品批发商的毛利率尽管只有 3% 左右，但平均费用率很低，不足 1.5%，因此利润率超过中国企业，大约在 1.5%。

需要指出的是，国内药品流通费用高主要不在物流环节，而是药品零售终端，尤其是公立医院垄断性的药品零售终端，以及政府对医疗体制不合理的管制。因此，药品流通环节多导致药品流通效率低、费用高及药品价格高的这种观点颠倒了因果关系。事实上，药品流通费用高的原因不在物流环节，也不在批发环节，最主要在公立医疗机构的药品购销模式。因此，要解决药品流通费用高的问题，需要破除以公立医院为代表的零售终端的垄断地位，消除其现有以回扣和返利为主要形式的“以药养医”模式，医院及社会药店要有公平、公正的竞争环境，这样才有可能消除药品的出厂价格与零售价格之间过大的价差，减少流通环节，控制层层加价，促进药品流通行业的优胜劣汰，使其向扁平化和高效化方向发展。

（三）医院药品购销模式存在问题

基本的供求规律表明，商品价格越高，购买量及需求量就越少。然而，公立医院的药品采购却存在相反的规律，即药品价格越高，采购量就越大，反之则越少。这与药品的加价率管制政策直接相关。15%药品加价政策的本意是控制药品零售价格，最终却导致医院偏好购销高价药、排斥廉价药。造成这种现象的原因很简单，由于医院在采购价基础上加价15%，采购价越高医院的批零加价收益就越大。同一治疗领域的两种药品A和B，如果药品A的批发价为10元，药品B的批发价为50元，医院采购药品A获得的加价收益为1.5元，而采购药品B可获得7.5元的加价收益。显而易见，医院倾向于采购药品B以获取更多的加价收益。除了15%的加价率管制政策外，医院在药品零售环节的垄断地位使其能够和药厂合谋抬高药品的批发价，不仅能获得“明”的加价收益，还能从药厂获取较高的“暗”的回扣和返利等如图4所示。

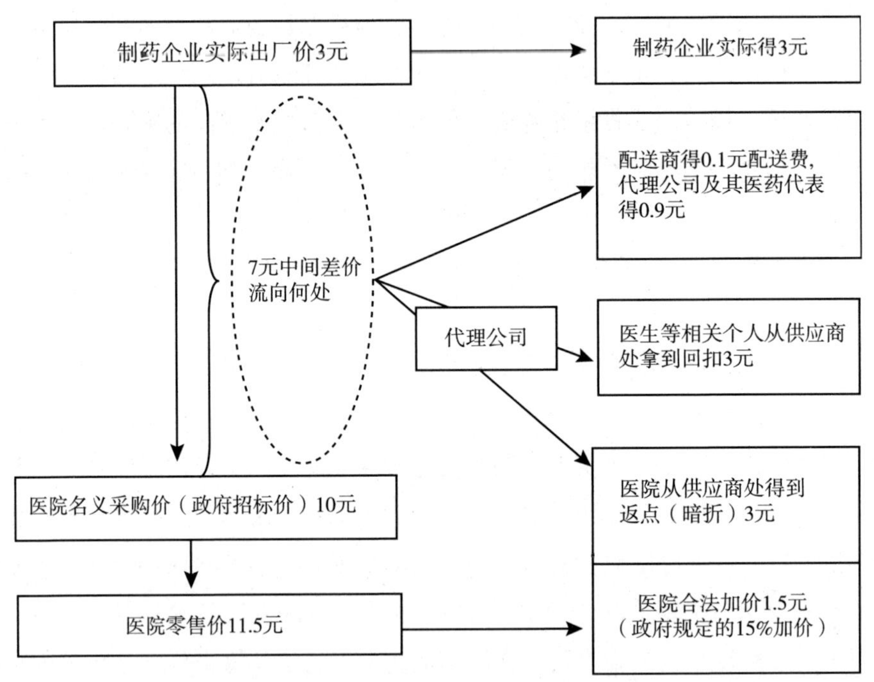

图4　公立医院的药品采购及盈利模式

公立医院的这种采购模式除了使药品价格虚高外，还显著增加了制药企业的销售成本，使得药品流通环节增加、效率低下。医院偏好购销高价药，并不是因为药品疗效更好或质量更高，如上文所述，而是为了获取更高的加价收益

与更多的返利和回扣，由药厂和医院合谋将药品价格抬高。为了使药品顺利进入医院，并写入医生的处方，药厂需要组织药品营销人员，如一些医药代表等，① 向医院的药事委员会、药房工作人员及临床医师等推销药品，并进行返利和回扣。因此，加价率管制政策和公立医院的垄断地位导致药品价格虚高、药品流通费用过高及流通秩序混乱。

（四）公立医院的药品采购强势地位，使得药品流通渠道垫付了大量资金

目前，国家政策明确规定公立医院的药品采购款必须在60天内支付，不允许通过承兑汇票等方式变相延长货款的支付周期。但实际上，很少有公立医院按期支付货款。在全国药品购销市场上，医院的平均回款期长达半年以上，有的甚至超过一年。如表4所示，公立医院的应收账款周转天数为131天。药品流通企业多达数千亿元的资金沉淀在医院（甚至已经被医院挪用），其已经成为医疗机构的融资渠道。药品流通企业在长期被拖欠货款的情况下还得继续向医院供应药品，公立医院在药品采购环节的强势地位一目了然。我国药品流通渠道的回款周期长、垫付资金久，成为制约国内药品流通企业发展的一大问题。

表4　2013年药品批发企业对公立医疗机构应收账款调研情况统计

单位：%，天

医疗机构分级	各账龄占应收账款总额的比重						全年应收账款平均周转天数
	60天以内（含60天）	61～90天（含90天）	91～180天（含180天）	181～270天（含270天）	271～360天（含360天）	一年以上	
公立医院总计	35.20	14.28	20.31	7.45	2.15	1.35	121
其中：三级医院	20.20	7.30	10.91	4.04	1.32	0.80	121
二级医院	10.22	3.99	5.81	2.19	0.52	0.45	117

① 医药代表通常由代理公司进行管理，代理公司有3种存在形式：药厂自建、独立的专业代理商和药品批发企业兼任。反商业贿赂法规的出台使得药厂自建的代理公司转为独立的具有法人资格的专业代理商，而在此之前，药厂员工中有60%是营销人员，只有30%左右的员工是生产人员。

续表

医疗机构分级	各账龄占应收账款总额的比重						全年应收账款平均周转天数
	60 天以内（含 60 天）	61 ~ 90 天（含 90 天）	91 ~ 180 天（含 180 天）	181 ~ 270 天（含 270 天）	271 ~ 360 天（含 360 天）	一年以上	
军队医院	1.80	0.86	1.57	0.62	0.12	0.02	162
基层医疗服务机构	6.02	2.57	4.02	1.99	0.51	0.87	135

资料来源：中国医药商业协会。

（五）面向药店和基层医疗机构的高效药品批发配送额占比较小

由上述分析可知，由于公立医院特殊的药品购销模式，公立医院的药品配送模式也存在流通环节多、费用高的特征。我国 2 万多家医院约占药品市场的 70%，社会药店销售的药品占纯销的比例不足 20%。如表 5 所示，商务部直报系统统计数据表明，2010 ~ 2013 年对一级以下医院及连锁与单体药店的药品销售占纯销的比例较小，只有百分之十几。虽然开药店也面临一定的行政限制，但药店在零售终端的竞争较激烈，同时药店的药品价格面临的政府干预较小，可以进行自由定价或政府仅规定最高零售价，不受批零加价率的限制。所以，药店大多是市场化的采购行为，对于药品的配送通常选择配送效率高及费用低的企业。针对药店的药品批发企业，在市场竞争中能够优胜劣汰，流通环节少，效率高，同时市场集中度也较高。

表 5　对不同终端的药品销售额占纯销的比例

单位：%

年　　份	2010	2011	2012	2013
对医疗终端的销售	70.18	71.43	67.82	69.85
其中：对二级以上医院的销售	50.44	50.68	47.76	53.63
对一级以下医院的销售	9.08	12.82	13.17	16.21
对连锁与单体药店的销售	11.34	13.02	12.88	13.50
对居民的零售	11.91	15.55	16.56	16.64

资料来源：商务部药品流通行业统计系统。

诊所、农村卫生室受限于患者支付能力，购销的高价药品有限，它们主要采购的是廉价普药。该部分市场的药品批发配送模式与社会药店相似，即主要由效率高及费用低的企业来配送。总体来说，前面所讲到的那种高效药品流通模式正在逐步成为社会药店与乡镇卫生院等的主要药品流通模式。但是由前述分析可以看出，这种高效的药品流通模式并不适合于对公立医院的药品配送。

（六）基本药物零差价制度不利于药品的流通

基本药物零差价制度会导致返点和回扣这种违规违法的药品营销模式大面积蔓延到卫生院和社区卫生服务中心的药品购销行为中，进一步恶化药品流通环节，降低药品流通效率。

1. 推行基本药物制度前，基层医疗机构的药品采购模式

未实施基本药物制度时，在不高于最高零售价格的基础上，卫生院可自主确定药品零售价格，并赚取批零差价。由于面临社会药店及诊所的竞争，卫生院的药品零售价格不能过高。但为了赚取更多的批零差价，卫生院会尽量压低采购价。虽然卫生院的药品零售价能达到采购价的 1 倍左右，但由于采购价过低，卫生院的药品零售价会低于政府集中招标价，更低于政策所规定的最高零售价。卫生院的这种药品采购模式使其有动力与供应商谈判（见图 5），以降低采购价，这种经过充分市场竞争所形成的药品价格也是相对真实合理的。在实施基本药物制度前，卫生院很少通过药品的返利和回扣来盈利。

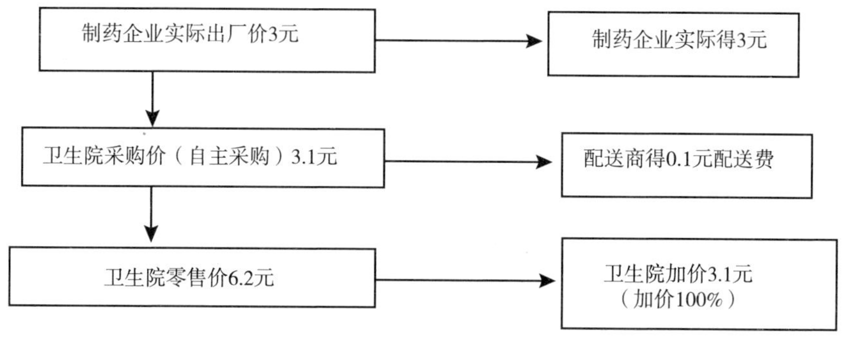

图 5　实施零差价制度前的卫生院药品采购及盈利模式

2. 基本药物制度扭曲了基层医疗机构的药品购销模式

2010 年开始推行的基本药物零差价制度，把上文所述的公立医院药品购销模式带到卫生院和社区卫生服务中心，扭曲了原来的药品价格形成机制和药品购销模式，并对高效药品批发模式的市场空间形成挤压。

2010 年前，即未实施基本药物零差价制度时，同一种药品的采购价格，公立医院要显著高于基层医疗机构。但是由于两者的药品购销模式及价格形成机制不同、面对的患者群体不同，两者几乎相互独立。而基本药物零差价制度要求基层医疗机构也采用公立医院的药品集中招采制度，并统一药品招标采购价。那么，此时的基层医疗机构的药品价格形成机制发生了变化，药品生产商的均衡投标价格也会发生改变，这是因为：

第一，防止价格比较导致的损失。同一竞标药品的销售范围较广，在全国多个省市的二、三级公立医院及基层医疗机构均进行销售，并且基本约物在各省份的中标价格信息是公开的。那么，如果药企按照之前被压低的采购价中标，会导致各省份的价格比较，影响其他省份的药品价格，在其他省份的中标价水平也会大致相同。但是，如果以如此低的价格中标，将难以支付公立医院的药品的返点和回扣，也就很难进入公立医院。事实上，基本药物零差价制度实施以后，基层医疗机构也很难再以较低的价格来采购药品。这是因为，当基层医疗机构也被纳入政府的药品集中招标采购体系后，基层医疗机构的药品购销模式、激励机制均发生了变化，由原来的压低采购价赚取更多的批零差价变为以药品的回扣和返利为主。

第二，加价率管制扭曲了价格形成机制。加价率管制不仅使医院赚取合法的加价收益，还使正常的市场竞争机制不能发挥作用，药厂只能用回扣和返利这样的营销模式来扩大市场份额。与公立医院 15% 的药品加价率类似，基本药物零差价制度也是一种管制措施，甚至是更严格的管制措施，也会导致药品价格越高越受欢迎的情况出现。虽然在零差价制度下，基层医疗机构不能赚取“明”的加价率收益，但能赚取更多的“暗”的返利和回扣。这是因为基本药品的招标采购作为公立医院的药品招标采购模式的一种简单复制，药厂对此很熟悉，基层医疗机构对此也“耳濡目染”，双方一拍即合，药厂通过返利和回扣获取更大的市场份额，而基层机构据此赚取卖药收入。因此，当盛行于公立医院的药品购销模式蔓延到基层医疗机构时，药品价格很容易虚高，以支付返

利和回扣。此外，当返利和回扣的多少作为基层医疗机构药品采购的主要考虑因素时，药品的质量往往会被忽略。同时，由于招标过程中已经遴选过药品的质量，药品的质量基本不在其考虑范围内。

第三，无法形成对采购量的有效承诺。通常情况下，药品的量价挂钩，即在采购量越大、销量越大的情况下，供应商的成本越低，批发价格就越低。但是药品的省级集中招标采购制度只能确定中标价格，不能确定采购量。为防止中标价格过低而没有采购量，避免陷于供货则亏损、不供货则违约的两难境地，药品生产商通常较保守地报出较高的竞标价格。

3. 实际案例及启示

先举一例，以说明实施基本药物零差价制度后基层医疗机构在药品采购方面出现的问题。2009 年，即实施基本药物零差价制度前，某省基层卫生院从批发商处采购某药厂青霉素钠 160 万单位，采购单价是 0. 34 元，配送单价为 0. 01 元，加总后卫生院的实际采购单价为 0. 35 元，其零售价格为 0. 72 元。经计算可知，青霉素钠的零售价与采购价间的加价率达到了 105%；而 2010 年，在实施基本药物零差价制度后，该药品的省级中标价格为 0. 75 元，是原来采购价的 1 倍多。实际上，每单位药品所增加的 0. 4 元并未被药厂所获得。那药厂为何以原来 1 倍多的价格中标？一方面是为了保持和公立医院同一药品价格的一致，另一方面是为了能够支付卫生院的返利和回扣。可以看出，实施基本药物零差价制度不但没有降低药品价格，反而使其比之前还要高 0. 03 元。

正如公立医院的实际药品收益远远高于 15% 一样，基本药物零差价制度也遏制不住基层医疗机构以卖药获取收益的行为，只不过由原来合法的批零差价转为返利和回扣了。这不仅不会减轻患者的负担，还会进一步扭曲药品流通模式，增加药品流通成本，并最终转嫁到药品价格上。事实上，卫生院收受药厂的返利和回扣的现象目前已经非常普遍。①

---

① 基层医疗机构实际的基本药物购销状况要比这里的描述复杂：按照各地的大致统计，2010 年前卫生院使用的药品中大约只有 30% 是基本药物。此次政府集中招标采购的基本药物，大约 70% 卫生院此前没有使用过，而卫生院此前使用的药品（包括许多低价药品）中 70% 左右不在现在的基本药物中标目录中。实施基本药物零差价制度后，卫生院依然面临着社会药店和诊所的竞争。此前使用的药品品种和相应的药品零售价格是市场竞争的结果。基本药物零差价制度显然打破了这一均衡结果，卫生院最终实际购销的基本药物品种有待进一步观察。

因此，不能指望由政府加强监管来杜绝药品购销中存在的返利和回扣等暗箱操作行为。公立医院从药品销售中获取回扣和返利，已经是一种很普遍的现象了。虽然国家出台了多种治理措施，但效果均不理想。对于数量有限且相对集中的大型三甲医院，政府也许能进行更好地监管。但是对于数量多且分散的基层医疗机构，监管的难度更大。因此，最好的解决办法不是依靠政府监管，而是铲除带来该弊端的土壤，让市场机制发挥决定性作用。

三　我国药品流通行业存在问题的深层原因

事实上，经过30多年的改革开放，我国已经基本形成竞争充分的药品生产与供应保障体系。但目前的药品生产与流通企业数量过多，不能很好地通过市场竞争来实现优胜劣汰。这与当前的行政干预过多，不能促进市场机制有效发挥作用有关。市场机制的失灵，使得药品流通企业“优不胜、劣不汰”，企业发展良莠不齐，市场竞争无序，制约了其健康发展。

（一）管制失当造成国内药品流通环节的低效率和市场分割

1. 管制失当带来药品零售市场的分割

从上文的分析可以看出，基本药物零差价制度实施前，公立医院与基层医疗机构及社会药店的药品购销模式是不同的，对这两类零售终端的药品批发市场也是分割的。通常情况下，对前者的药品配送环节多，市场效率和市场集中度较低，但是这部分的市场份额占到了80%左右，该部分的药品市场存在药品价格虚高、药品的返利和回扣问题严重；对后者的药品配送经过激烈的市场竞争后，配送效率高、费用低，但该部分的药品批发市场份额仅为20%左右，流通的主要药品是不被前者采购的廉价药。

除了以上区别外，两类零售终端的药品批发配送模式并不兼容。由于公立医院的加价率管制政策及垄断地位，公立医院偏好购销高价药，使得对公立医院的药品批发配送需要面对面地药品推广；而社会药店及基层医疗机构则不需要这种推广活动。同时，医院和基层两个零售终端中流通的配送地点不同，将这两项批发配送业务放在一起，也不能在药品的仓储与配送方面产生规模经

济，因此没必要进行兼容。

2. 药品价格形成机制受到过多干预，妨碍了市场竞争机制作用的有效发挥

尽管2000年底提出了“政府定价与市场调节价相结合”的药品定价政策，但是占产品销售额比重最大的“医保药”依然属于政府定价范围。价格管理部门对这些药品的出厂价、批发价、零售价逐一干预，市场调节功能被人为弱化。

3. 管制失当带来了药品流通环节过多及药品的返点和回扣问题

政策管制措施，如加价率管制和禁止“二次议价”等，使得公立医院的药品购销存在大量的返利和回扣现象，这也带来了药品流通环节过多、效率低和流通环节的层层加价问题。下面以具体的图示来说明该问题，如图6和图7所示。

（二）现行的税收和医保政策不利于药品零售连锁企业的发展

由上文可知，我国的药品批发企业的市场集中度在不断提高，但药品零售企业发展较慢，尤其是药品零售连锁率不高、市场集中度低等，我国现行的税收政策及医保政策的有关规定则明显不利于药品零售连锁企业的发展。

首先，现有的税收标准和税收政策，不利于药品零售连锁企业与单体药店间的竞争。我国目前的税收政策规定，零售行业的应税销售额在80万元以下的可按照小规模纳税人标准纳税，而对于药品零售连锁企业来说，其销售额一般要高于80万元，应按一般纳税人的标准纳税。因此，与单体药店相比，在这一税收政策下，连锁药店要缴纳更多的税收，这使连锁药店处于竞争劣势地位。同时，由于各地执行税收政策的情况不同，各个药品零售连锁企业在各地均进行缴税，不能实现合并纳税，使得药品连锁企业的财务管理成本高，无法发挥其连锁优势。

其次，现行管制政策不利于药品零售连锁企业通过重组并购扩大规模。药品零售连锁企业实施并购重组后，收购以后的企业证照需要注销后再重新申办，申办时间往往需要一个月甚至更长的时间，意味着这期间要停业等待新的证照。而停业给门店和公司带来巨大的损失。药品零售连锁企业并购某家药店

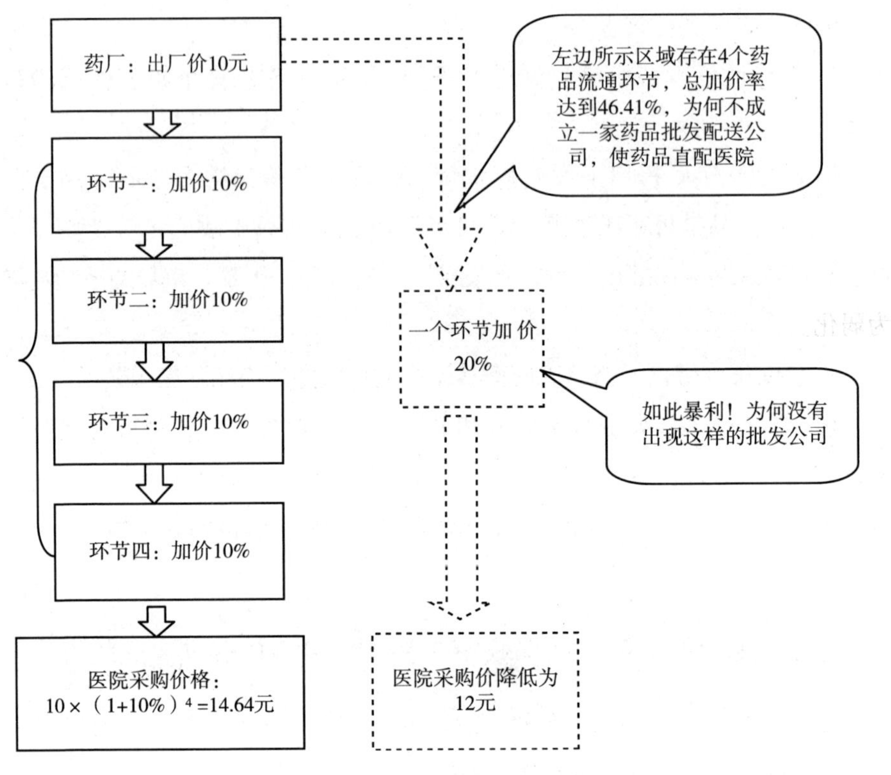

图6　药品流通环节为何过多

后，该药店的医保定点资格需注销，由收购方按照新设门店重新申报，此时能否顺利承接原有的医保定点药店资格则具有很大的不确定性。一些地区过户困难或不许过户，有的地方规定了需要重新开业两年以上才可申请医保定点药店以及受医保定点药店总数控制的影响，使得并购后的连锁药店无法继续获得原药店的医保定点资格。

（三）地方保护和所有制歧视不利药品市场的发展

地方保护和所有制歧视阻碍了国内统一市场的形成，限制了公平竞争，制约了国内药品批发配送业务的适度集中和高效化。

“行业集中度、规模化程度及效率低，成本高及产能过剩”是我国包括药品流通行业在内的绝大多数行业的特征，这与各行业中国有企业过多尤其是地方性国有企业占主导地位有关。对于药品生产、流通行业也是如此。中国的药

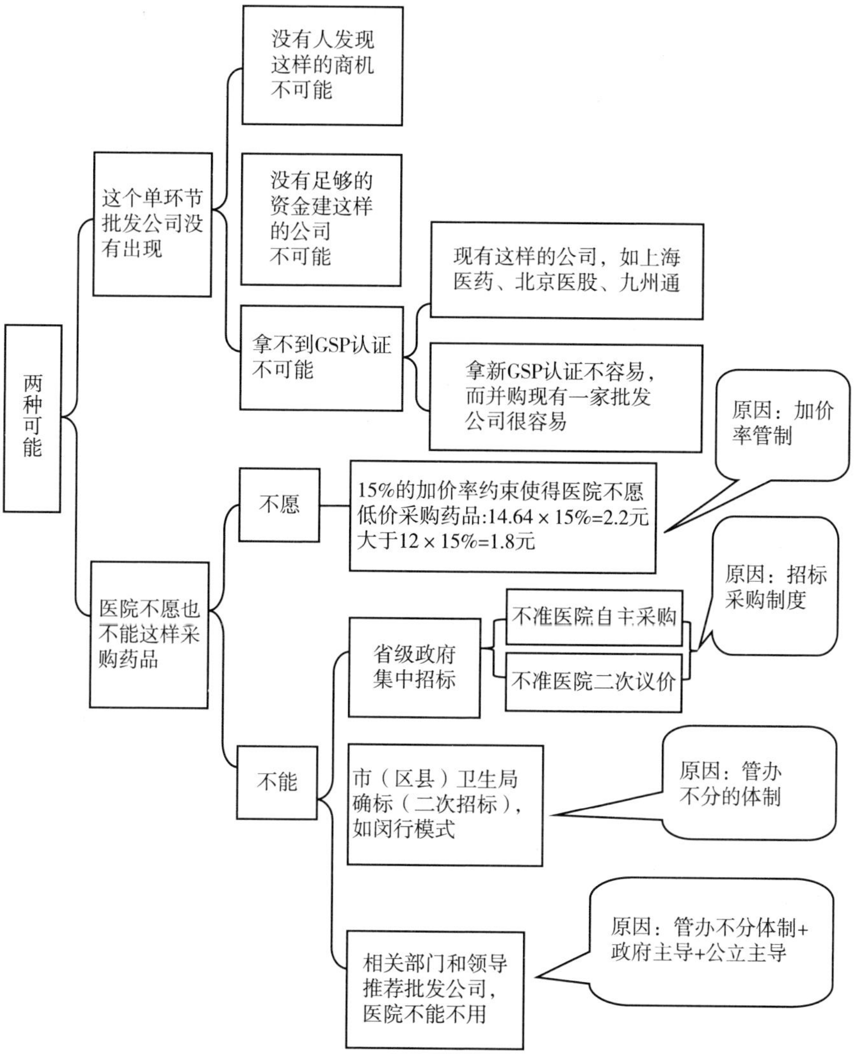

- 两种可能
  - 这个单环节批发公司没有出现
    - 没有人发现这样的商机 不可能
    - 没有足够的资金建这样的公司 不可能
    - 拿不到GSP认证 不可能
      - 现有这样的公司，如上海医药、北京医股、九州通
      - 拿新GSP认证不容易，而并购现有一家批发公司很容易
  - 医院不愿也不能这样采购药品
    - 不愿
      - 15%的加价率约束使得医院不愿低价采购药品:14.64×15%=2.2元大于12×15%=1.8元（原因：加价率管制）
    - 不能
      - 省级政府集中招标
        - 不准医院自主采购
        - 不准医院二次议价
        - （原因：招标采购制度）
      - 市（区县）卫生局确标（二次招标），如闵行模式（原因：管办不分的体制）
      - 相关部门和领导推荐批发公司，医院不能不用（原因：管办不分体制+政府主导+公立主导）

图7　药品流通环节过多的原因

品流通行业长期处于“多、乱、小、散”的局面，除了前述原因以外，一定程度上也与这个行业传统国有企业众多、地方保护主义和所有制歧视盛行有关。

尽管早在2001年国家医药“十五”规划中就提出，“加大医药流通企业产权制度改革与经营方式改革；坚决打破阻碍公平竞争的部门或地区垄断、所有制垄断和各种行政保护，充分发挥市场机制的作用，创造公平竞争的环境，促进全国统一市场的形成”，但令人遗憾的是，这些改革目标至今没有完成，这与现存的地方保护政策不无关系。据中国医药商业协会的统计，全国百强药品零售连锁企业中仅有 20 余家企业的门店覆盖范围达到或超过两个省级行政区域，覆盖范围超过 10 个省级区域的药品零售连锁企业仅有 5 家。这是因为药品零售连锁企业跨省发展需要另外注册新公司，增加了管理成本；药品零售连锁企业跨省配送存在障碍，尤其是实行药品集中招标采购制度后。

2000 年实施医疗机构药品集中招标采购制度后，相当一部分地方政府明确规定本地所有医疗机构包括民营医疗机构的药品采购和配送业务必须由本地（大部分是原来医药管理部门和卫生行政管理部门所属企业）药品批发公司承担，不允许使用外地药品批发公司。这种地方保护和所有制歧视，显然阻碍了药品批发市场通过公平竞争来实现优胜劣汰。

（四）目前推行的药品省级集中招标采购制度进一步加剧了全国药品市场的地方保护和板块分割

如前所述，此前在公立医院药品集中招标采购制度中已经存在比较明显的地方保护问题。而 2009 年开始推行的省级集中招标采购制度使得地方保护问题显著加剧，这是因为在省域范围内由省一级政府部门推行地方保护覆盖范围更广、效果也更为显著，当然负面影响也更为巨大。

省级集中招标采购制度使得各省级政府获得了一个非常好用且管用的对本地医药工商企业进行地方保护的行政工具。有不少省份，其中包括一些市场化水平颇高的省份，存在明显的地方保护主义倾向，设置各种不平等条件歧视外地医药企业。比如，部分省市在招标选择配送商时制定若干条款限制外地企业进入，同时还根据省辖市来确定配送范围，最终选择的配送商的数量多达几十甚至上百个。这种画地为牢的选择让有限的市场份额被地方小企业瓜分，无法发挥规模配送的优势以降低配送成本，不利于推动药品流通企业的整合。再如，一些省市政府在药品招投标政策中出台了如下具有明显地方保护特征的规定：①规定外地企业必须提供所在地省级药品监管部门出具的三年内没卖过假劣药品的证明；②要求外地企业必须出具省级药检所有关药品合格证（市级药检所证明无效）的规定，而各地药品质量检测实际上是由所在市级药检所执行的；③核查外地企业被授权人缴纳四险一金的社保证明，但对本地企业没有此类规定；④某些地区规定参与投标的配送企业必须在本地注册、本地纳税。这样一来，外地医药商业企业无法参与当地的药品配送。以上规定均来自于部分省、市、自治区制定的招投标文件。这些规定明显是针对外地企业所设的门槛，是明显的地方保护主义政策。这些地方保护措施严重阻碍了全国统一市场的形成，非常不利于医药商业企业做大做强。

由此可见，要建立全国统一市场，千万不能让地方政府拥有实施地方保护的政策工具。正如即使在 WTO 框架下，各主权国家贸易保护主义措施也层出不穷、屡禁不止一样，一旦赋予了地方政府能够有效行使地方保护的政策工具和行政权力，就很难防范其花样百出的地方保护措施，治本之策是釜底抽薪，消除这种行政权力和政策工具。就这里所讨论的问题而言，即取消药品政府集中招标采购制度。

四　促进药品流通行业走向健康发展的政策建议

对于当前药品批发行业“散、小、乱”的格局，只有在理顺当前的医疗体制问题、消除医疗体制弊端的前提下，才能使其更好地向适度集中的方向发展。药品流通行业的发展，如药品物流水平、配送效率的提高，还需要以药品零售终端的良好发展为前提。药品零售终端的连锁化和集中化发展也有利于促进药品流通行业集中度及效率的提高。在当前新医改的背景下，要坚持多部门改革的联动，具体有以下建议。

（一）取消药品加价率管制政策

药品价格形成机制对于药品流通行业的稳定和健康发展具有重要的影响。由于我国逐渐由计划经济转为市场经济，药品价格形成政策也与此相关。作为“看病贵”的因素之一的药品价格虚高，与当前的药品价格形成机制有关。在深入推动医改、促使医药分开的过程中，也要促成药品的市场化定价。目前，国内药品生产企业存在产能过剩问题，供大于求，医药企业面临激烈的市场竞争。当前的医改新政提出了要破除“以药养医”的体制，因此药品进行市场化定价的条件逐渐成熟。除了一些特殊的受管理的药品，如“毒、麻、精、放”等，其余绝大部分药品可以实行市场化定价。

如上文所述，加价率管制政策促使医院偏好购销高价药，并使得医院和药厂有动力合谋抬高药品价格，以留出足够的利润空间向医院支付返利和回扣，并带来药品流通环节多、费用高等问题。因此，可以看出，这一管制政策带来了很多问题，是造成药品价格高、流通环节效率低的主要原因。为促使药品流通行业健康发展，应取消加价率管制政策。

但是需要明确的是，应取消的是加价率管制政策，而不是将加价率由15%降为零。如基本药物零差价制度也不利于降低药品价格，反而使得基层医疗机构由原来的赚取批零差价转变为以谋取回扣和返利为主，导致药品流通效率低。

取消加价率管制政策将消除医院购销高价药的偏好，但更为根本性地降低药品价格，还需要逐渐消除医院在零售终端的垄断地位，使一些药品质量较好且价格不高的生产企业有机会获得较大的市场发展空间。

（二）完善药品政府集中招标采购制度

为控制药品价格虚高，消除药品采购过程中的回扣和返利问题，我国在2000年开始实行药品集中招标采购制度。如今该制度已经推行了十多年，十多年的实践证明这并不是一个好的制度。药品价格虚高、返利和回扣等问题均没有得到解决，反而还使得招投标环节也出现商业贿赂问题。而2009年后的省级药品集中招标采购制度使药品的地方保护趋势更显著，地区市场分割更严峻，不利于我国医药产业规模和实力的增强。建议逐渐取消该制度，或在此基础上进行完善修正。具体建议如下。

1. 可以继续实施省级集中招标制度，但基本药物零差率政策需放弃

无论基药还是非基药均规定将招标价作为其最高零售价，而最终的零售价格由医院、卫生院等零售终端与配送商协商确定，但不能超过最高零售价，即招标价的限制。所获取的批零差价由医院、卫生院使用。

如上文所述，基本药物的招标采购及零差率政策不仅不利于降低药价，还会使得流行于公立医院的药品购销模式流向基层医疗机构，降低药品流通的效率、增加流通费用等。因此，要放弃该政策。

总之，对于药品价格可以实行最高零售价的管制，但对于批零加价、医疗机构和药品工商企业间的议价权要放弃管制。

2. 对于投标主体不做过多限制

从国美、苏宁等大型家电流通行业的运营模式来看，由大型配送商作为投标主体有利于商品价格的降低。因此，要允许大型药品配送商作为投标主体参与药品投标。

如果制药企业直接参与药品的投标，应允许其自主确定配送商，并允许包括基药在内的所有药品能够转配送。“委托所在行政区域有资质的药品经营企业进行统一配送”，这一地方保护主要措施要取消。

如果由中标药企自主选择配送商，则中标企业会权衡配送效率、费用及配送范围等各方面的综合因素，以选择最合适的配送企业，这样由药企作为药品配送的委托方，有利于流通环节的减少；并且在中标药企支付配送费用的情况下，其会选择费用最低的配送方式，有利于降低药品的配送费用。因此，在这种情况下，那些配送效率高、环节少及配送范围广的企业就会胜出。这种由市场自发选择的结果，最终会有利于药品流通行业的长远及健康发展，实现扁平化、集中化的配送，并能够培育市场规模大、配送效率高的流通企业。

为保证偏远区域的基层医疗市场药品的及时配送，药企自主选定的配送企业可采取与当地医药公司合作，政府不需过多地监管，只设置及时配送的硬性要求即可。

3. 促进药品流通企业的市场化发展

药品流通企业可自主确定配送范围，配送费用也由配送企业与委托方协商确定，避免因政府行政干预而带来的市场分割，并取消对批发企业的等级划分及所限定的配送范围及费率等管制措施。

由市场自发形成的药品配送模式，通常情况下是成本最低且效率最高的，

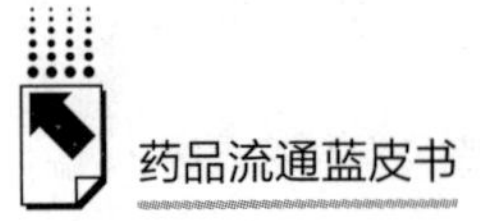

过多的行政干预只能增加社会成本。药品配送企业所追求的是高效、高质量、低成本和经济快捷的配送模式，配送环节不是由行政监管可以确定的，最终要交由市场进行选择。对于基层医疗机构的药品配送，同样如此。

（三）促进连锁与单体零售药店的发展

要出台措施鼓励药品零售行业的发展，鼓励连锁与单体零售药店的发展。取消不合理的管制措施，如600米内只能开一家药店。对于连锁药店要赋予其处方药的销售资格，并将连锁药店设为医保定点的药店。未来合法开设的药店也能自动获得医保资格，为更彻底的医药分业奠定基础。

为促进医保资金合理使用，防止药店与患者合谋套取医保基金，可以采用“连坐法”，即只要有一家药店有骗取医保基金的行为，其余所有连锁门店均被取缔医保定点的资格。在如此严格的管制措施下，连锁药店不会冒如此大的风险进行违规经营。因此，不能因为担心医保基金的套用而减少连锁药店进医保定点的数量。与此同时，要取消对医院处方的限制，对患者来说，医院要为其提供纸质处方。

医药分开作为主要的医改方针之一，在当前广泛推行还存在困难的情况下，可以采取稳步推进的措施。对于门诊药房，尤其是社区卫生服务机构的门诊药房的药品零售可以交由社区药店，取消现存的社区卫生服务机构门诊药房，并不再投资新建门诊药房。

（四）消除公立医院在药品零售终端的行政垄断地位

当前，公立医院所具有的强势垄断地位使得药品生产与流通企业与其处在不平等的市场地位上，如药品流通企业很少能在60天内收到货款，不利于医药生产与流通企业的健康发展及实现做大做强的目标。

公立医院在零售终端的垄断地位是使其能高价卖药和卖高价药的根本原因。为逐渐削弱公立医院在药品零售终端的垄断地位，要坚决贯彻执行“管办分开”的政策。促进社会资本办医，赋予民营医疗机构医保定点资格，鼓励医疗市场的良性竞争，并减少对大型公立医院的依赖，逐步消除公立医疗机构对药品零售市场的垄断。

民营医疗机构和零售药店的发展，使得患者获得越来越大的自主选择权，他们不仅可以从医院购买处方药，也能从民营医疗机构及药店购药，并能进行医保报销。那么，在面临激烈的市场竞争的情况下，公立医院不可能再高价卖药，即当公立医院在药品零售终端的垄断地位被消除后，药品价格虚高的问题能得到缓解甚至解决，批零差价空间被缩小。没有足够的利润空间进行回扣和返利活动的话，低效率的药品经销与批发商就没有了生存空间，进而促进药品流通的高效与扁平化发展，最终通过市场竞争的优胜劣汰使留下的药品流通企业成为市场主流。

（五）改革医保付费制度，消除“以药养医”，促进公立医院良好发展

公立医院垄断地位的消除虽然有助于降低药品价格，但也使公立医院的收入下降，因此还要解决公立医院的资金补偿问题，否则会导致医务人员因收入下降而离职，进而损害患者的利益。因此，需要改革医保付费方式，合理补偿医疗服务机构的收入。

除了解决公立医院的收入补偿问题，医保付费机制最主要的是建立针对公立医院及其医生的合理激励机制，使医院、医生和患者能实现激励相容的利益。对于药物的使用，要促进医疗机构和医生合理用药。在此前提下，医药工商企业才能合理生产及配送药品。“以药养医”的制度只能激励医院及医生注重药品的盈利水平，即药品的价格，而不是药品的质量，医院和医生对于质次价高的药品也没有抵制的激励。正是在此情形下，很多生产低劣仿制药品的小药厂才有生存的机会，同时，医药商业公司能以返利和回扣的促销方式将药品销售给医疗机构。对于注重创新、质量及品牌的医药工商企业而言，由于体制问题带来的扭曲的激励机制，也不得不采取非正常的营销手段。因此，需要设计科学的医保付费制度来规范医疗机构的药品购销及医药工商企业的药品生产与供应，为医药行业的良好发展提供公平及合法的竞争环境，使市场环境下的优胜劣汰机制发挥作用。

在上述改革措施的辅助下，国内药品流通市场的分割状况会得到改变，通过医药代表提供返利及回扣为主的药品流通模式会失去存在的土壤，全国药品

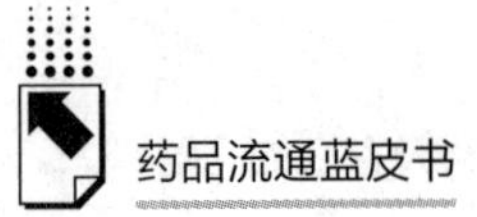

流通市场会变得统一规范，并能实现药品流通的扁平化及高效发展，提高药品流通行业的集中度。

（六）消除地方保护及所有制歧视

除了因医疗机构及社会药店的药品流通模式不同而导致的全国药品流通市场的分割，地方保护和所有制歧视的存在也是使得药品流通行业不能进行优胜劣汰和市场集中的另一个重要原因。为了更好地实现全国药品流通市场的统一发展，还需要消除药品流通行业的地方保护及所有制歧视，取消不合理的行政管制，促进药品流通行业的公平竞争。

从发达国家药品流通行业的发展经验来看，药品流通行业集中度的提高能更好地实现对其的监管，并降低监管的成本。但必须通过自由的市场竞争来实现市场集中度的提高，而不是由政府主导的结果。只有通过市场自由竞争实现的优胜劣汰，才是真正高效及具有国际竞争力的产业集中。

（七）加强对药品流通市场所需人才的培养，优化人才结构

随着药品流通行业向信息化、自动化、标准化和流程化，即“四化”融合的方向发展，对医药物流人才①的需求会不断增加，对其要求也会不断提高。而目前我国医药物流人才学历水平普遍较低，综合型医药物流人才及药品供应链人才严重缺乏。对此，我国要结合市场需求及药品的特殊性等，加强对综合性医药物流人才及供应链管理人才的培养与培训。在不断规范药品物流行业的同时，也能解决人才缺乏的问题。目前药品流通企业面临的竞争也越来越激烈，药品流通企业要对医药物流人才做好人力资源规划，短期内不断加强对医药物流人才的培训，对物流人才进行合理规划，以应对流通企业长期发展中出现的各种问题。对此，医药物流人才的培养可以采取企业与高校及职业院校相结合的方式，互相取长补短，互相协作，培养社会所需及专业知识丰富的综合型医药物流人才。

---

① 医药物流人才指贯穿于医药批发（分销）及零售整个供应链环节的人才，包括分销商人才及供应链管理人才等。

（八）最终要促进“医药分业”的实现

上述措施为促进药品流通行业发展的短期改革目标。

最终的改革目标是要实现“医药分业”，医院不再设立门诊药房，由零售药店来承担门诊用药业务。亚洲的其他国家及地区，如韩国、日本和我国台湾地区尽管推行了医药分业改革，但迄今均未有效的实现医药分业，医疗机构及其医生采购高价药及过度使用药物的激励依然存在，这也是未实现医药分业的亚洲各国的药品费用占比高于实现了医药分业的欧美各国的原因之一。医药分业还能促进医生专职于医疗服务，促进医疗服务及技术水平的提高，保证合理用药。

（九）充分发挥行业协会作用

为促进药品流通行业健康发展，应充分发挥中国医药商业协会等综合性协会和学会的桥梁和纽带作用，为产业的发展建言献策，推动国家重大政策措施的落实，同时，将企业的诉求等传递给政府监管部门，促进企业间的国际交流与合作，强化行业的自律作用。

参考文献

［1］顾昕：《走向公共契约模式——中国新医改中的医保付费改革》，《经济社会体制比较》2012 年第 4 期。

［2］朱恒鹏：《医疗体制弊端与药品定价扭曲》，《中国社会科学》2007 年第 4 期。

［3］朱恒鹏：《管制的内生性及其后果：以医药价格管制为例》，《世界经济》2011 年第 7 期。

［4］朱恒鹏：《国内药品批发行业为何没能实现适度集中》，《经济社会体制比较》2009 年第 6 期。

［5］朱恒鹏、姚宇、杜创、程锦锥：《药品零差价制度应缓行》，《中国社会保障》2010 年第 7 期。

［6］朱恒鹏：《基层医改逻辑新梳理》，《中国医院院长》2012 年第 7 期。

批发、零售市场篇

Market Development Reports

B.2 医药批发行业的发展

程锦锥　王国帅*

摘　要：

本文利用典型医药商业企业的数据，考察了2010～2013年我国医药商业企业的经营情况，包括营运能力、偿债能力和盈利能力。同时，从典型医药商业企业的资源投入窥视我国医药商业的发展方向。

关键词：

营运能力　偿债能力　盈利能力

医药流通行业是整个医药产业链中的重要中介，连接医药制造企业和消费终端，其最基本的业务是对医药产品的分销，另外也提供一些增值服务。但在我国，医药商业公司的基本职能和主要盈利手段还是分销。医药商业公司的分

* 程锦锥，中国社会科学院经济研究所；王国帅，中央财经大学税务学院。

销业务又可以分为两种：调拨，是医药流通企业将医药产品销售给其他医药流通企业的业务；纯销，即医药流通企业将药品销售给医疗机构的业务。其中，医疗机构包括医院、基层医疗机构等。

计划经济体制下医药流通行业是通过统购统销、计划指令、层层调拨进行运作的。中国医药公司在全国设置了北京、上海、广州等6个一级站，其他省会城市设置二级站，市、地区和县设置三级站，形成了一、二、三级批发体系。改革之后，各地的二级站、三级站脱离了原有系统，成立了独立的医药商业公司。一些计划经济体制下的二级站逐渐发展壮大，成为区域性医药流通企业；中国医药公司整合了原有的一些资源成为全国性医药流通企业；一些新进入者如九州通也加入到医药分销行业中。这样一来，就形成了目前我国的医药商业格局。

从药品的销售终端看，我国药品通过两个渠道到达最终消费者：药店和医疗卫生机构。医疗卫生机构可以分为医院、基层医疗卫生机构和其他卫生机构。在我国，零售药店的药品销售占全部药品总销售的比重约为19%；医院则消耗了全社会60%左右的药品，其中县级医院约占医院总销售额的25%～30%；基层医疗卫生机构（包括乡镇卫生院、社区卫生服务中心等）的药品销售占比约为18%；剩下的约3%的药品销售由其他卫生机构实现（见图1）。

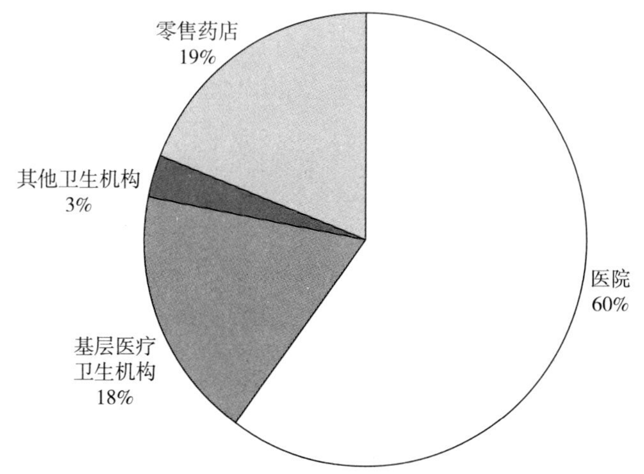

图1　我国的药品销售

资料来源：《中国药品市场报告（2012）》。

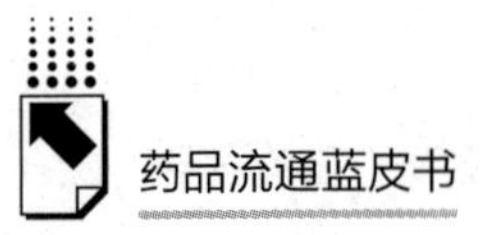

一　近年来我国批发业的发展特征

近年来我国批发业的发展呈现以下特征。

（一）从所有制特征看，国有企业的比重在下降，但其不断朝着规模化经营发展，平均规模上升显著

近年来我国批发业的法人数不断增加，但批发业中国有企业法人数不仅相对下降，其绝对数也在减少。2012 年批发业中国有企业法人数从 2005 年的 4710 家下降到 4005 家。从企业法人数的占比看，国有企业占比从 2005 年的 17.47%一路下滑到 2008 年的 7.71%，到 2012 年仅为 5.49%。

从限额以上批发业从业人员数看，国有企业的比例也在急剧下降。2005 年批发业中国有企业从业人员占比达到 32.33%，到 2012 年该值仅为 15.47%。

从商品销售额看，批发业中国有企业的占比也从 2006 年的 26.62%下降到 2012 年的 20.45%。2008 年以来，批发业中国有企业的商品销售额占比一直维持在 20%左右。

2012 年，国有批发企业法人数占全行业法人数的 5.49%、从业人员占比为 15.47%，实现全行业商品销售额的 20.45%。可以看出，批发业中国有企业一般规模较大，人均商品销售额高于行业平均水平。这说明在商业系统中，我国国有企业的整合力度还是比较大。一方面，由于批发业多是竞争性行业，非国有企业的活力更强，迫使国有企业退出，造成其各项指标在全行业中所占比重下降；另一方面，国有企业也在加强整合力度，其平均规模不断扩大。

（二）专业化程度越来越高

从亿元以上商品交易市场批发额统计结果来看，专业市场的占比在 2006 年为 71.92%，到了 2012 年该比重达到 82.16%。从 2008 年起，该比例一直在 80%以上。

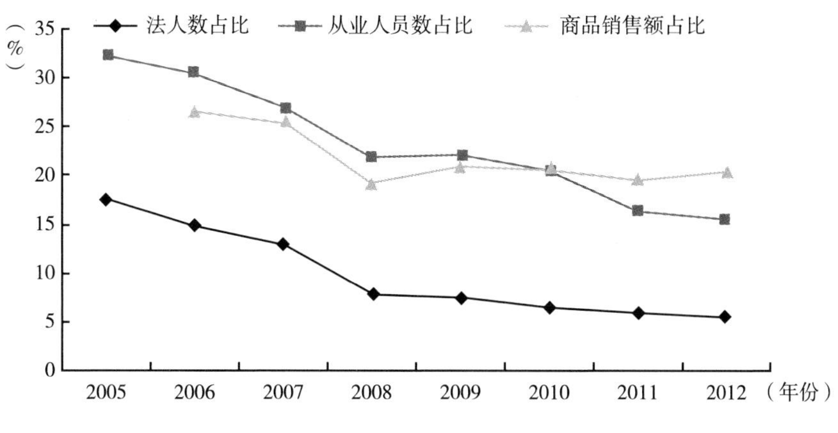

图 2　批发业中国有企业各指标占比

资料来源：中国经济统计数据库。

（三）批发业财务杠杆的使用非常普遍，一般都具有较高的负债率，从近年来的趋势看，资产负债率有上升的趋势

2006 年以来，仅有一年全行业的资产负债率低于 70%，2006 ~2012 年的平均资产负债率水平达到 71. 48%，其中 2012 年为 73. 58%。2006 年以来，批发业的资产负债率呈上升趋势，2012 年的资产负债率较 2006 年提高了 3 个百分点，平均每年提高 0. 5 个百分点。

二　医药及医疗器材批发业的特征

医药及医疗器材批发业与整个批发业相比，有三个较为显著的特征。

（一）医药及医疗器材批发业在库存管理上需要更大的占比（与资产或销售额）

批发行业的基本职能是物流，因此存货占比的多少决定其资产运营的效率。一般而言，批发行业都追求较低的存货占比。医药及医疗器材批发业与全行业相比，存货占当年商品销售总额的比例明显要高出不少。表 1 是 2006 ~2012 年批发业全行业、医药及医疗器材批发业的存货占比情况。

表1　商品库存额占当年商品销售总额比例

单位：%

年份	批发业全行业	医药及医疗器材批发业	年份	批发业全行业	医药及医疗器材批发业
2006	6.43	9.35	2010	6.71	8.82
2007	6.30	9.33	2011	6.35	9.06
2008	6.86	8.58	2012	6.50	9.92
2009	7.51	9.09			

资料来源：中国经济统计数据库。

从表1可以看出，我国的批发业全行业存货占比一般在6.5%~7.5%，2006~2012年该比例的算术平均数为6.67%；而医药及医疗器材批发业的占比在8.5%~10%，2006~2012年该比例的算术平均数为9.16%，高出全行业2.5~3个百分点。2012年，医药及医疗器材批发业的存货占比比全行业高出3.42个百分点。

医药及医疗器材批发业的存货占比较高，可能与其行业特征有关。医药及医疗器材批发业的产品标准化程度低，品种繁多，规格不一，甚至有很多不常用的药品；但批发商开展业务时需要齐全的品种，因此在库存中都有准备。

医药及医疗器材批发业的存货占比较高，对财务的影响是降低存货周转率，从企业和行业的层面看，在其他条件不变情况下降低了资产周转率。由于存货需要占用资金，对医药及医疗器材批发业而言资金的要求更高。

（二）医药及医疗器材批发业相对于批发业全行业而言，具有更高的财务杠杆

批发行业的资产负债率与其他行业，尤其是工业行业相比，是比较高的。这是由其行业特征所决定的。一般行业，尤其是工业行业需要大量的固定资产，因此总资产周转率低。而批发业属于服务性行业，追求的固定资产占比少，总资产周转率高。在竞争条件下，如果各个行业的平均利润率（净资产收益率）趋同，则资产周转率高的行业，一般会有较高的资产负债率。

图3是2006~2012年批发业全行业、医药及医疗器材批发业的资产负债率情况。

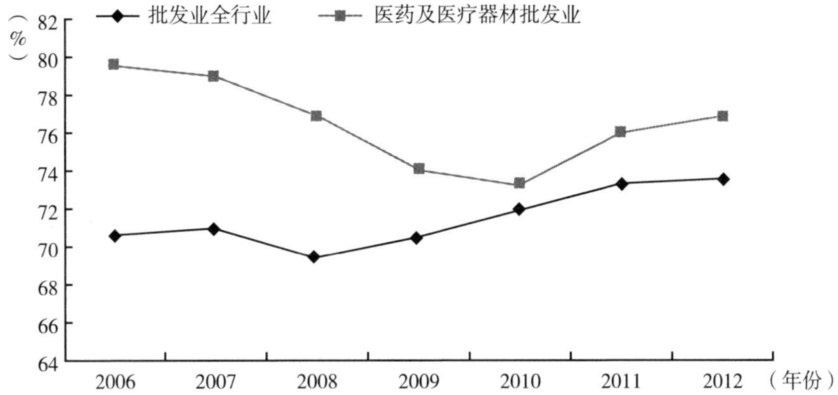

图 3　2006～2012 年批发业全行业、医药及医疗器材批发业的资产负债率

资料来源：中国经济统计数据库。

批发业的资产负债率 2006 年为 70.59%，2012 年为 73.58%，6 年间上升了 2.99 个百分点。如图 3 所示，医药及医疗器材批发业的资产负债率一直高于批发业全行业。2006～2010 年医药及医疗器材批发业的负债率呈下降趋势，但 2011～2012 年又出现回升。2012 年，医药及医疗器材批发业的资产负债率为 76.88%，高出同期批发业全行业的资产负债率 3.3 个百分点。

（三）医药及医疗器材批发业具有更高的回报

医药及医疗器材批发业相对于批发业全行业具有更高的回报，可以从两个财务指标——销售利润率和销售利润与净资产比得出。

2006～2012 年，医药及医疗器材批发业的销售利润率一直高于批发业全行业。2006 年，批发业全行业的销售利润率为 6.40%，医药及医疗器材批发业为 6.72%；2012 年批发业全行业的销售利润率为 5.97%，而医药及医疗器材批发业达到 9.95%（见图 4）。

从销售利润与净资产比看，2006 年批发业全行业的销售利润与净资产比为 0.54，医药及医疗器材批发业为 0.68；2012 年批发业全行业的销售利润与净资产比为 0.52，医药及医疗器材批发业达到 0.80。2006～2012 年，医药及医疗器材批发业的销售利润与净资产比显著高于批发业全行业。

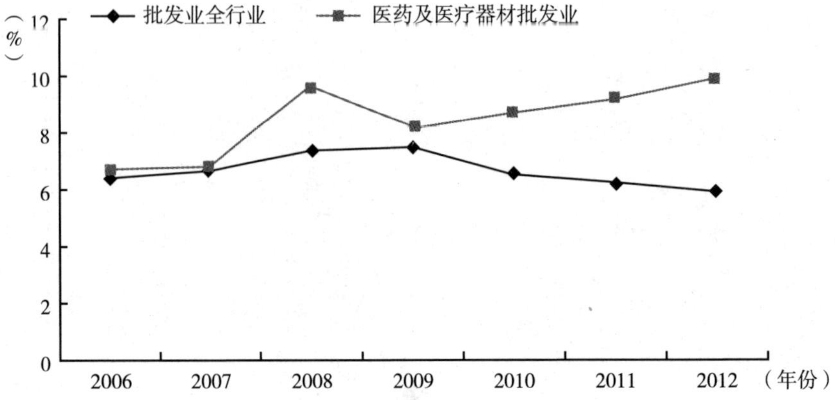

图4　批发业全行业、医药及医疗器材批发业的销售利润率

资料来源：中国经济统计数据库。

三　从典型医药商业企业看2010～2013年我国医药批发行业的发展

（一）典型医药商业企业的销售情况

近年来，随着我国经济的发展，居民收入水平的增加，政府及居民对医疗卫生的投入不断增加，药品市场快速膨胀。尤其是2007年以来，我国药品市场保持持续增长。2013年中国药品市场规模突破1万亿元，预计2019年中国药品市场规模将突破2万亿元。①

医药商业企业的业务规模也与药品市场同步增长。图5是2010～2013年典型医药商业企业销售及增长情况。

从典型医药商业企业的业务情况看，2011年、2012年销售收入的增长速度较快，分别为21.53%、23.51%；2013年销售收入增速出现明显下滑，仅为16.84%。2013年增速下滑与宏观经济形势密切关联。预期在未来很难再出

① 详见《中国药品市场报告（2012）》。

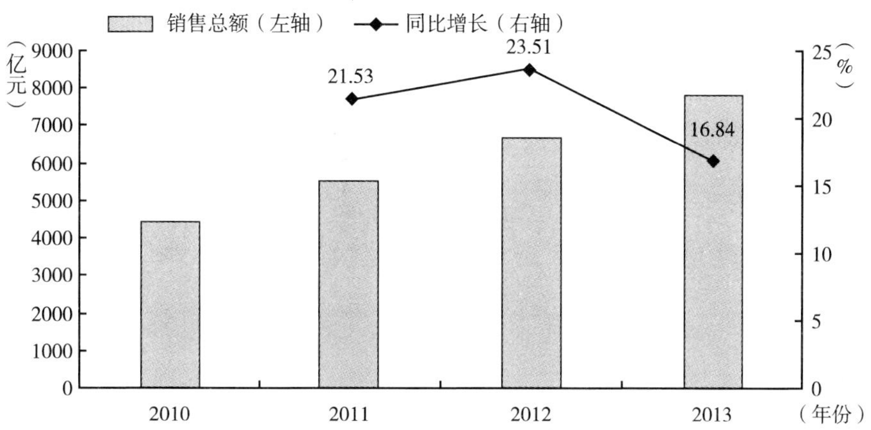

图 5　2010～2013 年典型医药商业企业的销售及增长情况

注：根据全国 417 家医药商业企业的数据；这些企业遍布全国除西藏以外的 30 个省、直辖市、自治区。所选的企业是批发、批零兼营的医药商业企业。样本涉及区域广，具有较强的代表性。

现全行业增速超过 20% 的情况。

图 6、图 7 分别是 417 家典型医药商业企业销售总额中的药品、中成药销售情况。

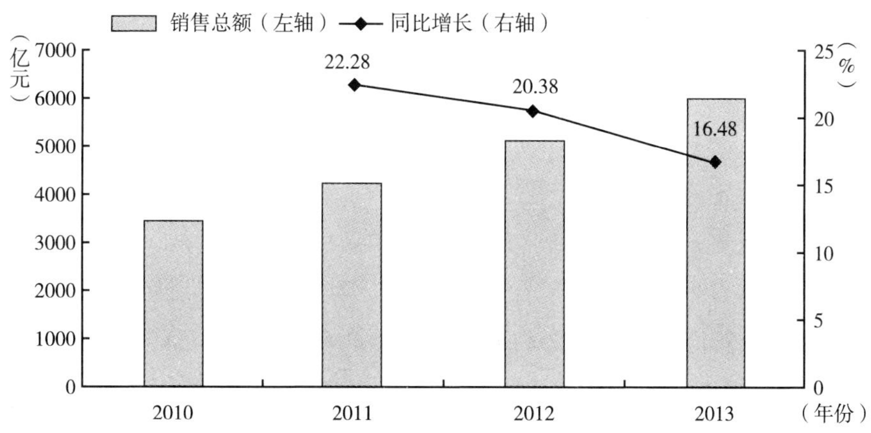

图 6　2010～2013 年全国典型医药商业企业药品的销售及增长情况

注：根据全国 417 家医药商业企业的数据；这些企业遍布全国除西藏以外的 30 个省、直辖市、自治区。所选的企业是批发、批零兼营的医药商业企业。样本涉及区域广，具有较强的代表性。

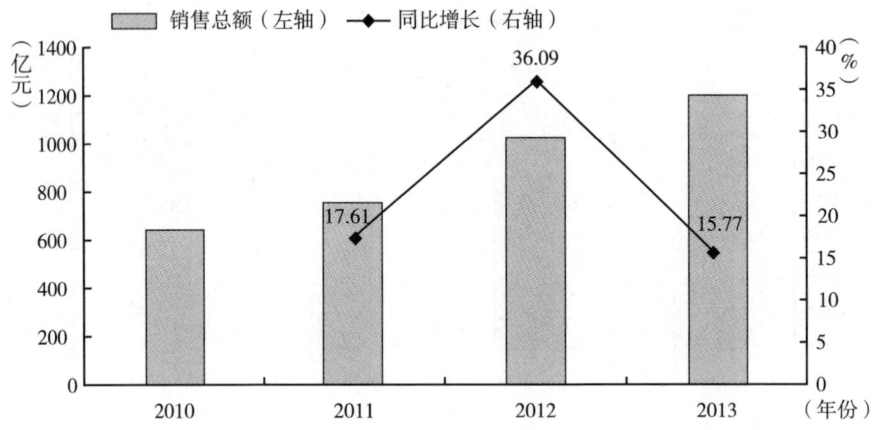

图 7　2010～2013 年全国典型医药商业企业中成药的销售及增长情况

注：根据全国 417 家医药商业企业的数据；这些企业遍布全国除西藏以外的 30 个省、直辖市、自治区。所选的企业是批发、批零兼营的医药商业企业。样本涉及区域广，具有较强的代表性。

（二）医药商业企业销售对象的结构变化

药品的销售终端包括药店和医疗卫生机构。而对于医药商业企业来说，其客户对象既有药店和医疗卫生机构，也有医药批发企业和居民。由于医药商业企业有很大一项调拨的业务，其业务对象也有医药批发企业。有的医药商业企业有自营的零售药店（即批发、批零兼营的医药商业企业），也会有对居民的销售。

图 8、图 9 是 417 家典型医药商业企业 2010 年和 2013 年销售的对象结构。

从图 8、图 9 的对比可以看出，2010 年和 2013 年典型医药商业企业销售对象的结构变化。典型医药商业企业对零售终端的销售和对居民的零售的比重基本保持稳定。对批发销售的比重下降较快，与此对应的是对医疗终端的销售的比重上升。2013 年，典型医药商业企业的最大业务对象已经变为对医疗终端的销售。

医药商业企业销售对象的业务占比是一项重要的指标。它衡量了医药商业行业内部有多少业务是通过市场协作（即医药商业企业之间的商品交易）进行。在多重代理、层层分销的商业体系下，医药商业企业对批发销售的比重会较大。这说明医药商业企业的销售环节较多，行业的效率较为低下。

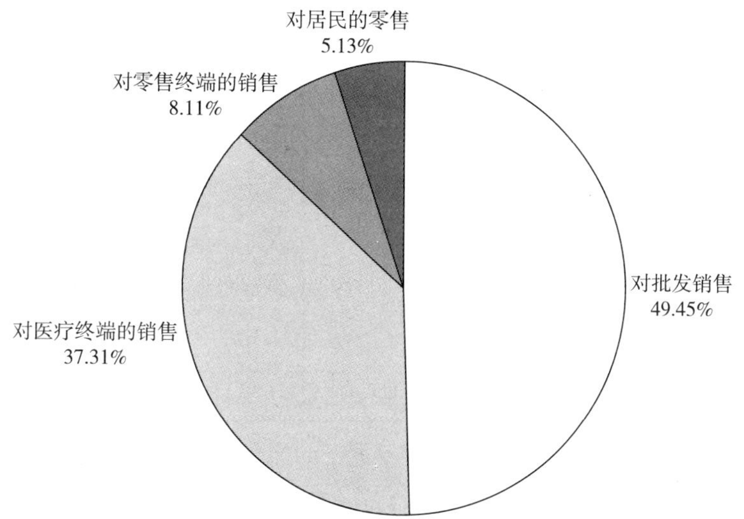

图 8　2010 年典型医药商业企业销售对象的结构

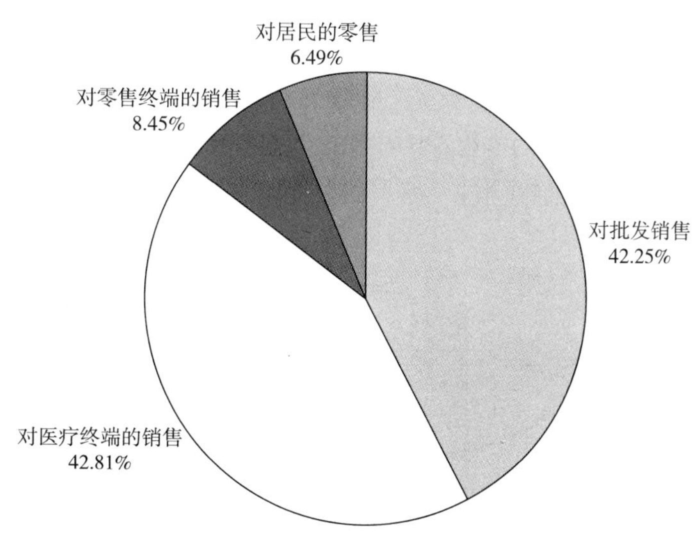

图 9　2013 年典型医药商业企业销售对象的结构

2010～2013 年典型医药商业企业销售对象的结构变化说明医药商业行业整体运行效率在提升。

图 10 是典型医药商业企业药品销售的业务对象构成。

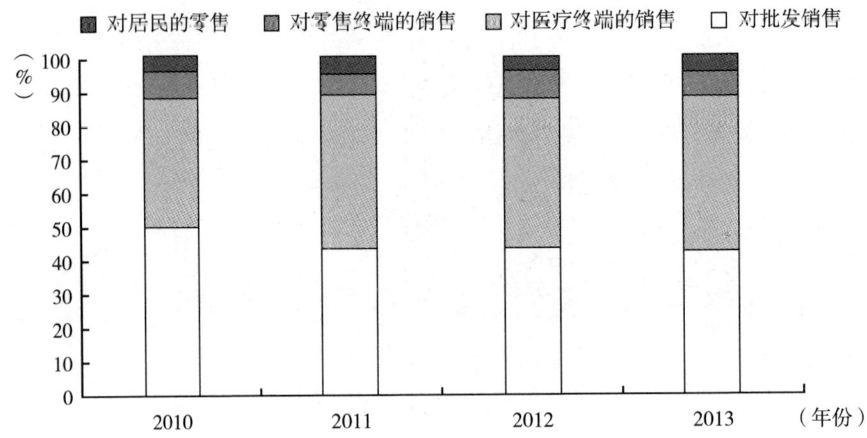

图10 2010～2013年典型医药商业企业药品销售结构

2010年，典型医药商业企业的所有药品销售中，对批发销售占比49.33%，对医疗终端的销售占比39.22%，对零售终端的销售占比7.30%，对居民的零售占比4.15%。2013年，典型医药商业企业的所有药品销售中，对批发销售占比42.22%，对医疗终端的销售占比46.27%，对零售终端的销售占比6.99%，对居民的零售占比4.52%。

图11是典型医药商业企业中成药销售对象的结构。

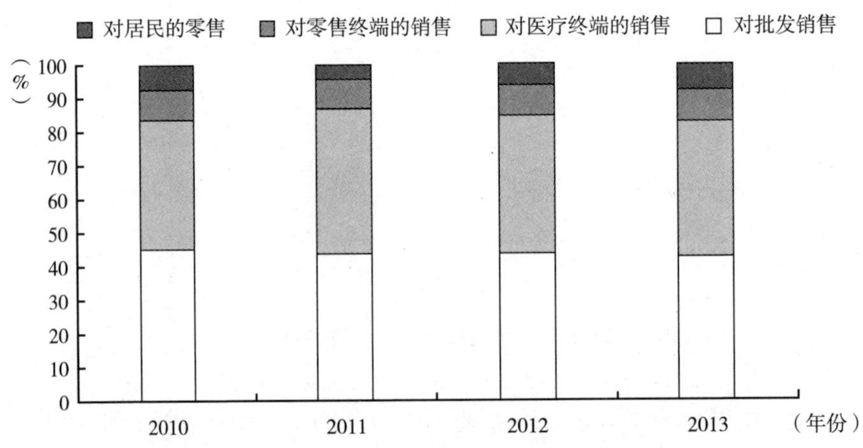

图11 2010～2013年典型医药商业企业中成药销售结构

中成药在分销体系中体现了完全不同于其他药品的结构。2010～2013年，医药商业企业（包含批发企业和批发、批零兼营企业）对批发销售、对医疗终端的销售、对零售终端的销售和对居民的零售的结构基本没有发生大的变化。四年间，医药商业企业的中成药销售总额中，对批发销售的占比稳定在43%～45%，对医疗终端的销售占比稳定在40%左右。

四　典型医药商业企业的经营情况

典型医药商业企业的经营情况主要考察三个方面：营运能力、偿债能力和盈利能力。这里的典型医药商业企业数量为406家。

（一）营运能力

考察医药商业企业的营运能力，需要关注的会计对象是存货、应收账款、期间费用、财务费用；需要关注的财务指标包括存货周转率、应收账款周转率、总资产周转率、期间费用率、财务费用占比等。

图12是2010～2013年典型医药商业企业的应收账款、存货在总资产中的比重。

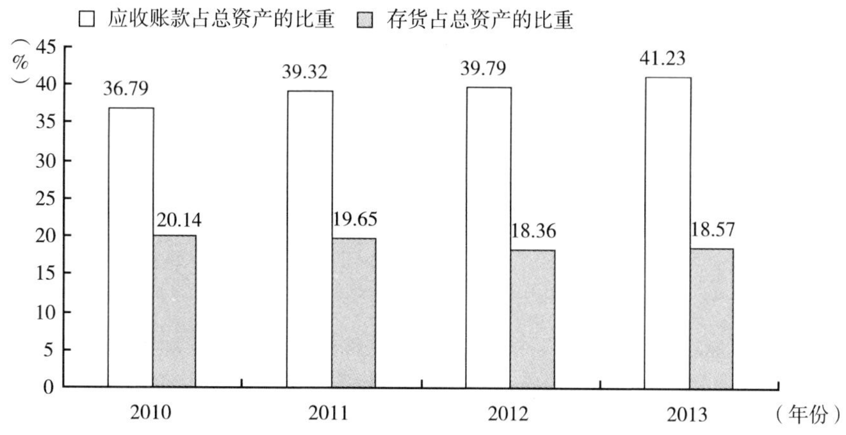

图12　典型医药商业企业的应收账款、存货在总资产中的比重

存货和应收账款的管理是衡量医药商业企业营运能力的重要指标。医药商业企业的一个重要职能是物流，存货管理是物流公司的基本职能。我国的医药商业企业还要承担的一个重要功能——垫资，应收款情况及其收回也是公司业务的重要组成部分。

2010～2013 年，典型医药商业企业的应收账款占总资产的比重呈上升趋势。2010 年末应收账款占总资产的比重为 36.79%，2013 年上升到 41.23%，上升幅度惊人，平均每年上升 1.48 个百分点；同期，年末存货占总资产的比重则总体呈下降趋势。

典型医药商业企业应收账款占总资产的比重上升，显示医药商业企业的商业环境朝着不利的方向发展，一个可以解释的事实是医疗机构对医药商业企业的占款越来越大，这是由于医疗机构在一定区域内有垄断地位，而医药商业企业则面临竞争较为充分的市场。典型医药商业企业的存货占总资产的比重下降，可以说明典型医药商业企业内部的运营效率有所提升。

图 13 是 2011～2013 年典型医药商业企业的存货周转次数。这里以销货成本为计算依据。另外，平均存货的计算基础是上年末存货与本年末存货。

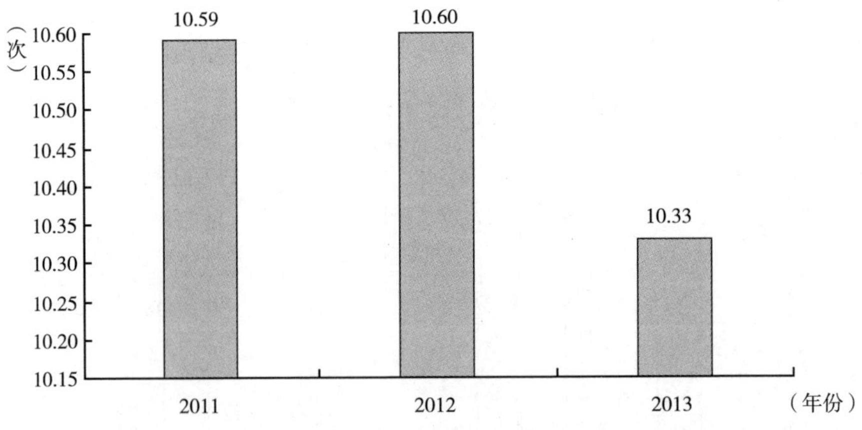

图 13　典型医药商业企业的存货周转次数

图 14、图 15 给出了 2011～2013 年典型医药商业企业的总资产周转率、应收账款周转率的情况。可以看出，近些年我国典型医药商业企业的总资

产周转率、应收账款周转率都呈下降趋势。2013 年典型医药商业企业的总资产周转率为 2.09 次/年，比 2011 年下降了 0.19 个百分点；2013 年典型医药商业企业的应收账款周转率为 5.12 次/年，比 2011 年的 5.95 下降了 0.83 个百分点，降幅惊人。

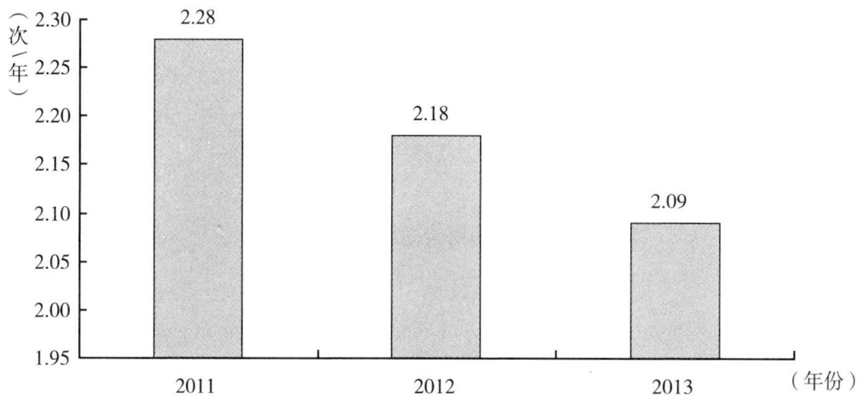

图 14　典型医药商业企业的总资产周转率

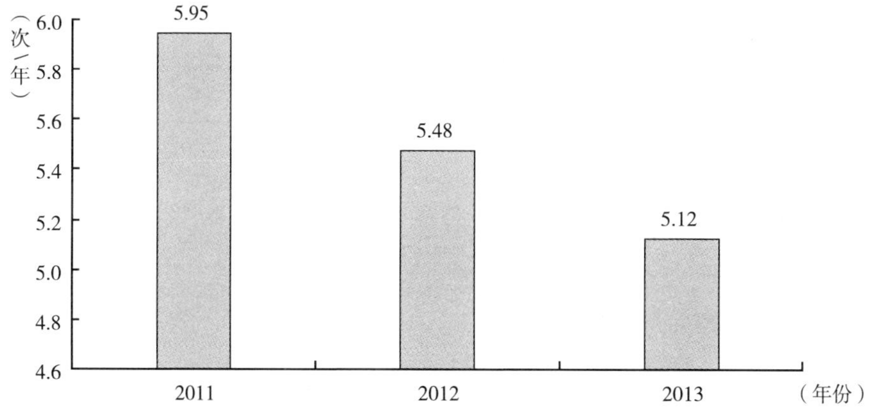

图 15　典型医药商业企业的应收账款周转率

图 16 是典型医药商业企业的期间费用率。图 17 是典型医药商业企业财务费用占营业收入的比例。从图 17 可以看出，我国典型医药商业企业的财务费用支出较大，并且近年来呈不断上升的趋势。

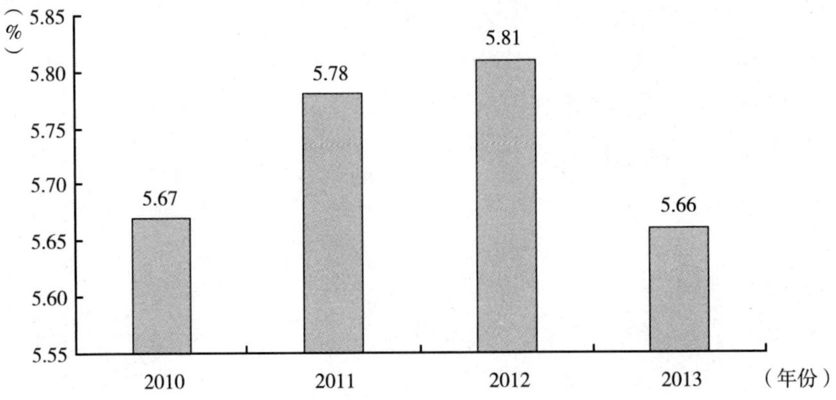

图 16　典型医药商业企业的期间费用率

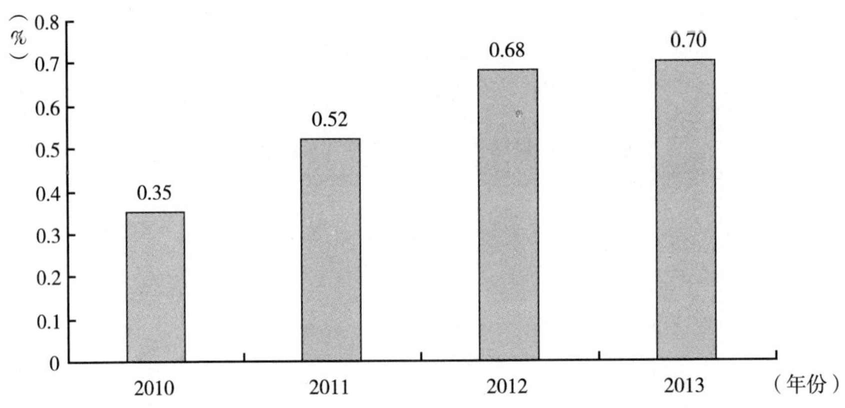

图 17　典型医药商业企业的财务费用占营业收入的比例

（二）偿债能力

医药商业企业的偿债能力主要从资产负债率和流动比率这两个财务指标来考查。图 18 给出了典型医药商业企业 2010 ~2013 年的资产负债率和流动比率。

从图 18 可以看出，典型医药商业企业的资产负债率近年来一直在攀升，说明其利用财务杠杆的力度在不断加大。2010 年 406 家典型医药商业企业的平均资产负债率为 74.84%，已经处于较高的水平，2013 年上升到了 77.92%。这种高负债模式的直接后果是财务费用的支出将越来越大，这从图 17 可以看出。

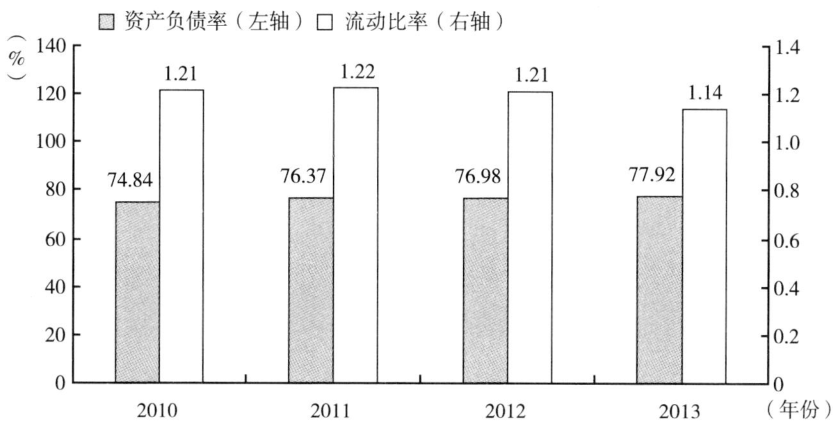

图 18　典型医药商业企业的资产负债率和流动比率

从短期偿债能力看，典型医药商业企业的短期偿债能力也在下降。2010年的流动比率为 1.21，到 2013 年下降为 1.14。

（三）盈利能力

图 19、图 20 分别给出了典型医药商业企业的毛利水平和营业利润率。我国典型医药商业企业的毛利保持在 7.5% ~8.5%，营业利润率在 1.9% 左右。

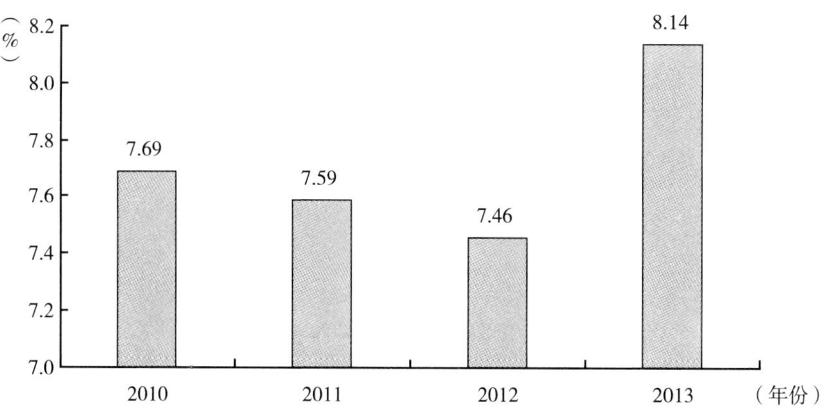

图 19　典型医药商业企业的毛利水平

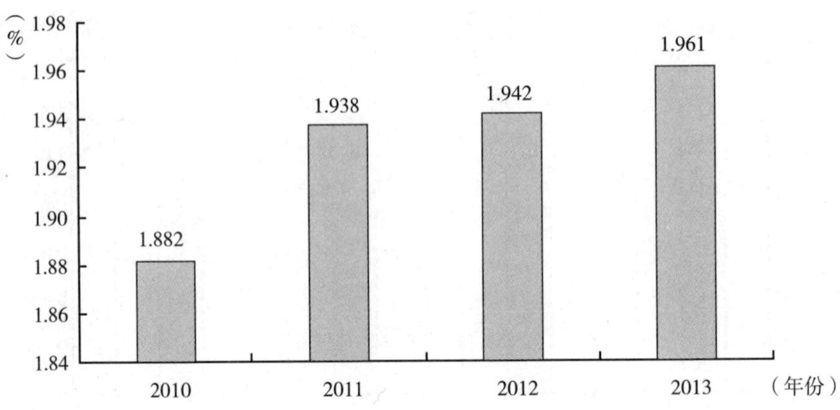

图 20　典型医药商业企业的营业利润率

从经济效率看，典型医药商业企业的效率不断提高。2010 年，典型医药商业企业在岗职工的人均营业收入为 246 万元，2013 年达 320 万元。从人均营业利润看，2010 年为 4.64 万元，2013 年达 6.28 万元（见图 21）。

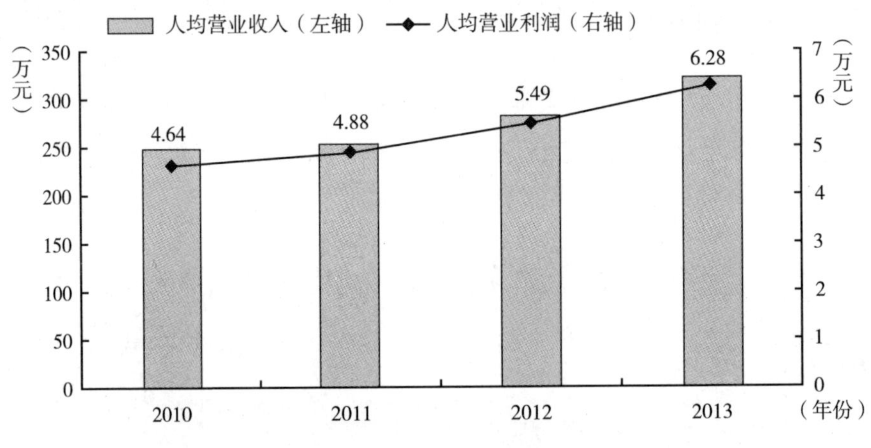

图 21　典型医药商业企业的效率

五　医药商业的发展方向

（一）加快发展电子商务

电子商务对现代物流业的改造有目共睹，医药商业领域也不例外。当前我国医药商业企业开始重视电子商务。与2012年相比，2013年典型医药商业企业B2B销售总额增长了17.33%，B2C的销售总额增长了141%（见图22）。

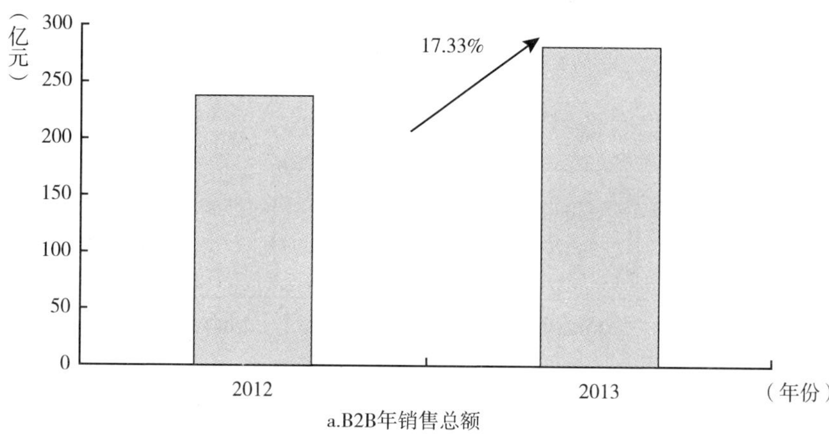

a.B2B年销售总额

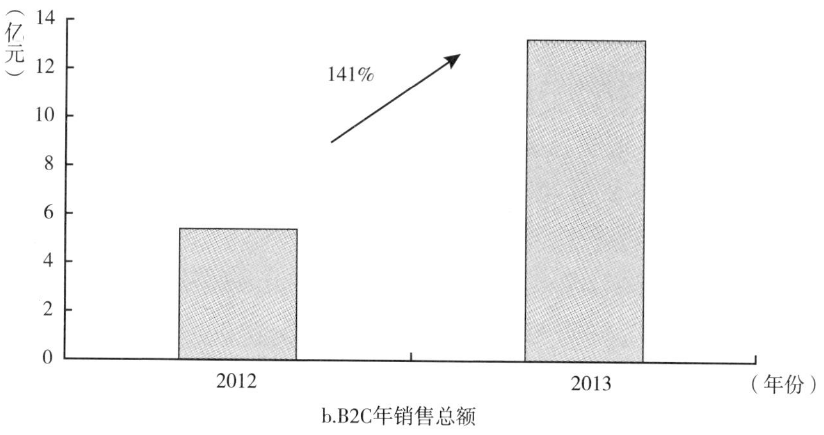

b.B2C年销售总额

图22　典型医药商业企业的电子商务发展

典型医药商业企业在岗职工中从事电子商务的人数占比也在增加，从2012年的0.79%上升到2013年的1.44%（见图23）。

（二）加强自主配送

从近年来我国典型医药商业企业的配送结构看，自主配送占比在增加。2010年自主配送占比为81.04%，2013年为83.66%（见图24）。

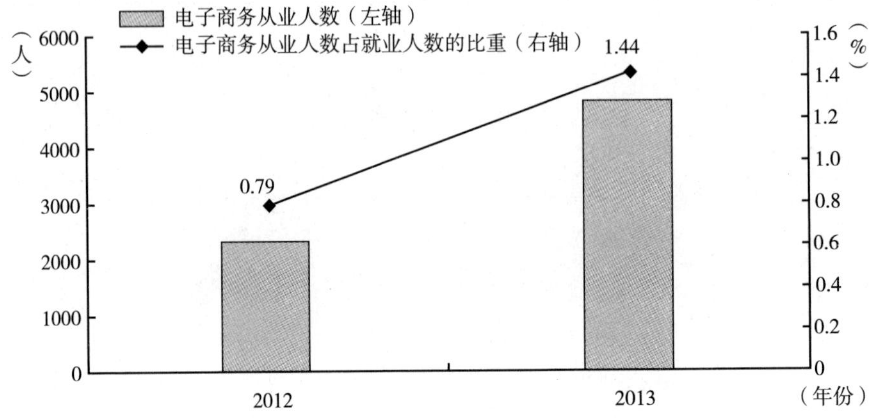

图 23　典型医药商业企业电子商务从业人员情况

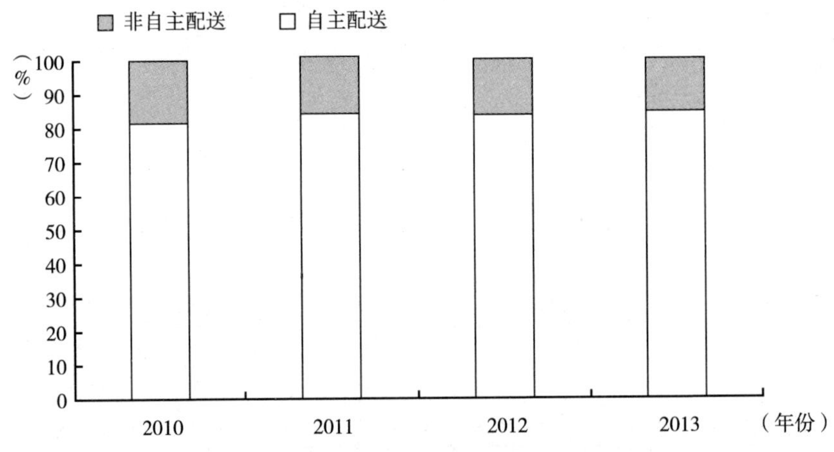

图 24　2010～2013 年典型医药商业企业的配送结构

各医药商业企业在自主配送方面投入较多资源。2013 年在 525 家从事批发、批零兼营的典型医药商业企业中，494 家不具有第三方医药物流资质，504 家不具有药监部门颁发的开展第三方药品物流业务确认文件，373 家不承担国家基本药物省级集中采购配送任务，505 家为没有开展物流延伸服务的企业。

表 2　典型医药商业企业的自主配送建设

项　　目	自主配送中心数量(个)	自主配送车辆数(辆)	在用计算机数量(台)
2010 年	585	5636	44259
2013 年	661	8142	66956
2013 年比 2010 年增长(%)	12.99	44.46	51.28

（三）注重人才建设

在竞争日益激烈的市场中，医药商业企业能保持竞争优势的重要手段是加强人才建设。这从医药商业企业在岗职工的学历结构可以看出。

图 25、图 26 给出了 2010 年、2013 年典型医药商业企业员工的学历结构。可以看出，2010 ~2013 年，大专以下学历的员工的占比下降，大专学历、大学本科学历、研究生及以上学历的员工的占比均上升。

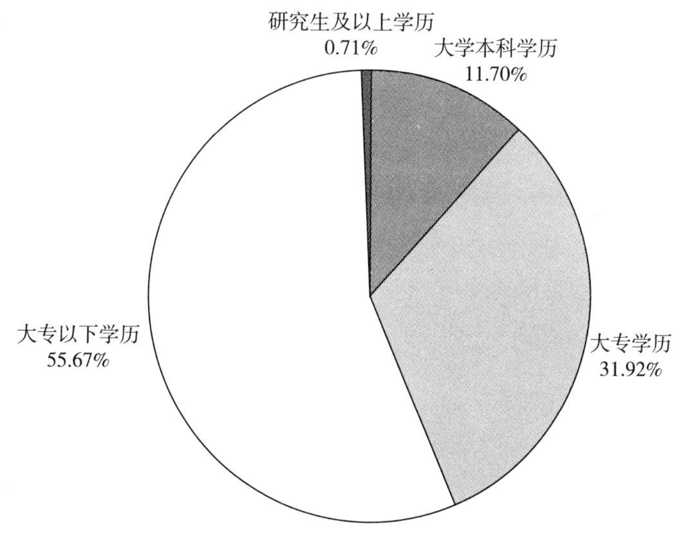

图 25　2010 年典型医药商业企业员工的学历结构

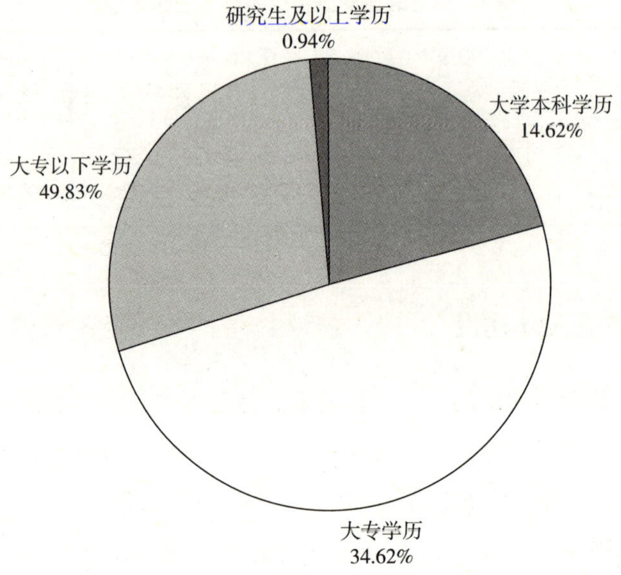

图 26　2013 年典型医药商业企业员工的学历结构

B.3

2013年度中国药品零售市场分析

中国医药商业协会

摘　要：

2013年药品零售市场销售规模总体呈现增长，但增速放缓，药品零售企业平均利润率下降。同时，销售百强企业毛利率上升，资本市场估值较高。药品零售的网络交易服务和创新服务模式发展迅速。

关键词：

药品　零售

一　药品零售市场发展概述

2013年是国家医药卫生体制改革向纵深推进的攻坚之年，在《全国药品流通行业发展规划纲要（2011～2015年）》的指导下，行业结构调整和发展方式不断优化升级，市场集中度和流通效率均有所提升，企业创新业务及服务模式取得新突破，药品流通行业销售规模与经济效益稳步增长，药品零售市场总体呈现持续向好的发展态势。

（一）药品零售市场整体情况

1. 药品零售市场整体规模

2013年药品零售市场销售规模增长，但增速放缓。据统计，2013年药品零售市场销售总额（含八大类商品[①]）为2607亿元，扣除不可比因素，同比

① 八大类商品是指化学药、中成药、食品（含保健品）、中药材（含中药饮片）、医疗器械（含家庭护理）、药妆品、日用品、其他商品。

增长12%，增幅回落4个百分点。

截至2012年底，全国共有药品零售连锁企业3107家，同比增长19.2%；下辖门店152580家，同比增长4.0%；零售单体药店271143家，同比减少2.1%；零售药店门店总数达423723家，与上年基本持平。①

2013年前100位药品零售企业销售总额为738.4亿元（见图1），约占同期药品零售市场销售总额的30%。

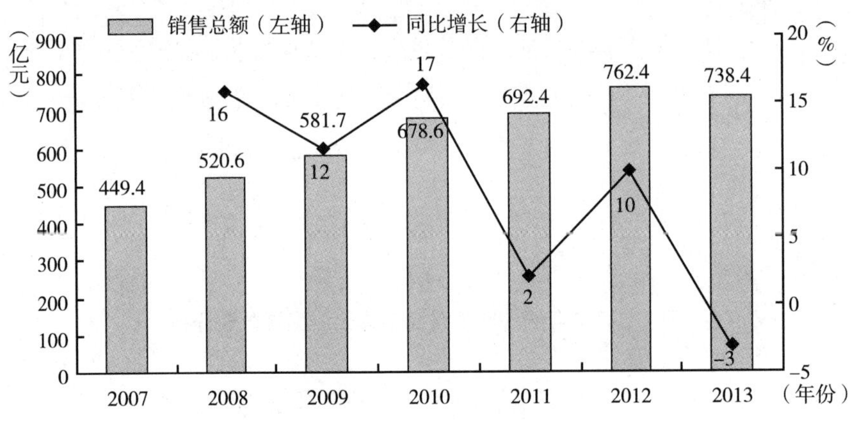

图1　2007～2013年前100位药品零售企业销售总额统计

资料来源：商务部药品流通行业统计系统，中国医药商业协会。

2. 前100位药品零售企业经济效益情况

2013年，前100位药品零售企业平均利润率为4.1%，相比于2012年的4.4%，下降0.3个百分点（见图2）；平均毛利率为26.5%，上升5.4个百分点；平均费用率为21.0%，上升2.0个百分点。

3. 前100位药品零售企业区域分布结构

2013年，前100位药品零售企业中企业数量排前10位的省市依次为上海、江苏、广东、浙江、北京、四川、山东、湖北、云南、江西。这10个省市的药品零售企业数量占前100位企业数量的65%（见表1）。

① 数据来源于国家食品药品监督管理总局。由于药品流通企业数量尚未公布2013年的数据，故引用2012年的数据。

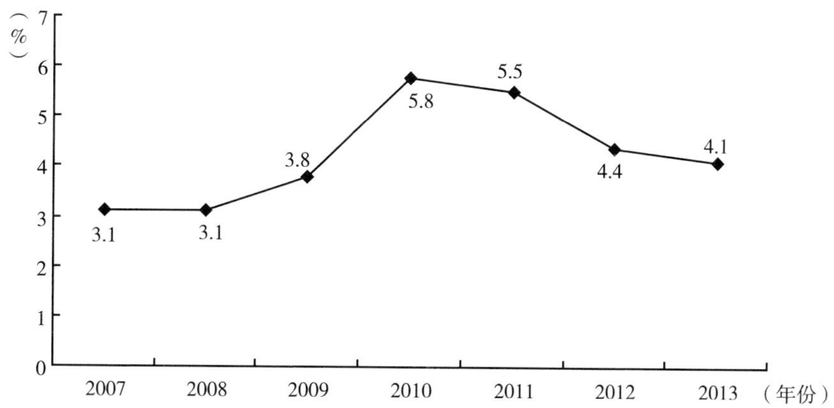

图2　2007～2013年前100位药品零售企业利润率统计

资料来源：商务部药品流通行业统计系统，中国医药商业协会。

表1　2013年前100位药品零售企业区域数量分布

单位：家

序号	地　区	企业数量	序号	地　区	企业数量
1	上　海	11	11	河　北	4
2	江　苏	10	12	重　庆	3
3	广　东	8	13	内蒙古	3
4	浙　江	7	14	辽　宁	3
5	北　京	6	15	湖　南	3
6	四　川	5	16	黑龙江	3
7	山　东	5	17	广　西	3
8	湖　北	5	18	陕　西	2
9	云　南	4	19	吉　林	2
10	江　西	4	20	贵　州	2

资料来源：中国医药商业协会。

2013年，前100位药品零售企业销售额居前10位的省市依次为上海、广东、北京、云南、重庆、江苏、辽宁、湖北、四川、湖南。这10个省市的销售额占前100位企业销售总额的78%（见表2）。

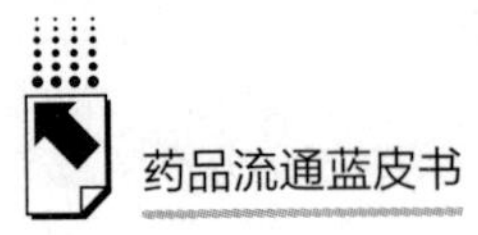

表 2　2013 年前 100 位药品零售企业区域销售额分布

单位：%

序号	地　区	销售额占比	序号	地　区	销售额占比
1	上　海	15	11	山　东	3
2	广　东	12	12	浙　江	3
3	北　京	10	13	江　西	2
4	云　南	9	14	河　北	2
5	重　庆	8	15	黑龙江	2
6	江　苏	6	16	吉　林	2
7	辽　宁	5	17	甘　肃	1
8	湖　北	5	18	贵　州	1
9	四　川	4	19	河　南	1
10	湖　南	4	20	广　西	1

资料来源：中国医药商业协会。

4. 药品零售企业在资本市场上的现状

药品流通企业虽属于传统行业，但由于存在巨大的整合空间，资本市场也给予其较高的估值水平。2013 年药品流通共有 15 家上市公司，剔除海王星辰、桐君阁和南京医药三家市盈率较高的公司，其余 12 家公司的市盈率平均在 35 倍。

按照 2013 年最后一个交易日的收盘价计算，15 家药品流通上市公司的市值总和为 1885.04 亿元，其中百亿元市值以上的企业有 6 家，分别是国药控股、上海医药、九州通、国药一致、华东医药和中国医药，其中国药控股和上海医药的市值超过 400 亿元。

2013 年，药品流通上市公司的投资并购活动仍然十分活跃，并购企业数量达到 66 家、涉及金额 54 亿元，在医药类上市公司兼并重组数量上连续 4 年居于首位。

表 3　2013 年医药流通类上市公司基本指标

单位：万元，%

序号	公司名称	股票代码	上市地点	2013 年主营业务收入	同比增长	2012 年主营业务收入	同比增长
1	国药控股	HK1099	香港	16686614	22.89	13578684	32.83
2	上海医药	600849	上海	7822281	14.90	6807812	24.00

续表

序号	公司名称	股票代码	上市地点	2013 年主营业务收入	同比增长	2012 年主营业务收入	同比增长
3	九州通	600998	上海	3343805	13.32	2950766	18.80
4	国药一致	000028	深圳	2119947	17.70	1801176	19.05
5	南京医药	600713	上海	1873779	3.96	1802422	4.96
6	华东医药	000963	深圳	1671799	14.67	1457923	30.98
7	中国医药	600056	上海	1482951	49.77	990136	36.21
8	英特集团	000411	深圳	1236930	16.80	1058995	24.21
9	国药股份	600511	上海	1008147	17.34	859163	22.01
10	瑞康医药	002589	深圳	592584	28.24	462078	44.63
11	桐君阁	000591	深圳	463530	-1.55	470828	-1.55
12	嘉事堂	002462	深圳	354427	38.77	255407	41.81
13	海王星辰	NPD	纽约	269910	5.85	254986	2.35
14	浙江震元	000705	深圳	201815	12.34	179649	4.51
15	第一医药	600833	上海	134839	-0.68	135767	7.07
合计				39263358	18.74	33065792	25.49

资料来源：上市公司年报。

表3中的上市公司，既有批零一体化的公司，也有以药品零售为主业的公司，如桐君阁、嘉事堂、海王星辰、第一医药等。

（二）药品零售市场品类销售结构

1. 品类销售结构

据典型样本城市零售药店2013年品类销售统计，在零售药店多元化经营中，各类商品近两年来基本格局保持不变（见图3）。

在所统计的零售药店经营的八大类商品中，化学药、中成药、食品（含保健品）的销售额一直居于前三位；药品（包括化学药、中成药和中药材）在连锁药店的销售额中所占比重总体保持稳定，基本在70%以上。如表4所示，化学药和中药材（含中药饮片）的销售占比均略有上升，中成药、食品（含保健品）、医疗器械（含家庭护理）和药妆品的销售占比均略有下降，日用品的销售占比保持不变。

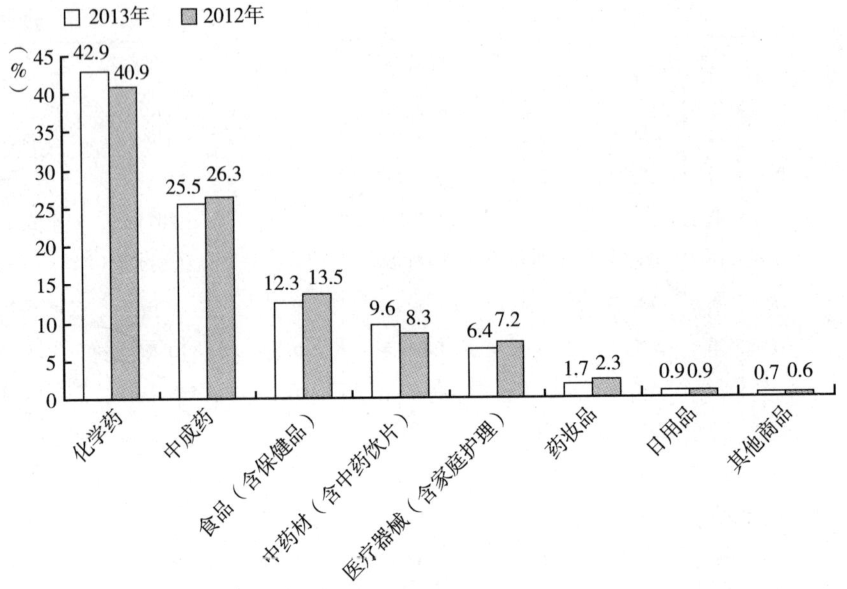

图3　2012 年与 2013 年典型样本城市零售药店品类销售结构分布

资料来源：中国医药商业协会。

表4　2012 年与 2013 年典型样本城市零售药店大类产品销售占比对比

单位：%，个百分点

大类名称	2013 年		2012 年		占比变化
	份额	排名	份额	排名	
化学药	42.9	1	40.9	1	2.0
中成药	25.5	2	26.3	2	-0.8
食品(含保健品)	12.3	3	13.5	3	-1.2
中药材(含中药饮片)	9.6	4	8.3	4	1.3
医疗器械(含家庭护理)	6.4	5	7.2	5	-0.8
药妆品	1.7	6	2.3	6	-0.6
日用品	0.9	7	0.9	7	0.0
其他商品	0.7	8	0.6	8	0.1

注：样本范围为 18 个城市 34 家药品零售连锁企业共 1705 家门店，下同。

资料来源：中国医药商业协会。

如图 4 所示，化学药销售在 2013 年前 3 个季度连续上升，第 4 季度又有所回落；食品（含保健品）的销售额连续四个季度稳居第三位，且所占比例

基本稳定，反映了食品（含保健品）市场需求持续旺盛，且受季节影响不大；中药材（含中药饮片）包含了部分贵重药材，如参茸类产品，受节气变化、进补习惯等因素影响在第2、第3季度销售额有所下降；药妆品的销售额在全年各季度一直保持稳定。

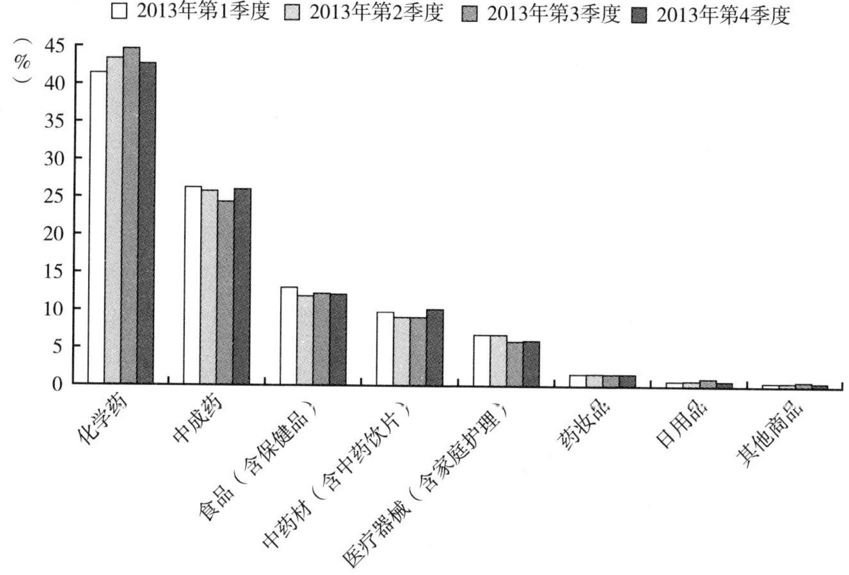

图 4　2013 年典型样本城市零售药店销售品类全年四个季度份额

资料来源：中国医药商业协会。

2. 品种销售结构

2013 年，典型样本城市零售药店中国产药品与合资药品的销售占比均略有下降，而进口药品的销售占比略有上升。如图 5 所示，2013 年在化学药、中成药的销售中，国产药品占主导地位。其中，国产药品占 69.1%，相比 2012 年占比下降 0.5 个百分点；合资药品占 20.5%，占比下降 0.6 个百分点；进口药品占 10.5%，占比增加 1.2 个百分点。药品流通企业应关注进口药品转国产药品的机遇，积极关注医药市场变化趋势，努力做好国产新品种上市及与厂家的战略合作。面对药品厂家由产品营销向品牌营销转变、品牌营销实行工商联手的新形势，应把握机遇，加强与品牌厂家的战略合作，以供应链服务升级措施对接医改深入的挑战。

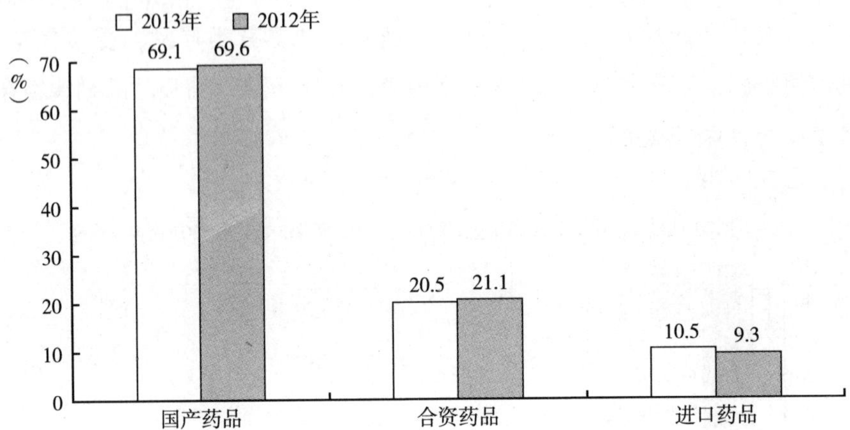

图 5　典型样本城市零售药店 2012 年与 2013 年生产厂家产品（化学药、中成药）市场份额占比变化

资料来源：中国医药商业协会。

如图 6 和表 5 所示，在化学药的大类中，循环系统用药物和抗肿瘤药物的销售占比有一定的提升，其次有提升的为激素及调节内分泌功能类药物和神经系统用药物，而调节免疫功能药物、解热镇痛药物、专科用药物、抗生素类抗感染药物、非抗生素类抗感染药物等的销售占比均有下降，其中调节免疫功能药物和解热镇痛药物的销售占比下降幅度较大。

抗肿瘤药物的销售占比排名从 2012 年的第 5 位上升到 2013 年的第 3 位，这与我国肿瘤病患者不断增多有着密切关系。我国每年新发肿瘤病例为 312 万例。平均每天有 8550 人、每分钟有 6 人被诊断为癌症，有 5 人死于癌症。人在一生中患癌的概率为 22%，其中肺癌成为发病率与死亡率最高的癌症，肺癌高发与严重污染的空气和主动或被动吸烟有着重要的关系。

如图 7 所示，在中成药大类中，补益药一反上年下降趋势在 2013 年增长幅度较大；除理血药、祛湿药和解表药均有略微增长外，其他几类占比较上年均有所下降。

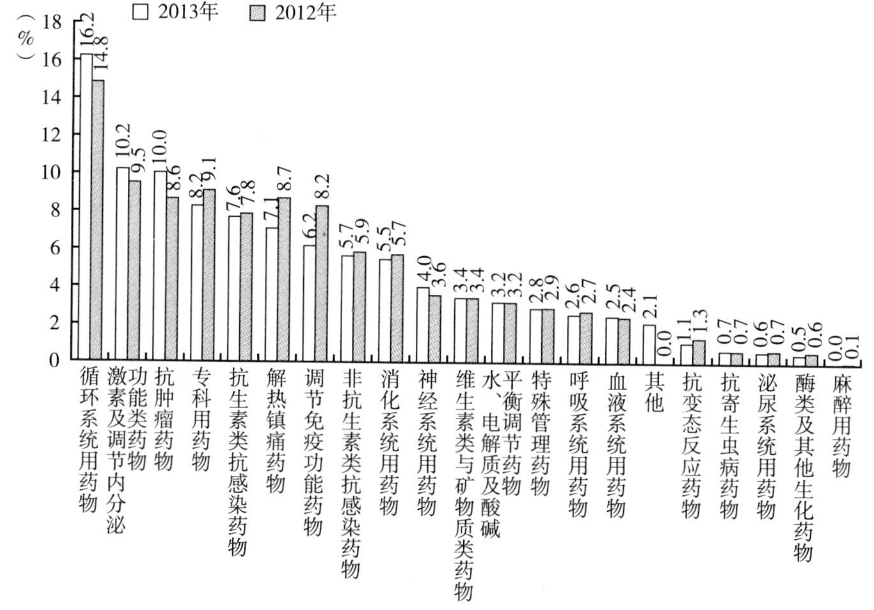

图 6　2012 年与 2013 年典型样本城市零售药店化学药大类结构

资料来源：中国医药商业协会。

表 5　2013 年典型样本城市零售药店化学药大类排序

单位：%，个百分点

排序	化学药大类分类	2013 年占比	2012 年占比	变化
1	循环系统用药物	16.2	14.8	1.4
2	激素及调节内分泌功能类药物	10.2	9.5	0.7
3	抗肿瘤药物	10.0	8.6	1.4
4	专科用药物	8.2	9.1	-0.9
5	抗生素类抗感染药物	7.6	7.8	-0.2
6	解热镇痛药物	7.1	8.7	-1.6
7	调节免疫功能药物	6.2	8.2	-2.0
8	非抗生素类抗感染药物	5.7	5.9	-0.2
9	消化系统用药物	5.5	5.7	-0.2
10	神经系统用药物	4.0	3.6	0.4
11	维生素类与矿物质类药物	3.4	3.4	0.0
12	水、电解质及酸碱平衡调节药物	3.2	3.2	0.0
13	特殊管理药物	2.8	2.9	-0.1
14	呼吸系统用药物	2.6	2.7	-0.1
15	血液系统用药物	2.5	2.4	0.1
16	其他	2.1	0	2.1
17	抗变态反应药物	1.1	1.3	-0.2

续表

排序	化学药大类分类	2013 年占比	2012 年占比	变化
18	抗寄生虫病药物	0.7	0.7	0.0
19	泌尿系统用药物	0.6	0.7	-0.1
20	酶类及其他生化药物	0.5	0.6	-0.1
21	麻醉用药物	0.0	0.1	-0.1

资料来源：中国医药商业协会。

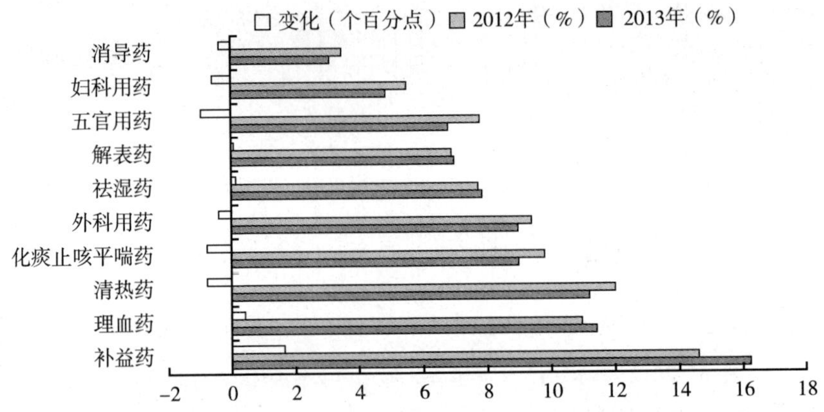

图 7　2013 年典型样本城市零售药店中成药前 10 大类占比变化

资料来源：中国医药商业协会。

表 6　2013 年典型样本城市零售药店中成药大类排序

单位：%，个百分点

排序	中成药大类分类	2013 年占比	2012 年占比	变化
1	补益药	16.3	14.6	1.7
2	理血药	11.4	11.0	0.4
3	清热药	11.2	12.0	-0.8
4	化痰止咳平喘药	9.0	9.8	-0.8
5	外科用药	8.9	9.4	-0.5
6	祛湿药	7.9	7.7	0.2
7	解表药	7.0	6.9	0.1
8	五官用药	6.8	7.8	-1.0
9	妇科用药	4.9	5.5	-0.6
10	消导药	3.1	3.5	-0.4
11	理气药	2.4	2.2	0.2
12	散风熄风药	2.3	2.5	-0.2
13	其他	2.2	0.0	2.2
14	开窍药	2.1	2.6	-0.5

续表

排序	中成药大类分类	2013 年占比	2012 年占比	变化
15	安神药	1.7	1.7	0.0
16	固涩药	0.8	0.7	0.1
17	泻下药	0.5	0.6	-0.1
18	其他中成药	0.4	0.3	0.1
19	治燥药	0.4	0.4	0.0
20	温里药	0.3	0.4	-0.1
21	驱虫药	0.3	0.3	0.0
22	和解药	0.2	0.0	0.2

资料来源：中国医药商业协会。

2013 年典型样本城市零售药店药品销售前 10 位（按品规统计）如表 7 所示。在销售排名前 10 位的品规中，片剂、胶囊占 9 席，且有 8 种为合资、进口品种。

表 7　2013 年典型样本城市零售药店药品销售前 10 位品规排序（化学药、中成药）

单位：万元，%

序号	品名(商品名、通用名)	规格	厂家	销售额	占比
1	甲磺酸伊马替尼片(格列卫)	0.1g*60T	Novartis Pharma Stein AG	8313.89	1.8
2	吗替麦考酚酯胶囊(骁悉)	0.25g*40S	上海罗氏制药有限公司	5475.17	1.2
3	注射用曲妥珠单抗(赫赛汀)	20ml:0.44g(含稀释液)	上海罗氏制药有限公司	5407.80	1.2
4	他克莫司胶囊(普乐可复)	1mg*50S	安斯泰来制药(中国)有限公司	4583.95	1.0
5	枸橼酸西地那非片(万艾可)	0.1g*5T	辉瑞制药有限公司	3131.11	0.7
6	盐酸厄洛替尼片(特罗凯)	0.15g*7T	上海罗氏制药有限公司	2867.21	0.6
7	盐酸埃克替尼片(凯美纳)	0.125g*21T	浙江贝达药业有限公司	2817.56	0.6
8	硫酸氢氯吡格雷片(波立维)	75mg*7T	赛诺菲安万特(杭州)制药有限公司	2779.66	0.6
9	阿托伐他汀钙片(立普妥)	20mg*7T	辉瑞制药有限公司	2440.42	0.5
10	阿卡波糖片(拜唐苹)	50mg*30T	拜耳医药保健有限公司	2382.67	0.5

资料来源：中国医药商业协会。

3. 药品零售企业直营门店结构情况

2013 年，销售额前 100 位药品零售企业门店总数达到 44322 家，其中直营门店数 25175 家，占门店总数的 57%。

4. 医保定点药店区域分布情况

截至 2013 年底，医保定点零售药店 16.8 万家，占零售药店门店总数的

39.7%。销售额前100位药品零售企业医保定点药店总数为24231家，占全国医保定点零售药店门店总数的14.4%。

近年来，医保定点零售药店受各地政策影响较大，主要表现如下：一是申报流程区域管控差异较大。在药品零售连锁企业收购单体药店后，原药店的医保定点资格将被注销，收购方需重新申报，有的地方规定了需重新开业两年以上才可申请医保定点药店；有的地方受医保定点药店总数的控制，并购后的连锁药店无法继续获得医保定点的资格。二是医保应收款的结算周期存在区域差异。有的地方月结一次，有的省市甚至要一年结算一次。资金结算周期长，极大地加重了医保定点药店的资金周转压力。三是医保部门对医保定点药店经营非药品下达“限售令”和“禁售令”；一旦在定点药店摆放非药品即按违规论处，严重影响医保定点药店的多元化经营，使医保定点药店无法在药品屡次降价的情况下从多元化经营中获取利润，限制了药品零售行业的正常发展。

5. 拥有配送中心情况

药品流通统计直报系统数据显示，截至2013年底含有药品物流配送中心的药品零售直报企业有104家，含药品物流配送中心数量158个，其中自有物流配送中心数量115个，占配送中心总数的73%；平均每家企业拥有配送中心数量1.5个，其中拥有自有配送中心1.1个。

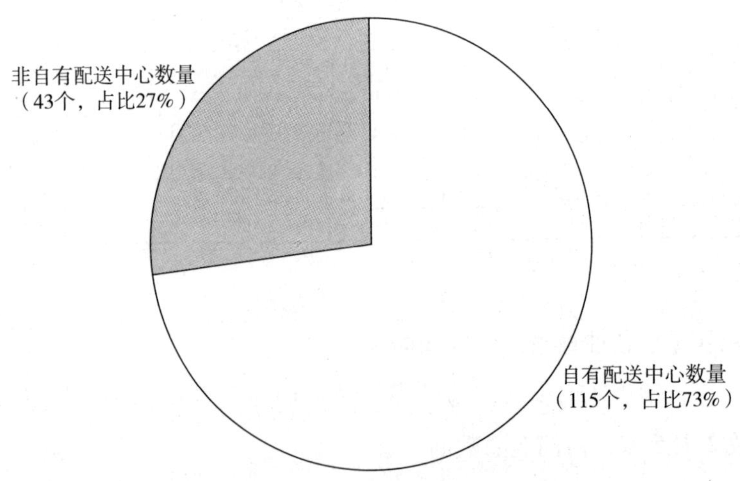

图8　药品零售企业配送中心数量统计

资料来源：商务部药品流通行业统计系统。

二　药品零售市场发展的主要特点

（一）药品零售企业销售规模有所提升

从 2013 年销售情况看，前 100 位药品零售企业的销售额底线为 1.32 亿元，销售额超过 10 亿元的企业有 16 家，其中销售额超过 50 亿元的有 3 家、30 亿~40 亿元的有 4 家、20 亿 ~30 亿元的有 3 家、10 亿 ~20 亿元的有 6 家。

如图 9 和表 8 所示，与 2012 年比较，2013 年销售额超过 50 亿元的企业有 3 家，而 2012 年为零，说明优势企业的销售规模有所提升；但从年销售额超过 10 亿元的企业数量来看，2013 年比上年减少 3 家。前 100 位药品零售企业销售额占零售市场销售总额的比例为 28.3%；其中前 5 位企业占销售总额的 9.0%、前 10 位企业占销售总额的 14.4%、前 20 位企业占销售总额的 18.5%，均较上年有不同程度的下降，这说明药品零售企业重组购并速度较慢，市场集中度有待于进一步提升。

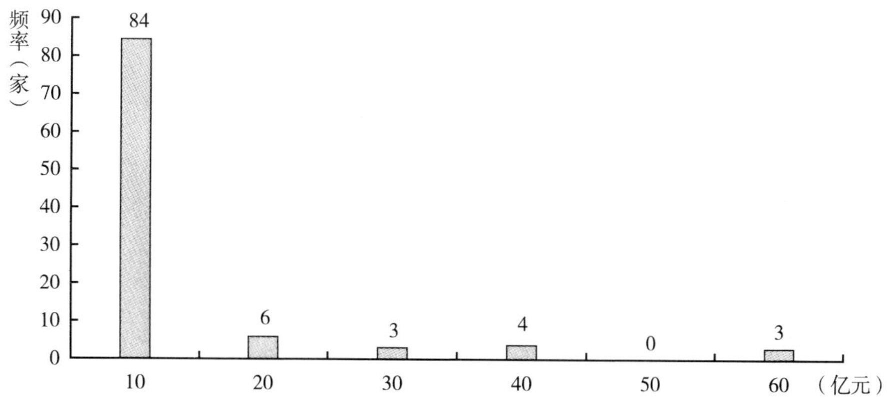

图 9　2013 年销售总额前 100 位药品零售企业分布

资料来源：商务部药品流通行业统计系统，中国医药商业协会。

表8　2012～2013年不同销售规模药品零售企业家数变化统计

单位：家

销售额分布	2013年	2012年	变化
超过50亿元	3	0	3
40亿～50亿元	0	3	-3
30亿～40亿元	4	5	-1
20亿～30亿元	3	3	0
10亿～20亿元	6	8	-2
超过10亿元(汇总)	16	19	-3

资料来源：商务部药品流通行业统计系统，中国医药商业协会。

（二）零售药店连锁率较低

2012年，全国零售药店连锁率为36.01%，比上年提高1.39个百分点（见图10）。而《全国药品流通行业发展规划纲要（2011～2015年）》规定，至2015年连锁药店占全部零售门店的比重提高到2/3以上。按照这一目标，现有药店连锁率明显较低，存在很大差异。

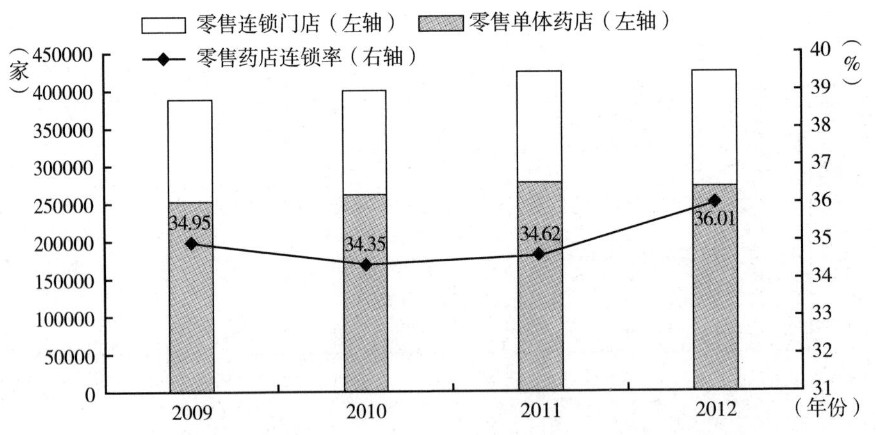

图10　2009～2012年全国零售药店连锁率统计

资料来源：国家食品药品监督管理总局。

（三）零售药店区域发展不均衡

药品零售百强企业中，共有 22 家企业为跨省经营企业，其中前 10 强全部为跨省企业。跨 10 个省以上的企业有 4 家，跨 5 ~ 10 个省的企业有 9 家，跨 5 个省以下的企业有 9 家（见表 9）。

表 9　2013 年销售额前 100 位药品零售企业跨省经营统计

单位：个

序号	企业名称	省份数	涉及的具体省份						
1	中国北京同仁堂（集团）有限责任公司	28	黑龙江	广东	河北	浙江	安徽	云南	湖南
			新疆	贵州	天津	福建	四川	吉林	上海
			湖北	陕西	河南	山西	海南	山东	广西
			内蒙古	甘肃	辽宁	北京	江西	重庆	江苏
2	国药控股国人药房有限公司	18	福建	河南	江苏	新疆	广西	天津	安徽
			上海	湖南	山西	河北	山东	广东	宁夏
			北京	内蒙古	浙江	辽宁			
3	老百姓大药房连锁股份有限公司	15	湖南	陕西	浙江	江西	广西	山东	河北
			广东	天津	上海	湖北	河南	北京	江苏
			安徽						
4	深圳市海王星辰医药有限公司	14	广东	浙江	辽宁	江苏	山东	四川	天津
			北京	吉林	安徽	湖北	福建	上海	湖南
5	深圳中联大药房控股有限公司	10	广东	贵州	北京	四川	广西	山西	福建
			湖北	云南	海南				
6	湖北同济堂药房有限公司	7	湖北	江苏	安徽	重庆	广东	北京	浙江
7	云南鸿翔一心堂药业（集团）股份有限公司	6	山西	广西	贵州	云南	重庆	四川	
8	大参林医药集团股份有限公司	6	广西	福建	广东	江西	浙江	河南	
9	益丰大药房连锁股份有限公司	6	江苏	湖北	湖南	上海	浙江	江西	
10	武汉普安医药有限公司	6	江苏	北京	湖北	四川	天津	上海	
11	上海华氏大药房有限公司	5	贵州	安徽	浙江	江苏	上海		
12	辽宁成大方圆医药连锁有限公司	5	吉林	山东	河北	内蒙古	辽宁		

续表

序号	企业名称	省份数	涉及的具体省份						
13	北京金象大药房医药连锁有限责任公司	5	河北	天津	北京	山西	山东		
14	云南健之佳健康连锁店股份有限公司	4	广西	四川	重庆	云南			
15	南京国药医药有限公司	4	安徽	福建	新疆	江苏			
16	成都百信药业连锁有限责任公司	3	四川	河北	湖北				
17	甘肃德生堂大药房连锁经营有限公司	3	陕西	北京	甘肃				
18	河南张仲景大药房股份有限公司	3	黑龙江	海南	河南				
19	重庆桐君阁大药房连锁有限责任公司	2	四川	重庆					
20	江苏大众医药连锁有限公司	2	安徽	江苏					
21	河北华佗药房医药连锁有限公司	2	北京	河北					
22	四川德仁堂药业连锁有限公司	2	北京	四川					

注：老百姓大药房连锁股份有限公司由于上市静默期，未参与零售企业销售额的百强排名，仅在本表中反映其跨省经营情况。

资料来源：商务部药品流通行业统计系统，中国医药商业协会。

（四）互联网药品交易服务模式发展迅速

2013 年是药品电子商务平台加速发展的一年。一些具有条件的公司借助电子商务平台整合业务渠道，向供应链客户提供更多的增值服务，以降低运营成本、提高交易效率，实现线上与线下业务经营的共同发展。

国家食品药品监督管理总局统计显示，截至 2013 年底，获得批准开展互联网药品交易服务的企业有 199 家，服务范围包括：向个人消费者提供药品（B2C）、与其他企业进行药品交易（B2B）和第三方交易服务平台（B2A）。

药品流通行业统计直报系统数据显示，截至 2014 年 6 月，在直报系统中具有互联网药品交易服务资格的企业为 62 家，其中 B2B 企业 20 家、B2C 企

业 42 家；B2B 交易额占比超过 90%。网上药品零售有着巨大的发展空间，将成为药品零售企业新的竞争领域，如图 11 和图 12 所示。

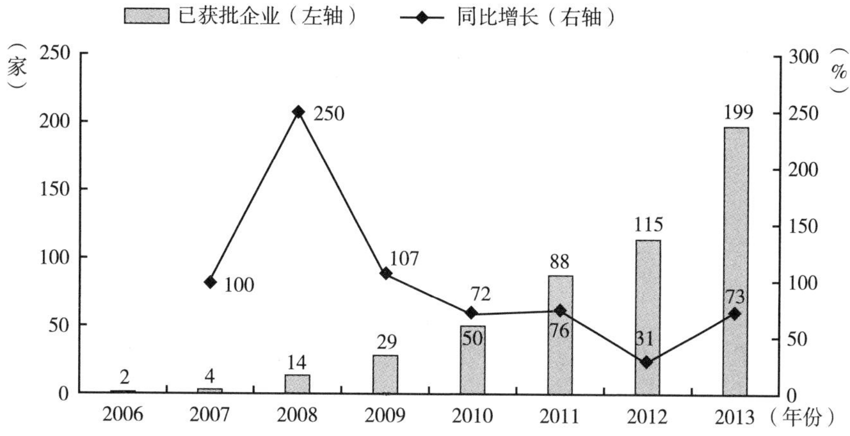

图 11　2006～2013 年互联网药品交易服务企业数量统计

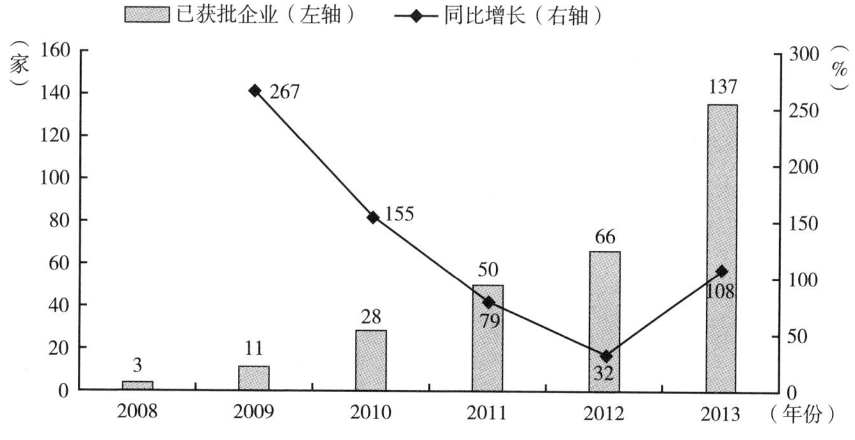

图 12　2008～2013 年互联网药品交易服务 B2C 企业数量统计

（五）寻求经营服务创新模式

近年来，由于药品零售行业竞争日趋激烈，许多药店都在寻求创新转型之路。

1. 建立综合型与专业化服务型药店

国药控股国大药房作为我国药品零售行业排名前 10 位的企业之一，旗下的医保定点药房占比高于其他企业。在医改进程中，公司借助母公司国药控股强大的资本、品牌、分销和物流网络的优势，依托国大药房信息化的管理能力、高效快捷的采购体系、严格的质量管控、细致的门店管理、高效的物流体系、全国 ERP 平台等优势，全面打造具有“成本领先、品种齐全、服务优良、价值提升”核心特质的全国医药零售终端网络。目前，国大药房已拥有由专业现代药房、医院合作店、医院周边店、药诊店、中医馆店等组成的全面店型体系，同时开设有糖尿病生活馆、特药慢病服务中心（DTC）等特色门店，每天为超过 30 万名全国消费者提供优质、专业的药事服务。

2. 少区域高密度网点策略

云南鸿翔一心堂药业（集团）股份有限公司始终坚持“少区域、高密度网点”的发展策略，使公司在一个区域内形成较强的竞争力及品牌影响力。多年来，云南鸿翔一心堂药业（集团）股份有限公司着眼于云南市场，坚持高密度发展的理念，零售药店覆盖了云南省大部分市县，门店数量超过 1800 家，公司在云南省具有较高的消费者认知度和品牌认可度。连锁药店的价值链主要体现在经营模式上。云南鸿翔一心堂药业（集团）股份有限公司通过 SAP 系统的上线，在财务业务一体化，人、财、物的集成管理，数据仓库的建设，高效的物流管理，精确的商品管理，客户关系管理，商业智能等方面体现出较强的优势。

3. 注重精细化管理和运营

益丰大药房是全国领先的大型药品零售连锁企业，目前公司已在湖南、湖北、上海、江苏、浙江、江西 6 个省市开设 680 多家直营连锁门店。公司不仅注重规模的快速扩张，更注重精细化管理和运营。通过实施包括顾客满意度评价系统在内的七大核心系统，对顾客服务、门店运营、商品采购、经营分析、质量控制、门店选址、绩效考评等环节进行精细化管理，使公司经营效率和竞争力不断提升。一切以顾客价值为导向是益丰文化的核心，公司将顾客满意度作为衡量一切工作的标准，将顾客满意度与员工的绩效考评相结合，确保顾客价值与公司持续盈利能力的一致性。近年来，公司成功实施了国际领先的

ERP 信息系统和 WMS 物流管理系统，并投资建设大型的集团物流中心，进一步提升人、财、物的统一化管理水平，全面实现由传统物流模式向供应链管理模式的转变，有效提升物流效率、降低物流成本。

4. 开设名医馆实现“医药互动”

吉林大药房积极打造大健康概念新模式，开办“益生堂”名医馆 32 家、“益生堂”健康调理中心 8 家。吉林大药房调整原本“以医促药”的经营策略，转变为“医药互动”的经营模式，将医疗板块提升至与药店板块一个平衡的高度进行发展。吉林大药房深耕市场多年，诚信经营，长期投身公益事业，建立起企业良好的美誉度，名医们都热衷于到吉林大药房执业。目前，“益生堂”名医馆已拥有超过 100 人的医生团队。为了进一步完善大健康链条，吉林大药房还出资 130 万元购置了大型体检车，把体检车开进社区与居民零距离互动，在开展公益事业的同时提升吉林大药房以及“益生堂”名医馆的企业形象。

深圳市和顺堂医药有限公司坚持“中医诊疗 + 精品中药”的服务模式，专注发展国医药馆，在深圳、广州、东莞、惠州及香港地区开设 50 家国医药馆，其中中医坐堂医有 250 名。同时，公司在 2009 年投资近 1 亿元建立精品中药饮片厂，将发展重心落在中药饮片的制作上，并借鉴日本、中国香港等地中药企业的先进经验，大幅提高中药品质。如今，和顺堂的精品中药饮片有 700 多个品规，不仅能够满足和顺堂 50 家国医药馆的处方要求，同时还能满足很多外来处方配药的需求。

5. DTC 经营模式受到普遍重视

北京医保全新大药房有限责任公司近年来以 DTC 模式闻名业内。公司建立起一支专业的 DTC 队伍，人员全部统一要求具有药师或执业药师资质。这支队伍为 DTC 的患者提供“一对一”的服务，包括建立顾客的用药档案、及时提醒顾客的用药周期、提供全程自动化冷链送药上门服务，并为患者的家人提供相关健康、养生指导。目前，医保全新已建立 17000 个会员档案。由于这类会员顾客多为高危病种的患者，对“一对一”的贴身服务和隐私性的需求比普通患者顾客更高，以医保全新为代表的品牌医药连锁企业对 DTC 队伍的专业服务有很高的要求，定期对 DTC 专员进行专业知识与服务技巧培训，以

提升服务的专业品质。

6. 积极参与安全用药宣传及社会公益活动

漱玉平民大药房是山东省药品零售连锁行业的龙头企业，现拥有连锁门店460余家，开设齐鲁名医馆及中西医诊所30余家，职工3000余名，其中90%以上为医药方面的专业技术人才。为了指导民众安全用药，2011年11月漱玉平民大药房配合济南市委宣传部、济南市食品药品监督管理局在西门店四楼建立了全国第一家饮食用药安全宣传教育基地。公司在取得经济效益的同时积极参与社会公益事业，先后为全省老年人、残疾人、困难学生和特困家庭捐款、捐物、捐药等折合人民币1000余万元。此外，公司还根据自身特点，成立了药师俱乐部、会员健康俱乐部等，较好地配合和促进销售工作的开展。

7. 启动健康生活药店转型升级项目

上海复美益星大药房连锁有限公司是致力于药品、健康美丽商品的零售连锁经营，以先进的现代零售连锁经营模式和质量第一、规范经营、个性化服务树立起企业鲜明的品牌形象。复美大药房为消费者提供专业的药学服务，健康热线由主任医师提供咨询服务；建立了上海第2家获得互联网药品交易服务合法资质的网站。2012年，复美大药房启动了健康生活药店转型项目。转型升级后的复美大药房为社区居民的常见病、多发病、慢性病等提供更为快捷、及时、个性化的服务和多元化的商品。同时，复美大药房成立SCC糖尿病关爱中心，执业药师为社区居民建立专属的电子药历，开展药历分析和跟踪服务，为居民提供合理化用药建议。此外，复美大药房正在推进药店“E化管理”，通过O2O运营管理平台打通线上与线下业务的结合。

（六）药店联盟发展迅速

零售药店在面临来自宏观政策及市场竞争的双重压力下，加快了抱团结盟的速度。截至2013年底，全国共成立17家省级药店联盟，覆盖21个省（自治区、直辖市），年度销售总额达422.34亿元，比上年增长24.37%，约占全国药品零售市场销售总额的1/6（见表10）。

表 10　2010～2013 年省级药店联盟发展数据

单位：家，亿元

序号	联盟名称	成立时间	成员数量				门店数量				销售额			
			2010 年	2011 年	2012 年	2013 年	2010 年	2011 年	2012 年	2013 年	2010 年	2011 年	2012 年	2013 年
1	江苏药店联盟	2009. 10. 16	52	58	26	32	1520	1710	1887	1951	20. 25	24. 53	51. 50	56. 87
2	山东药店联盟	2009. 12. 20	31	46	54	54	1210	2156	3027	3481	18. 36	33. 62	46. 18	58. 97
3	陕西药店联盟	2010. 5. 7	78	120	40	19	1860	1508	1600	480	18. 65	11. 50	12. 31	12. 58
4	辽宁药店联盟	2010. 5. 20	18	20	22	22	540	65	730	750	10. 25	12. 52	15. 25	16. 50
5	河北药店联盟	2010. 6. 21	14	14	13	17	350	350	525	685	11. 26	13. 53	25. 12	32. 18
6	浙江药店联盟	2010. 9. 25	18	21	14	15	550	710	800	897	10. 63	15. 17	12. 33	15. 30
7	北京药店联盟	2010. 10. 21	21	21	13	13	733	3733	815	815	13. 38	25. 62	30. 48	30. 02
8	大西北药店联盟	2010. 11. 21	14	14	20	20	415	415	538	538	8. 60	9. 34	13. 29	16. 32
9	黑龙江药店联盟	2011. 2. 24		70	30	30		2008	1038	1300		25. 06	10. 56	20. 16
10	四川药店联盟	2011. 4. 25		40	40	40		730	1608	1200		30. 38	20. 76	24. 65
11	河南药店联盟	2011. 5. 21		43	36	36		750	925	915		17. 25	15. 33	16. 37
12	广西药店联盟	2011. 7. 9		41	37	41		2520	1915	2609		20. 48	21. 16	25. 84
13	广东药店联盟	2011. 8. 18		28	28	20		1300	1368	1600		23. 35	24. 40	25. 73
14	湖北药店联盟	2011. 10. 28		33	35	35		2165	2185	2197		20. 00	22. 43	19. 20
15	山西药店联盟	2012. 4. 14			48	12			827	232			18. 47	7. 62
16	江西药店联盟	2013. 6. 17				58				860				13. 80
17	内蒙古药店联盟	2013. 10. 18				30				370				30. 23
合　　计			246	569	456	494	7178	20120	19788	20880	111. 38	282. 35	339. 57	422. 34

资料来源：中国医药物资协会。

三　药品零售业未来走势

（一）国际经济环境及药品零售业发展趋势

世界经济的发展、人口总量的增长和社会老龄化程度的提高，导致药品需求呈上升趋势，全球医药市场近年来持续快速增长，并将继续向新兴医药市场转移。据国际权威医药咨询机构 IMS 的统计，2010～2012 年全球药品销售持续增长，但增速逐渐放缓（见图 13）。

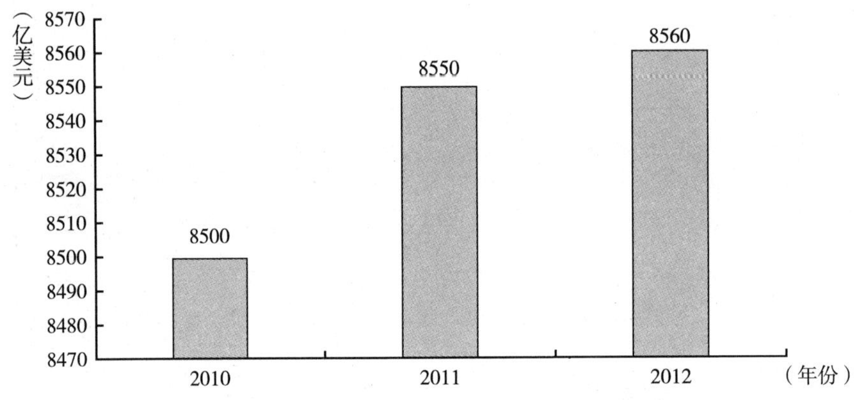

图 13　2010～2012 年全球药品市场规模

资料来源：医疗保健品分销管理协会（HDMA）。

我国药品销售额占全球药品市场的份额由 2011 年的 6.1% 上升至 2012 年的 7.5%，世界排名由 2011 年的第 5 位跃居 2012 年的第 3 位，仅次于美国及日本；美国占全球药品市场的份额由 2011 年的 48.5% 上升至 2012 年的 49.1%；2011～2012 年日本的市场份额保持不变；由于经济增长放缓带来的更加严厉的财政紧缩政策，欧洲 5 国（法国、德国、意大利、西班牙、英国）的市场份额预计由 2011 年的 23.7% 下降至 2012 年的 21.8%。2012～2017 年新兴医药市场预计将以 14%～17% 的速度增长，而主要发达医药市场的增长率将在 3% 以下，甚至为负增长。预计 2017 年，中国可能超过日本，跃升为仅

表 11　2012 年全球医药市场前 10 名销售额统计

单位：10 亿美元，%

排名	国　家	销售额	市场份额	2011～2012 年变化率
1	美　国	327.80	49.1	-1.1
2	日　本	100.50	15.1	0.7
3	中　国	49.80	7.5	20.9
4	德　国	41.70	6.2	1.9
5	法　国	36.70	5.5	-0.7
6	意大利	26.00	3.9	-0.9
7	加拿大	22.00	3.3	-0.7
8	巴　西	21.60	3.2	15.7
9	英　国	21.50	3.2	2.5
10	西班牙	19.70	3.0	-5.1
合　计		667.30	100.0	1.3

资料来源：医疗保健品分销管理协会（HDMA）。

次于美国的全球第二大药品市场；新兴市场占全球药品市场的份额已经超过欧洲 5 国，随着基本医疗保障的发展，2017 年预计将达到 30%。

表 12　2017 年全球药品市场按市场份额排序预测

排名	2012 年	2017 年	排名	2012 年	2017 年
1	美　国	美　国	6	意大利	法　国
2	日　本	中　国	7	加拿大	意大利
3	中　国	日　本	8	巴　西	俄罗斯联邦
4	德　国	巴　西	9	英　国	印　度
5	法　国	德　国	10	西班牙	加拿大

资料来源：医疗保健品分销管理协会（HDMA）。

（二）国内药品市场环境及药品零售业发展趋势

进入 2014 年，国内外宏观经济环境均面临增长放缓的压力，药品流通行业销售增长将继续趋缓，公立医院破除“以药养医”、取消药品加成、降低终端药价等改革将使零售企业在价格方面的优势进一步弱化；而社区医疗与新农合这两大医改重点投入的医疗保障项目也挤占了零售企业相当一部分的市场，企业盈利水平受到进一步挤压，行业微利化的特征将成为常态。但深化医药卫生体制改革为药品流通行业发展提供了良好的外部环境，城乡居民生活质量不断改善、人们健康意识增强、人口老龄化进程加快、人均用药水平提高以及大健康领域消费升级等都会对药品零售行业的发展起到支撑作用。

药品零售市场竞争加剧。未来药品零售行业加快突破传统经营模式、创新经营业态与服务模式，探索向全产业链服务模式转变，向药品生产企业、医疗机构、社区家庭延伸服务，构建新的核心竞争力，提高居民用药经济性和便利性，这将成为行业发展的趋势。同时，伴随着互联网技术的不断发展、网上售药范围逐步放开及监管形式变化，药品电子商务模式与传统商业模式融合的速度将会加快。医药市场高度同质化的竞争局面，将倒逼药品零售行业发展进入一个全面提升软实力的时代。

分析未来药品零售业态，将呈现以下发展趋势。

1. 零售连锁药店企业兼并重组仍将持续

2014 年结构调整仍是行业改革发展的主线。药品流通行业主管部门以贯彻落实《国务院关于进一步优化企业兼并重组市场环境的意见》（国发〔2014〕14 号文）为契机，将继续鼓励企业兼并重组、做大做强，提高行业集中度，鼓励药品流通企业利用产业基金、上市融资、引进外资等多种方式加快兼并重组步伐，努力提高行业组织化水平，实现规模化、集约化经营。

同时，2013 年 6 月 1 日起实施的新版《药品经营质量管理规范》（GSP），既提高了对企业经营质量的管理要求，增强了流通环节药品质量风险控制能力，又推动了药品零售连锁企业对“小、散”企业或众多单体药店的兼并重组，一些“小、散”企业及药店将被兼并，或被削减经营范围，或被淘汰出局，药品流通领域中“散、小、乱”的现象得到一定的遏制。

2. 经营业态趋多样化，特色经营服务模式创新发展

创新经营模式，加快发展健康服务业，将推动零售行业从单一的药品销售向医疗器械、保健用品、保健食品、健身产品等大健康产品销售发展，激发行业发展潜力。围绕大健康产业开展多元化经营与服务，也为今后药品零售企业的发展提供了空间。品牌专卖店、专业药店、DTC 或 DTP 药房、健康管理中心、连锁诊室、中医馆、药妆店等药品零售业态不断涌现，多元化经营模式方兴未艾。通过院店合作、药房托管等方式承接医疗机构药事服务及健康管理的经营模式也将会快速兴起。

3. 电子商务与传统商业模式融合速度加快

医药电子商务作为一种新型的经营模式，在便利性、减少流通成本方面有着不可比拟的优势，互联网药品电子商务的快速发展已是大势所趋。在药品零售领域中，根据药监部门对网上售药监管办法调整及监管形式变化，除网上药店销售金额将逐年扩大外，移动互联网技术的普及和应用正在促进电子商务与传统零售药店服务模式的加快融合。

4. 进入资本市场的企业不断增加

2014 年 7 月，首家登陆国内资本市场的大型连锁药店——云南鸿翔一心堂药业（集团）股份有限公司成功上市，填补了 A 股的行业空白。现阶段，已经有一批药品零售企业启动上市计划，如老百姓大药房、湖南益丰大药房等。今后，资本市场上的专业药品零售连锁企业将不断增多；而股市资金的注入，又将深刻地影响药品零售行业的走势和格局。

5. 外资企业进入将加快零售业态的快速发展

2014 年以来，成大方圆医药连锁投资有限公司与世界 500 强日本伊藤忠商事株式会社、日本第一大药品批发公司爱芙乐赛控集团株式会社以及日本第二大药妆店 cocokara fine 株式会社四方合资成立日氏药妆店辽宁康心美商业连锁有限公司；广州健民医药连锁有限公司与联合博姿 - 沃尔格林合作开设“现代社区药店”示范店。随着跨国公司进入国内市场，不仅为中国药品零售行业提供了更多的可供借鉴的经验，同时也加快了药品零售业态结构调整的步伐，推动了药品零售行业发展的转型升级。

6. 零售药店现代化管理水平不断提升

2012 年第四季度，商务部发布的《零售药店经营服务规范》规定了零售药店药学技术人员数量与素质要求、服务设施与服务环境、职业道德与仪容仪表、售后服务等经营服务能力项目和零售药店分级评估体系，为推动药品零售企业分级管理提供了依据，并促使零售药店管理服务的升级。

随着 2012 年版 GSP 的全面实施，药品零售企业加强了信息化管理、冷链管理，促进了企业运用先进科学技术保障药品的质量安全；同时，也进一步规范了经营行为，提高了药店的药学服务水平，使药品零售行业得到长足的发展。

7. 人才队伍配备结构出现相应变化

药品零售行业兼并重组和转型升级步伐不断加快，行业人才需求的结构已经或将继续出现相应调整与变化。从整体上看，行业人才队伍向高素质、高技能、复合型的人才配备模式转变。药品零售业态在继续吸引和培养大批执业药师从事药店专业工作的同时，开始注重营养师、护理师等多方面专业技术人员的配备，为开展多元化经营和大健康消费群体服务提供有价值的人才储备。

B.4

医疗机构药品市场的流通发展

耿向楠*

摘　要：

2008年以来，我国医疗机构数量、资源、卫生总费用在全国范围内普遍增长，医院药品市场年增速在2012年之前达到22%，2013年增速放缓为8%，各省在增长态势上呈现不同的特征。脑梗塞、剖宫产等疾病的均次药费也不断增加。在此期间，医院与基层的药品业务比重有所下降，但仍处于医院收入的核心位置。

关键词：

医疗机构　卫生费用　省份特征　药品收入

一　医疗卫生机构药品市场概况

医疗卫生机构是我国药品销售和使用的关键部门。目前，我国医疗卫生机构收入中近半来源于药品。本文以医药商业的视角，从药品销售和使用方面讨论医疗机构的规模、分布、收入结构，以及不同疾病药品费用情况。

（一）医疗卫生机构规模与分布

根据中国卫生统计年鉴，医疗卫生机构包括医院、基层医疗卫生机构、专业公共卫生机构和其他医疗卫生机构四类。[①] 作为药品流通的使用环节，一般

* 耿向楠，中国社会科学院经济研究所公共政策研究中心。

① 医院包括综合医院、中医医院、中西医结合医院、民族医院、各类专科医院和护理院；基层医疗卫生机构包括社区卫生服务中心（站）、乡镇（街道）卫生院、村卫生室、（转下页注）

讨论其中的医院和基层医疗卫生机构两部分。1949 年我国医疗卫生机构不到 4000 家，2012 年达到 95 万家。2008 年以来，医疗卫生机构数量平稳增长。

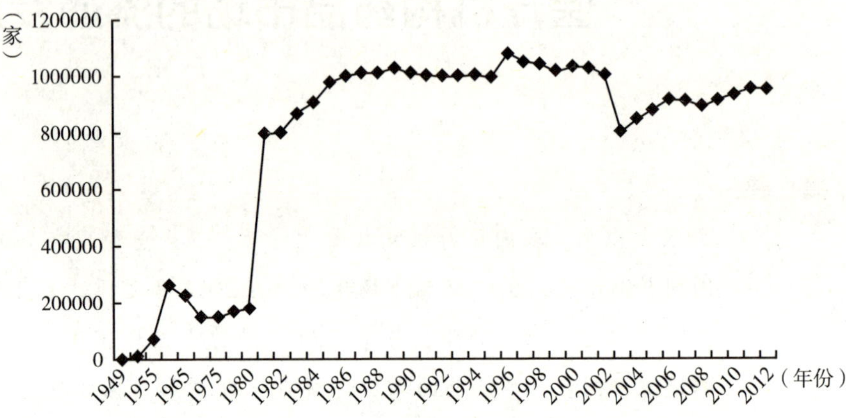

图 1　1949 ~ 2012 年我国医药卫生机构数量

注：从 2002 年起，医疗卫生机构数不再包括高中等医学院校本部、药检机构、国境卫生检疫所和非卫生部门举办的计划生育指导站。

资料来源：《中华人民共和国卫生与计划生育统计年鉴》。

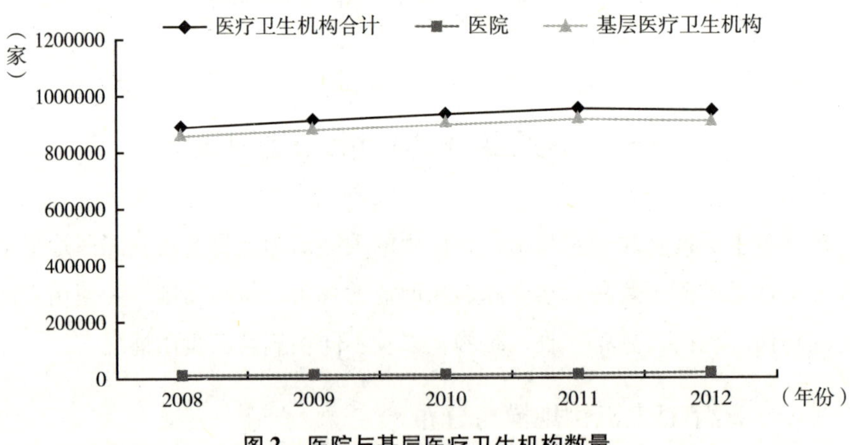

图 2　医院与基层医疗卫生机构数量

资料来源：《中华人民共和国卫生与计划生育统计年鉴》。

（接上页注①）门诊部、诊所（医务室）；专业公共卫生机构包括疾病预防控制中心、专科疾病防治机构、健康教育机构、妇幼保健机构、急救中心（站）、采供血机构、卫生监督机构、卫生部门主管（暂不含计生部门主管）的计划生育技术服务机构；其他医疗卫生机构包括疗养院、医学科机构、医学在职教育机构、医学考试中心、人才交流中心、统计信息中心等卫生事业单位。

与医疗卫生机构数量的逐年增长相比，我国卫生总费用呈指数型增长，占GDP的比重逐步增高。到2012年，我国卫生总费用超过2.7万亿元，占GDP的比重为5.36%。

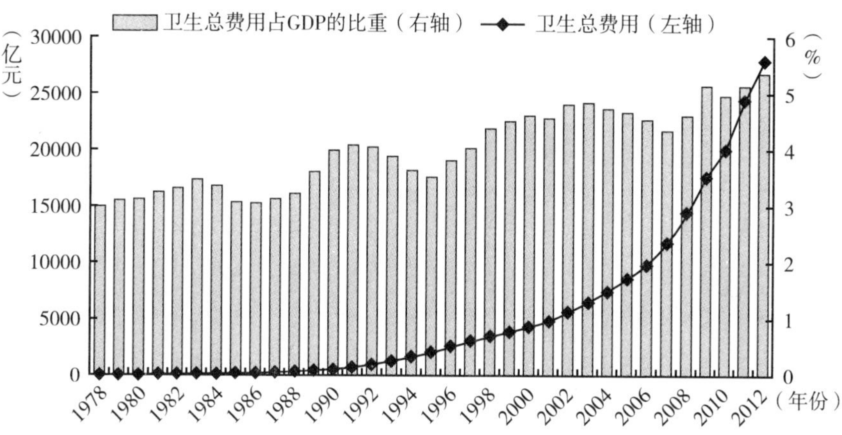

图3　我国卫生经费情况

资料来源：《中华人民共和国卫生与计划生育统计年鉴》。

（二）各省份医疗卫生资源

从各省份医疗机构数量和增长分布地图可以看出，河北、山西、河南三省份医疗卫生机构数量大、增长快。地图中圆圈的大小代表该省份的医疗卫生机构数量，地块的颜色深浅表示医疗卫生机构数量增长率的高低。由于卫生统计口径在2009年有改变，增长率是以2009年为基础的年均增长率。

除了观察医疗机构数量，各省份的床位数量也是观察医疗资源分布的重要指标。山东、湖北、湖南、四川四省份的床位数多且增长较快。床位数量分布与医疗机构数量分布相似，而增长方面明显地偏重于西南地区。

对药品销售而言，三甲医院往往被视为独立于其他医疗机构的单独市场。从三甲医院的情况看，黑龙江、浙江、四川三省份的绝对数字与增长率均较高。这与医疗机构的分布情况并不一致。对比可以发现，各省份的医疗卫生资源呈现不同的特点：北京的三甲医院数量相对较多，但没有增长；医疗机构总数

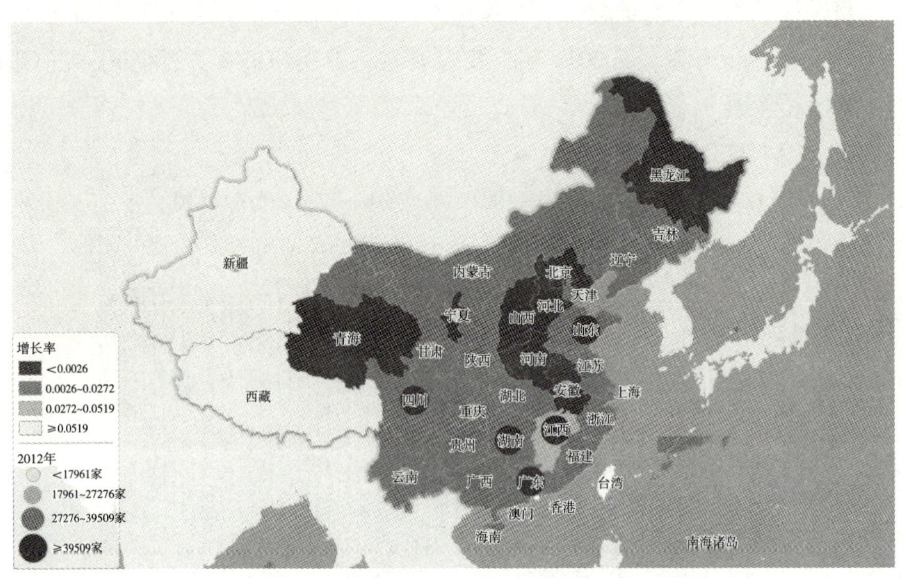

图4　各省份医疗卫生机构数量与增长率

资料来源：《中华人民共和国卫生与计划生育统计年鉴》。

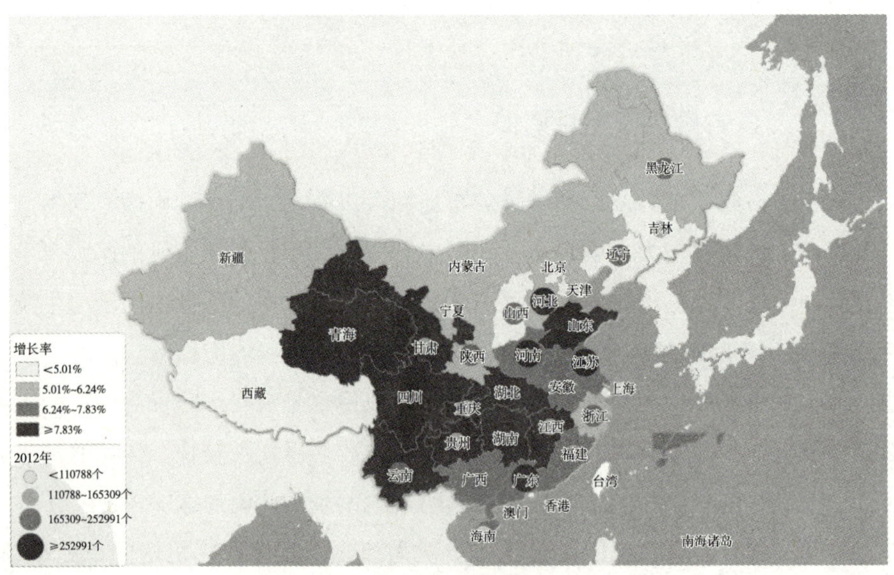

图5　各省份医疗机构床位总数与增长率

资料来源：《中华人民共和国卫生与计划生育统计年鉴》。

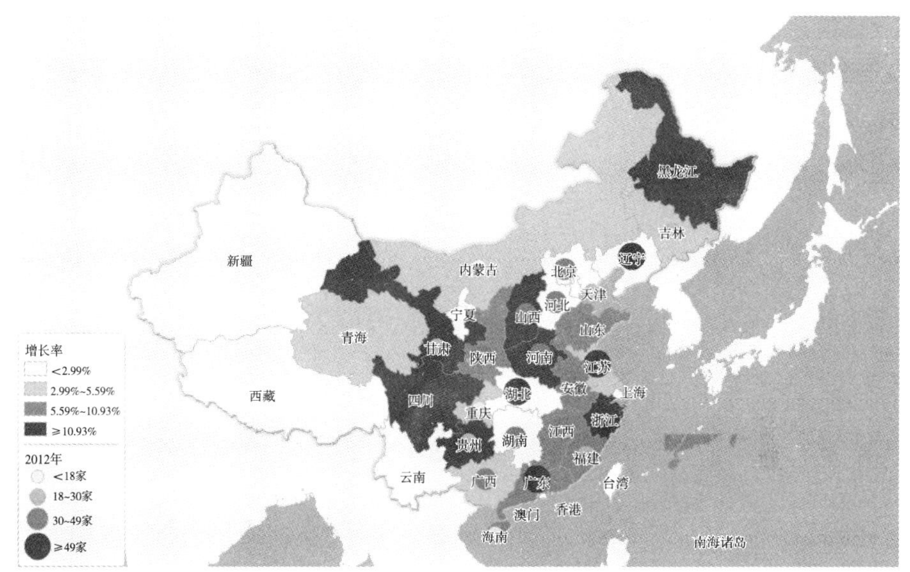

图 6　各省份三甲医院数量与增长率

资料来源：《中华人民共和国卫生与计划生育统计年鉴》。

相对较少，但增长较快。河北三甲医院数量一般，且没有增长；医疗机构总数很多，增长也很快。黑龙江的三甲医院数量较多，增长较快；医疗机构增长也较快，但总数相对较少。浙江的三甲医院数量较多，增长较快；但医疗机构总数不算多，增长幅度也不大。这反映了各省份的医疗卫生资源配置特点，也会影响各省份的医疗机构药品市场。

二　不同治疗领域的药品市场

卫生部统计的 30 种疾病中，2008 年以来总药费前 10 名的疾病排名稳定，其中支气管肺炎的总药费排名逐年上升，从 2008 年的第 9 名上升到 2012 年的第 6 名（见表 1）。而人均药费方面，脑出血和恶性白血病的人均用药费用排名有上升趋势。

选取 2012 年出院人数最多的五种疾病：剖宫产、脑梗塞、支气管肺炎、

表1　2008～2012年疾病总药费排名

年份	2008	2009	2010	2011	2012
脑梗塞	1	1	1	1	1
颅内损伤	2	2	2	2	2
剖宫产	4	4	4	4	3
脑出血	3	3	3	3	4
肺恶性肿瘤	5	5	5	5	5
支气管肺炎	9	9	7	7	6
胃恶性肿瘤	6	6	6	6	7
急性阑尾炎	8	7	8	8	8
病毒性肝炎	7	8	9	9	9
食管恶性肿瘤	10	10	10	10	10

资料来源：《中华人民共和国卫生与计划生育统计年鉴》。

颅内损伤、急性阑尾炎，可以看出，脑梗塞的发病人数和单次药费均较高，这使得脑梗塞的总药费排名稳居第一。

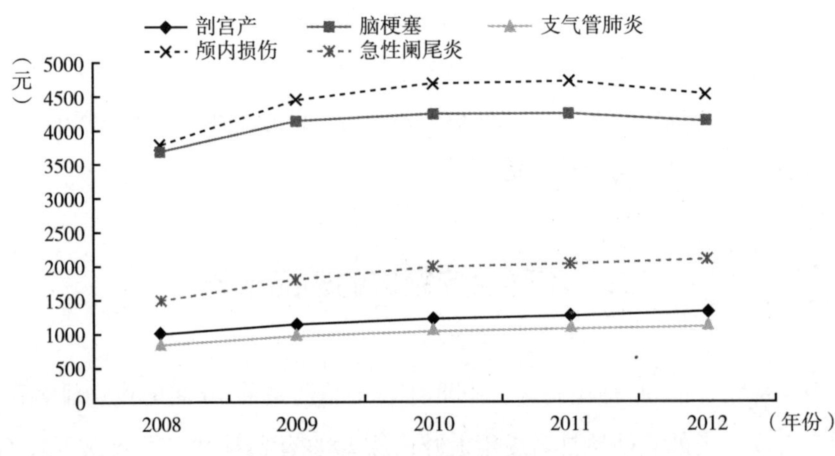

图7　五种疾病的人均药费

资料来源：《中华人民共和国卫生与计划生育统计年鉴》。

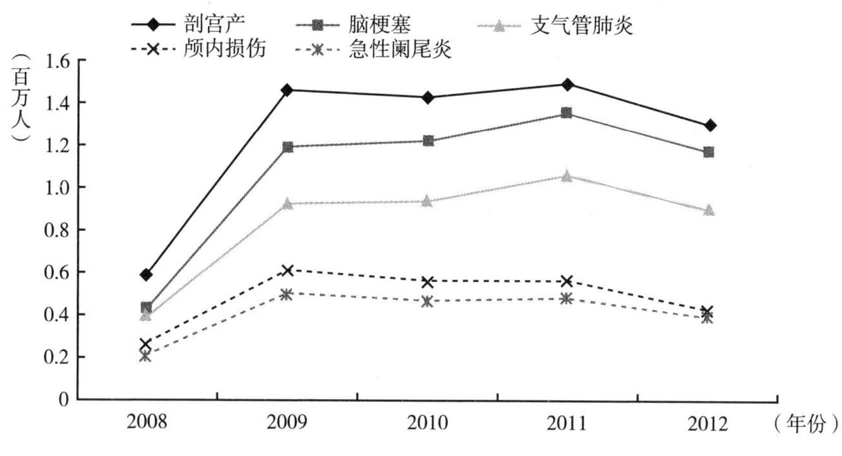

图 8　五种疾病的出院人数

资料来源：《中华人民共和国卫生与计划生育统计年鉴》。

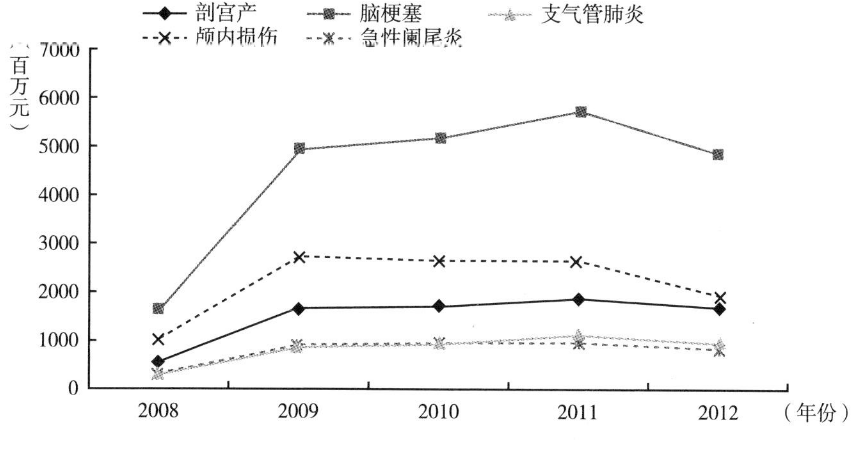

图 9　五种疾病的总药费

资料来源：《中华人民共和国卫生与计划生育统计年鉴》。

三　二级以上医院药品市场

根据中国药学会与麦肯锡发布的研究报告（*CPA-McKinsey China Hospital Pharmaceuticals Report*），2013 年中国医院药品市场总额达 4990 亿元，较 2012

年增长了12%，低于2008年以来22%的增长速度。根据中国卫生统计年鉴，2008～2012年公立医院药品收入从2564亿元增长到5695亿元。由于统计方法不同，中国药学会数据中2012年医院药品总收入为4440亿元，低于卫生统计年鉴中的公立医院药品收入（5695亿元）。

（一）医院药品总收入及趋势

在卫生统计年鉴中，2008～2012年公立医院的药品收入年增长率为22%，其中门诊药品增长20%，住院药品增长23%；西药增长21%，中药增长28%。

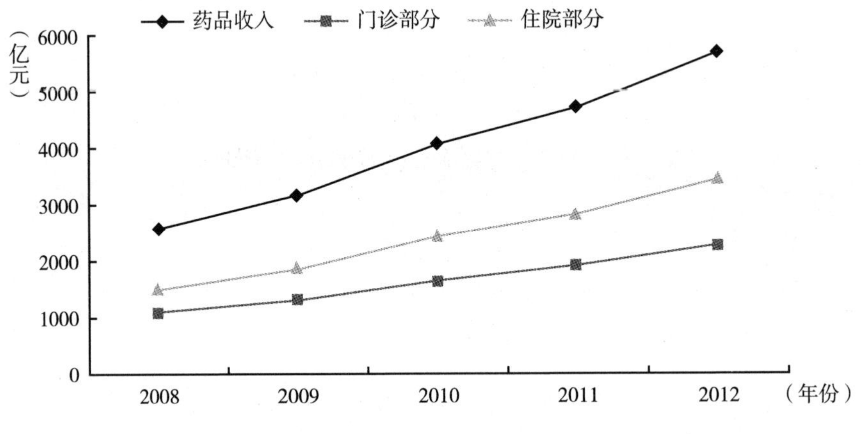

图10 公立医院药品收入

资料来源：《中华人民共和国卫生与计划生育统计年鉴》。

从增长趋势上看，公立医院住院药品增长速度高于门诊，中药的增长高于西药。在住院用药中，中药增长率达36%，但占比最小；门诊中药增长率为26%；住院西药增长率为22%；门诊西药增长率为19%。从占比看，住院西药占56%，门诊西药占29%，门诊中药占11%，住院中药占4%。

在二级以上医院中，三级医院的药品销售占主导地位。2012年，我国共有二级以上公立医院7486家，其中三级医院1545家，二级医院5941家。在药品收入方面，三级医院药品总收入3440亿元，二级医院药品总收入1988亿元。

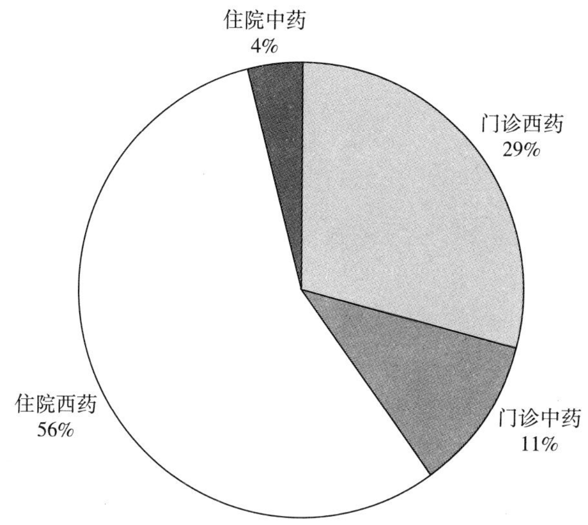

图 11　2012 年门诊和住院用药占比

资料来源：《中华人民共和国卫生与计划生育统计年鉴》。

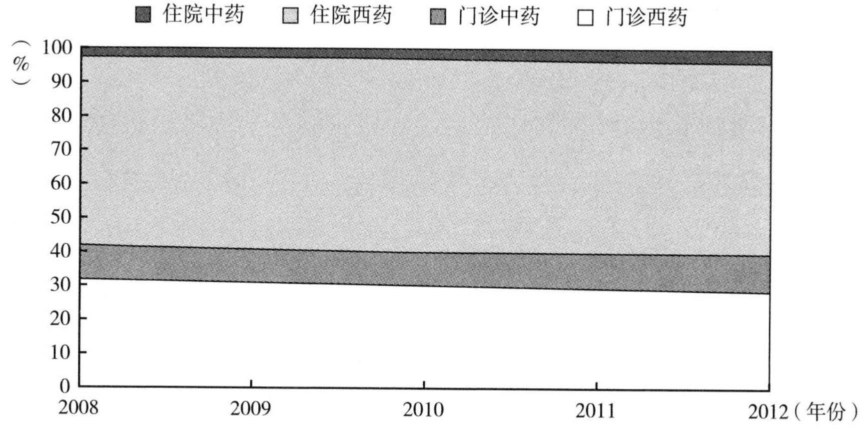

图 12　门诊和住院用药占比变化趋势

资料来源：《中华人民共和国卫生与计划生育统计年鉴》。

（二）各省份医院药品费用

从总体情况看，四川省的药品费用及其增长率均名列前茅；广东、浙江等

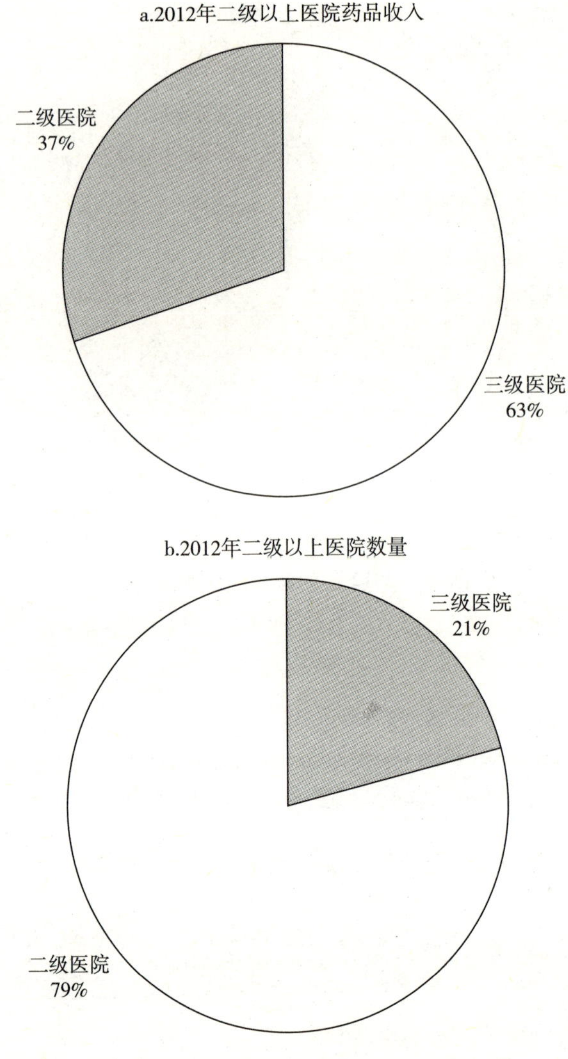

图 13　2012 年二级、三级医院药品收入与数量比例

地的药品费用总额很高，但增长率较低；内蒙古、贵州等地医院药品费用的增长速度较快，但绝对值比较低。细分为门诊药品费用与住院（出院病人）药品费用后可以发现，北方的门诊药品费用增长较快，而南方的住院药品费用增长较快——这与南方的医疗机构床位数增长相一致。北京、上海的门诊药品费用较高，住院费用较低，这在一定程度上反映了“外出就医”的现象：受空间和床位限制，“外出就医”更多的是拉动了门诊用药。

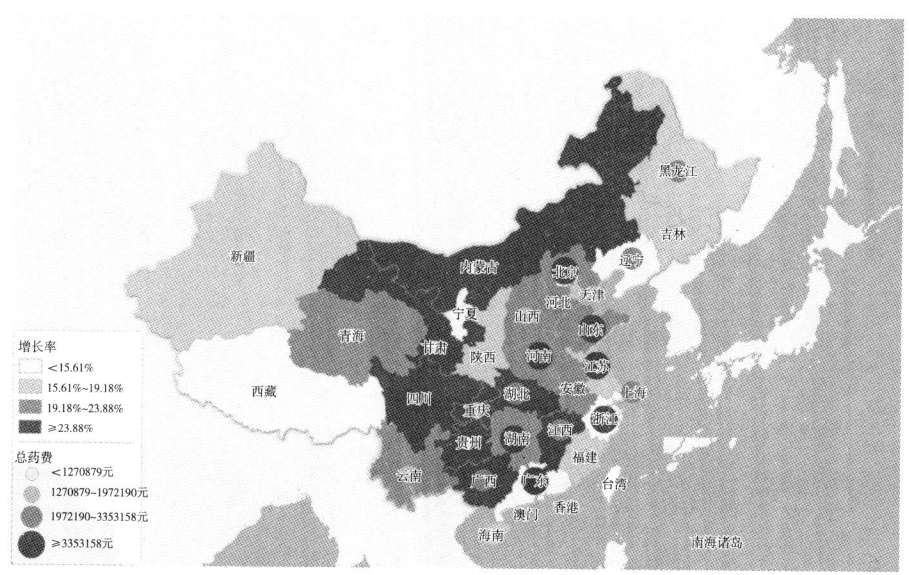

图 14　各省份医院药品费用及增长率

资料来源：《中华人民共和国卫生与计划生育统计年鉴》。

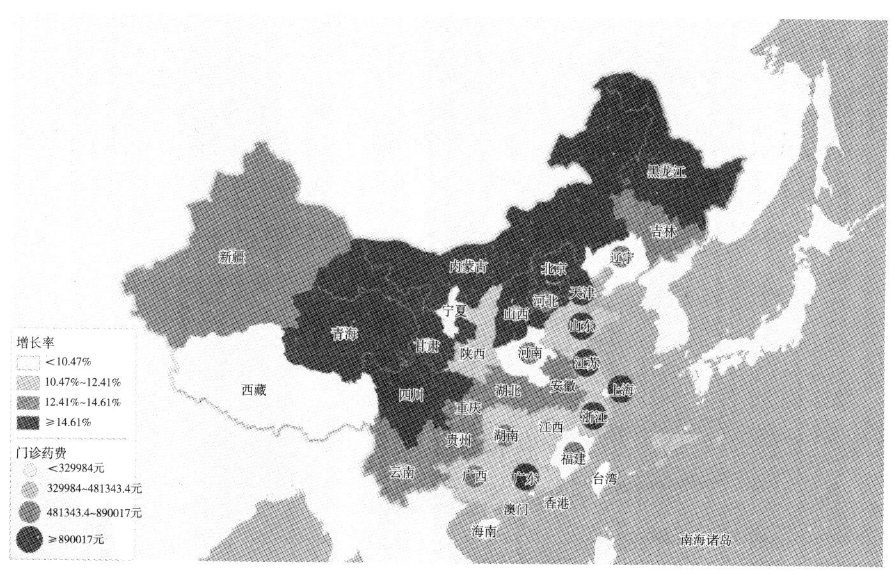

图 15　各省份门诊药费及增长率

资料来源：《中华人民共和国卫生与计划生育统计年鉴》。

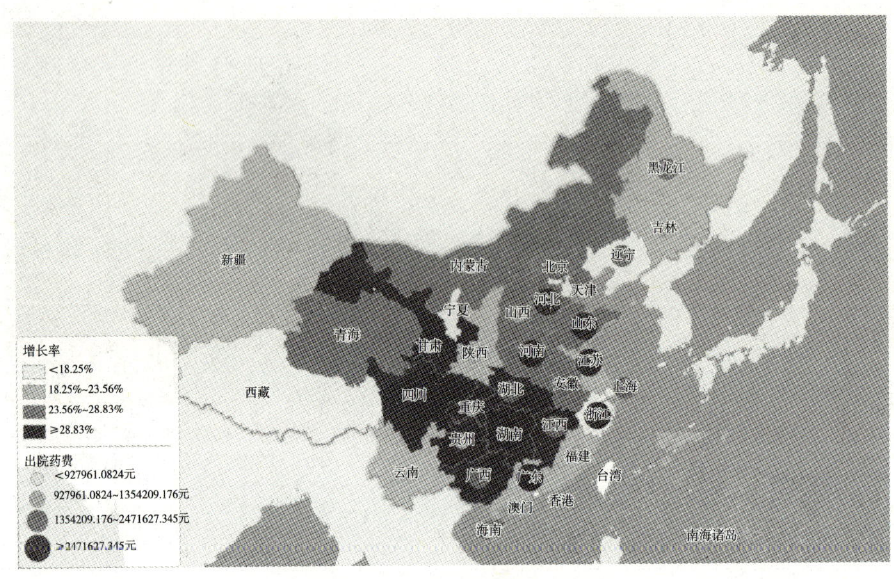

图 16 各省份住院药费及增长率

资料来源：《中华人民共和国卫生与计划生育统计年鉴》。

（三）医院药品毛利收入与净利收入

通过分析医院的收入结构，可以发现药品收入在医院收入中占重要的地位。在此，我们定义：

药品毛收入 = 药品收入 - 药品费①

医药净收入 = 医药收入 - 医药支出

医院净收入 = 医院总收入 - 医院总支出

平均加价率 = 药品净收入/药品费

总收入药占比 = 药品收入/医院总收入

毛收入药占比 = 药品毛收入/医院净收入

① 如果计算药品净收入，需要有“药品支出”数据。2011 年及之前的统计数据有“药品支出”项目，2013 年的统计年鉴中删除了这一项。另外，基层医疗卫生机构中只有“药品支出”没有“药品费”，故为“药品净收入”。

表 2 公立综合医院收入结构

单位：万元，%

年份	2005	2008	2009	2010	2011	2012
医院总收入	5576	9283	11495	13906	16917	20566
医药总收入	5069	8470	10437	12693	15336	18633
药品总收入	2384	3925	4847	5825	6817	8139
药品总成本	1832	3290	4042	4879	5771	6953
医疗总成本	5116	8731	10605	12832	15674	16107
医药总收入药占比	47	46	46	46	44	44
医院总收入药占比	43	42	42	42	40	40
医药净收入	-47	-261	-168	-139	-338	2526
医院净收入	230	295	520	589	600	1010
药品毛收入	552	635	805	946	1047	1187
平均加价率	30	19	20	19	18	17
医院净收入药占比	240	215	155	161	174	117

资料来源：《中华人民共和国卫生与计划生育统计年鉴》。

在实行加价率管制前，2005 年公立综合医院的平均加价率达到 30%①，到 2009 年平均加价率已经降到 19%，2012 年为 17%。2012 年公立医院整体平均加价率为 18%。可是，加价率的下降并没有带来药占比的明显下降。2005 年院均药品总收入为 2384 万元，到 2008 年上涨为 3925 万元，同期，医院总收入药占比从 47% 降到 46%，医院总收入药占比从 43% 下降到 42%，降幅均不大。

排除相关成本，观察净收入或毛收入情况，2005 年药品毛收入占医院净收入的 240%，2008 年占医院净收入的 215%，这表明排除药品销售业务后，算上政府补偿，医院仍然会亏损。事实上，直到 2011 年，医药净收入都是负数，意味着医院的医疗业务需要药品业务和政府补偿等进行补贴。对于医院而言，销售药品是其实现收支平衡的核心业务之一。

2012 年院均医药净收入由负转正。考虑到统计口径变化，修正了管理成本后，为值并不大的正数，说明仅凭医药业务医院可以实现收支平衡。2012 年公立医院净收入药占比降到了 132%，三级医院则降到了 115%。

① 统计年鉴上只有 2005 年公立综合医院的情况，没有 2005 年公立医院的整体情况。

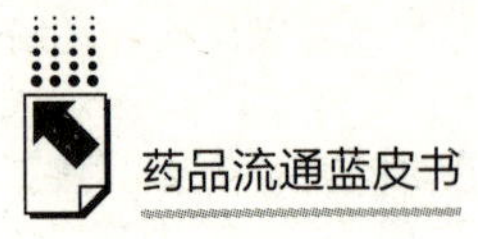

表 3　公立医院收入结构

单位：万元，%

年份	2008	2009	2010	2011	2012	2012*
医院总收入	4766	5890	7179	8832	10951	10951
医药总收入	4274	5267	6440	7879	9796	9796
药品总收入	2008	2481	3001	3578	4389	4389
药品总成本	1663	2046	2488	2999	3715	3715
医院总成本	4627	5639	6872	8521	10439	10439
医疗总成本	4417	5370	6537	8072	8408	9725
医药总收入药占比	47	47	47	45	45	45
医院总收入药占比	42	42	42	41	40	40
医药净收入	-144	-103	-96	-194	1388	71
医院净收入	139	251	307	311	512	512
药品毛收入	345	436	513	579	674	674
平均加价率	21	21	21	19	18	18
医院净收入药占比	248	174	167	186	132	132

注：“*”2012 年医院成本的统计项目发生改变，增加了“管理成本”项目，同时“医疗成本”项目大幅下降，作为修正，在医疗成本中补充了管理成本。

资料来源：《中华人民共和国卫生与计划生育统计年鉴》。

四　基层医疗卫生机构市场规模及趋势

基层医疗卫生机构是医疗卫生机构的重要组成部分，也是近年来医药市场的重点方向。基层医疗卫生机构较小且分散，对医药商业而言既是机遇也是挑战。

（一）基层医疗卫生机构数量与分布

2009 年以来，乡镇与街道卫生院的数量变化不明显，服务量略有上升。同时，社区卫生服务机构数量稳步增加，服务量也有明显的上升趋势。这与医改以来注重基层医疗卫生服务直接相关，并说明近年来基层社区卫生服务发展形势较好。

基层医疗卫生服务从诊疗人次看，绝大多数由村卫生室和诊所提供，社区

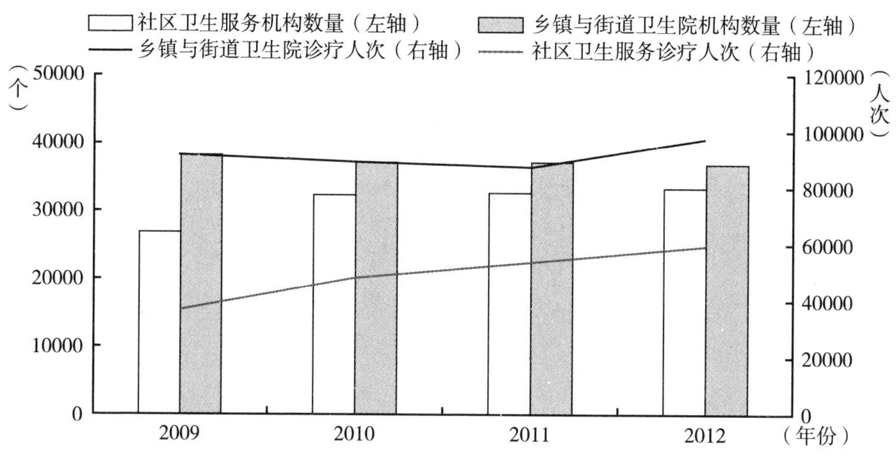

图 17　基层医疗卫生机构数量与诊疗人次

资料来源：《中华人民共和国卫生与计划生育统计年鉴》。

卫生服务机构、乡镇及街道卫生院提供了约 40% 的服务。我国目前的药品配送模式是以后者为中心，村卫生室和诊所的用药多由卫生院或社区中心提供，因此村卫生室不是主要的分析对象。

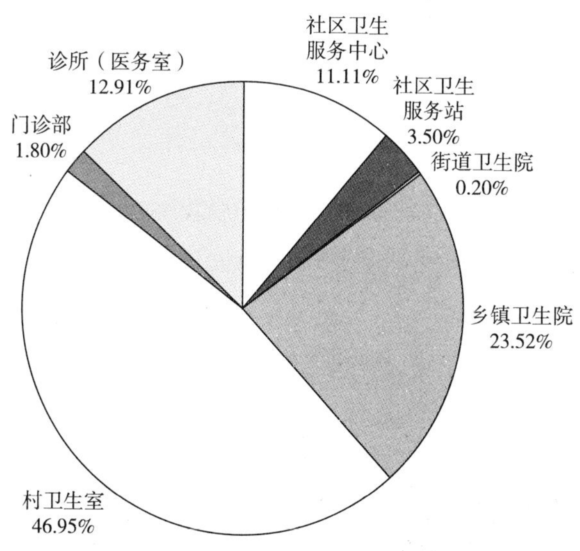

图 18　各类基层医疗卫生机构诊疗人次占比

资料来源：《中华人民共和国卫生与计划生育统计年鉴》。

（二）各地区基层医疗卫生机构

从各省份基层医疗卫生机构数量与服务量情况看，机构数量与服务量并不一致。比如，新疆和贵州的基层医疗卫生机构数量增长较快，但诊疗人数增长较慢；湖北的基层医疗卫生机构数量和增长率都不是很大，其诊疗人数在全国居于前列。

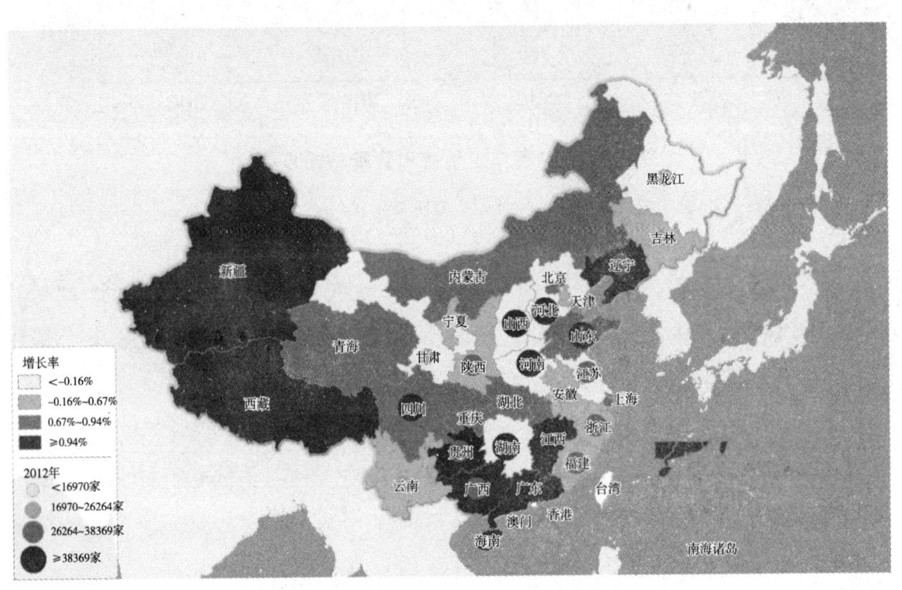

图 19　各省份基层医疗卫生机构数量及增长率

资料来源：《中华人民共和国卫生与计划生育统计年鉴》。

（三）基层医疗卫生机构药品收入

基层医疗卫生机构的药品占比高于医院。从社区卫生服务中心门诊和住院费用情况可以看出，人均门诊药费与门诊药费占医药费比例呈下滑趋势，而住院药费与住院药费占住院医药费比例逐年上升。乡镇与街道卫生院的药品费用及其占比均有下滑趋势。

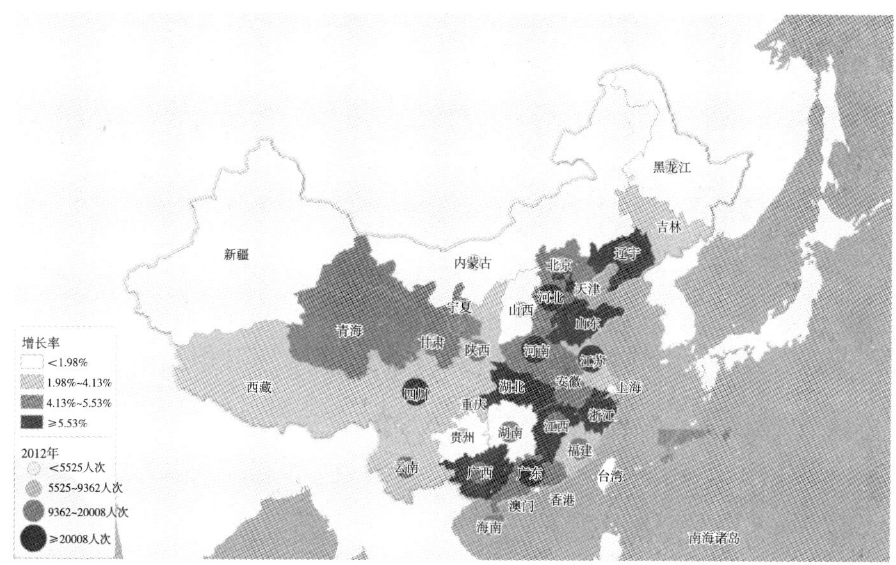

图 20　各省份基层医疗卫生机构诊疗人数及增长率

资料来源:《中华人民共和国卫生与计划生育统计年鉴》。

表 4　社区卫生服务中心门诊和住院费用情况

单位:元,%

年份	门诊次均医药费	药费	门诊药费占比	住院人均医药费	药费	住院药费占比
2008	87.2	63.0	72.2	2514.2	1204.5	47.9
2009	84	60.0	71.5	2317.4	1136.2	49.0
2010	82.8	58.7	70.8	2357.6	1162.4	49.3
2011	81.5	54.9	67.4	2315.1	1061.4	45.8
2012	84.6	58.5	69.1	2417.9	1125.0	46.5

资料来源:《中华人民共和国卫生与计划生育统计年鉴》。

表 5　乡镇和街道卫生院门诊和住院费用情况

单位:元,%

年份	门诊次均医药费	药费	门诊药费占比	住院人均医药费	药费	住院药费占比
2008	42.5	25.8	60.7	790.8	403.9	51.1
2009	46.2	28.8	62.3	897.2	479.6	53.5
2010	47.5	28.7	60.4	1004.6	531.1	52.9
2011	47.5	25.3	53.2	1051.3	492.3	46.8
2012	49.2	27.0	54.8	1140.7	550.0	48.2

资料来源:《中华人民共和国卫生与计划生育统计年鉴》。

（四）基层医疗卫生机构收入结构

基层医疗卫生机构的药品占比（包括总收入药占比和净收入药占比）高于医院，这说明药品业务对基层机构更为重要。从总平均加价率上看，2008年乡镇与街道卫生院总加价率高达70%，之后逐年下降，到2012年降为10%；社区卫生服务机构则从2009年的40%降到了2012年的11%，这与基本药物制度、基层药品零差率制度密切相关。

另外，与医院相似，基层医疗卫生机构的医药净收入（包括药品收入）一直为负，并随着药品收入的逐年下降而降低。

表6 社区卫生服务机构收入结构

单位：元，%

年份	2008	2009	2010	2011	2012
社区卫生服务总收入	860	813	805	893	999
社区卫生服务医疗收入	644	600	575	573	615
社区卫生服务药品收入	442	409	388	368	405
社区卫生服务总支出	832	788	784	873	963
社区卫生服务医疗支出	763	716	717	799	925
社区卫生服务药品支出	324	292	290	307	365
社区卫生服务药占比	69	68	68	64	66
社区卫生服务净收入	29	25	22	21	36
社区卫生服务医药净收入	-168	-116	-142	-226	-310
社区卫生服务药品净收入	118	117	98	60	40
社区卫生服务净收入药占比	410	460	452	292	110
社区卫生服务总加价率	36	40	34	20	11

资料来源：《中华人民共和国卫生与计划生育统计年鉴》。

表7 乡镇与街道卫生院收入结构

单位：元，%

年份	2008	2009	2010	2011	2012
乡镇与街道卫生院总收入	209	261	301	359	445
乡镇与街道卫生院医疗收入	160	198	209	210	252
乡镇与街道卫生院药品收入	91	115	119	106	130
乡镇与街道卫生院总支出	201	250	290	349	427

续表

年份	2008	2009	2010	2011	2012
乡镇与街道卫生院医疗支出	188	232	266	317	409
乡镇与街道卫生院药品支出	53	69	77	87	118
乡镇与街道卫生院药占比	57	58	57	50	52
乡镇与街道卫生院净收入	9	11	11	10	18
乡镇与街道卫生院医药净收入	-28	-34	-57	-107	-157
乡镇与街道卫生院药品净收入	38	47	42	19	12
乡镇与街道卫生院净收入药占比	431	435	382	183	66
乡镇与街道卫生院总加价率	70	68	54	22	10

资料来源：《中华人民共和国卫生与计划生育统计年鉴》。

医药流通行业发展模式篇

Model of Development Reports

B.5

电子商务对医药流通行业商业模式的颠覆

唐民皓*

摘　要：

本文回顾了互联网药品电子商务法规的历史沿革，对监管政策效果进行了评价，并归纳和总结了监管立法的发展动向。

关键词：

药品　电子商务　监管

* 唐民皓，上海市食品药品安全研究中心高级顾问。

一　我国互联网药品电子商务监管的法规现状

（一）我国互联网电子商务监管的发展历程

自1998年上海第一医药商店开办国内首家网上药店以来，我国互联网药品服务已经走过了10余年历史，经历了无规定阶段、试点阶段、暂停阶段和有限放开阶段四个阶段。

1. 无规定阶段

1998年，上海第一医药商店开办中国第一家网上药店，开设仅4个多月，网上访问者就达1.8万多人次。但是，当时我国没有任何制度来规范网上药房这个新事物，属于无相关规定阶段。1999年12月，国家药品监督管理局出台了《处方药与非处方药流通管理暂行规定》。该规定第十四条明确指出，处方药、非处方药暂不允许采用网上销售方式。

2. 试点阶段

为引导医药电子商务在我国的快速健康发展，我国政府在政策层面给予了大力支持，将发展医药电子商务确定为“十五”期间医药行业信息化建设的任务之一。早在2000年，国家经贸委在全国医药工作会议中就指出将医药电子商务试点作为我国医药流通领域体制改革的重点。国务院发布的《关于城镇医药卫生体制改革的指导意见》中也明确指出，在药品的购销活动中，积极利用现代电子信息网络技术，提高效率，降低药品的流通费用。2000年6月国家药品监督管理局发布《药品电子商务试点监督管理办法》，允许在广东、福建、北京、上海四地进行网上销售非处方药的试点探索，我国进入药品电子商务试点阶段。

3. 暂停阶段

2002年，电子商务试点审批被取消，各企业在办理了相关网站申报和审批后，可以在网上经营非处方药。然而，由于当时缺乏明确的法律和政策来规范市场，一时间网络上假药和违禁药泛滥。于是，国家食品药品监督管理局在2004年叫停了除已经取得药品招标代理机构资格的单位所开办的网站之外的一切互联网药品交易活动，药品电子商务处于暂停阶段。信息服务方面，2004年7月8

日，《互联网药品信息服务管理办法》（以下简称《办法》）以国家食品药品监督管理局第9号令形式发布施行，规定提供互联网药品信息服务的网站可申请核发《互联网药品信息服务资格证书》，但禁止网上直接进行药品交易，2001年2月1日起施行的《互联网药品信息服务管理暂行规定》同时废止。

4. 有限开放阶段

2005年9月，国家食品药品监督管理局发布《互联网药品交易服务审批暂行规定》，有条件放开对互联网药品交易的审批，为我国网上药房开办和监管提供了较为明确的政策依据，药品电子商务进入有限放开阶段。北京京卫大药房网上药店在2005年底正式获得我国首张《互联网药品交易服务资格证书》，随后北京金象大药房也拿到了网上药店的经营许可证。这标志着我国网上药品零售业务步入一个新阶段。

（二）我国互联网电子商务监管法规现状

2005年9月，国家食品药品监督管理局颁布了《关于印发〈互联网药品交易服务审批暂行规定〉的通知》（国食药监市〔2005〕480号）（以下简称《暂行规定》），规定自2005年12月1日起，具备相应资质的企业可以在互联网上为药品生产企业、药品经营企业、医疗机构及个人提供药品交易。此《暂行规定》正式确认了互联网药品交易的合法性。

该《暂行规定》正式施行后，国家食品药品监督管理局又先后颁布了《关于贯彻执行〈互联网药品交易服务审批暂行规定〉有关问题的通知》（国食药监市〔2005〕515号）、《关于实施〈互联网药品交易服务审批暂行规定〉有关问题的补充通知》（国食药监市〔2006〕82号）等相关规定，对我国互联网药品交易的范围、方式、程序、法律责任等作了相应规定，初步构建了我国互联网药品交易的监管框架。法规的主要内容是对主体的资格及行政审批程序进行规定，较少涉及药品经营活动中各主体权利义务和法律责任的规定。

（三）现行法规对互联网药品交易的分类

从目前国家实施的互联网药品交易相关法规来看，国家允许存在的药品电子商务模式主要为3种。

（1）“B2B 模式”（Business to Business，B2B），即网站所有者为药品买方或卖方，在网上与其他企业或单位（医疗机构）开展药品交易，由省级药品监管部门核发资格证书，国内 46 家企业网站获得批准（服务范围：与其他企业进行药品交易），主要是药品、医疗器械的生产企业和批发企业开办的网站。

（2）“B2C 模式”（Business to Customer，B2C），即网站所有者为药品销售方，与个人消费者开展网上药品交易，由省级药品监管部门核发资格证书，国内 77 家企业网站获得批准（服务范围：向个人消费者提供药品），只有连锁药房才能提出申请，且仅限定于销售非处方药。

表 1　互联网电子商务法规

时间	法规名称	颁布部门	主要内容
2000 年 9 月 25 日	《互联网信息服务管理办法》	国务院第 292 号令	规定了经营性互联网信息服务的许可制度及药品监督管理部门对从事药品信息服务的单位实行前置审批
2004 年 7 月 8 日	《互联网药品信息服务管理办法》	国家食品药品监督管理局第 9 号令	规定了药品监督管理部门对从事药品信息服务的单位前置审批的程序、要求及监管措施
2004 年 7 月 12 日	《关于贯彻执行〈互联网药品信息服务管理办法〉有关问题的通知》	国食药监市〔2004〕340 号	具体规定了互联网药品信息服务的申请、审批程序
2005 年	《互联网药品交易服务审批暂行规定》	国食药监市〔2005〕480 号	规定了从事互联网药品交易服务的企业需具备的软件和硬件方面的条件、取得许可后的行为规范及药品监督管理部门的证后监管措施
2005 年	《关于贯彻执行〈互联网药品交易服务审批暂行规定〉有关问题的通知》	国食药监市〔2005〕515 号	规定了申请从事互联网药品交易服务的企业的具体申请程序和药品监督管理部门的现场验收标准
2006 年 3 月 3 日	《关于实施〈互联网药品交易服务审批暂行规定〉有关问题的补充通知》	国食药监市〔2006〕82 号	对从事互联网药品交易服务的企业需具备的软件和硬件方面的条件及药品监督管理部门对该类企业申请的现场验收标准进行了补充

（3）“第三方医药电子商务平台”，目前国内主要存在第三方“B2B 模式”网上药品交易平台，即网站所有者不直接参与药品买卖，撮合上网企业与企业或企业与单位（医疗机构）开展药品交易，这种模式在鼓励医药招标采购药品过程中曾发挥了重要的作用。该类型由 CFDA 核发资格证书，国内 7 家网站获得批准（服务范围：仅限于为单位之间的交易提供“第三方交易服务平台”）。目前，我国政策层面还不允许针对个人消费的第三方医药电子商务，即“第三方 B2C 模式”，上海和浙江正积极努力争取全国试点，如天猫医药馆已开始运行、京东携手九州通进军网上药店电子商务等。以取得《互联网药品信息服务资格证书》的天猫医药馆为例，吸引了 62 家具备《互联网药品交易服务资格证书》连锁药店进驻加盟，天猫医药馆提供包括药品价格等信息服务，顾客购药则需要点击链接进入合作药店在 CFDA 登记注册的网站。

二　我国互联网药品监管政策实施评价

（一）互联网管理法律规范整体滞后

1. 规范层次低

目前，我国有关网上药品交易监管的法律规范只有 1 部法规、1 部规章和 3 个规范性文件。规范性文件多，法律法规少，监管部门只能通过行政命令或部门工作文件对网上药店进行监管。

2. 规范内容不全面

规范内容主要是主体资格及行政审批程序，关于网上药店经营的管辖权确立、查处对象真实身份的识别、电子证据的效力、具体的监管措施等内容很少涉及。

3. 对药品信息界定不清晰

网上药店要进行药品交易，必须要在网站发布药品相关信息，方便消费者查看，因此药品信息的提供是网上药店最基本的服务，是药品交易的前提。根据《暂行规定》，网上药店具备网上发布药品信息的资格。但该规定没有对药品信息包含的内容进行清晰的界定。

4. 相关法律不完善，不适应互联网经营药品监管的要求

电子商务是近年来发展起来的一种新业态，我国的电子商务立法相对滞后于世界上电子商务发展较快的国家，且主要集中在计算机和网络信息管制方面，实质意义上的电子商务法还没有出台。在药品互联网交易立法方面，目前的法律法规对下述问题未作出规定：①管辖权的确立——IP 地址所在地、违法经营地、药品交付地、损害结果发生地。②被查处对象主体识别——网络身份“虚拟化”，如何弄清交易主体真实姓名、地址等。③电子证据收集和效力——绝大多数网上药品侵权金额较少，尚未构成刑事立案标准，而行政机关在收集和查找交易记录方面十分困难，无法给予网上非法销售药品相应的制裁。

（二）执法难度大、法律责任过轻

1. 监管难度大

网络无边界，网站数量多，涉及部门广，因管理职责、管辖范围限制，对违法网站的调查取证、行政监管存在相当大的难度，对违法行为无法给予及时、有效的管理，监管部门的监管手段、水平跟不上互联网技术发展和市场的需求。

以上海为例，2008 年上海对已取得《互联网药品信息服务资格证书》的 186 家网站进行网上检查，关闭网站 36 家，占 19%；涉嫌违法网站 12 家，占 6.5%。2009 年检查关闭网站 34 家，占 16.4%；涉嫌违法网站 7 家，占 3.4%。2008 年检查涉及药品类服务网站 665 个，存在问题的 128 个，占 19.2%，其中 17 个网站存在利用互联网非法宣传、销售蛋白同化制剂和肽类激素的行为，占 13.3%；37 个网站存在未取得许可非法宣传、销售药品的行为，占 28.9%；62 个网站存在未取得许可非法宣传、销售医疗器械的行为，占 48.4%。

2. 处罚设置过轻，手段单一

虽然《暂行规定》对违反互联网药品交易服务管理的行为作出了规定，但是《暂行规定》只是一部规范性文件，不能对相关的行政处罚作出具体的规定，因此，客观上造成了对违法行为的处罚过轻，或仅有义务性要求、无相

应法律责任的现状。

3. 制度不合理，标准不科学

我国对互联网药品交易服务审批制定了较为详细的现场验收标准，规定申请互联网药品交易服务的主办单位的网络软硬件水平必须通过第三方认证，标准侧重于网站的计算机技术能力评定，客观上给互联网药品交易设置了较高的技术门槛。有不少企业认为制定这样的验收标准不合理，《药品管理法》的宗旨是保证药品质量安全。在互联网管理中，药监部门的主要任务是保证网上药品信息的真实可靠及交易药品的安全有效，而网站硬件配置、软件技术水平与药品安全没有直接关系，无须写入验收标准。

4. 现有的查处手段难以适用互联网违法行为的查处

由于网站数量庞大惊人和互联网的特殊性（广泛可访问性、用户身份的隐蔽性等），确定药品来源、生产者和运输者的身份十分困难，且参与整个药品交易环节的人可能分散在世界各地，而考虑到法律司法范围的限制，要确定违法主体、违法交易行为和违法交易所在地、违法交易商品数量等都很困难，存在“发现难、取证难、处理难”。同时，“违法成本低、查处成本高”。从查处的案例看，违法网站投入的成本十分低廉、运行维护费用低（据了解，一般网站每年费用约 800 元），但“经营好”的网站一年的销售额高达几十万元甚至百万元。

三　完善我国互联网医药电子商务服务监管的立法动向

互联网销售保健食品、化妆品作为一种新兴业态，近年来呈现爆发式发展态势。互联网已经成为保健食品、化妆品销售的一个重要渠道。伴随着产业的发展，市场繁荣的背后隐藏着风险，网络销售保健食品、化妆品呈现出良莠不齐、鱼龙混杂的局面，投诉举报和媒体曝光频发，对行业的规范发展形成了较大的负面影响。这些现象不仅破坏了正常的药品流通秩序，不利于产业发展，更给人们的用药安全带来了隐患，甚至影响社会稳定。对于网络销售保健食品、化妆品尚无专门的法律法规，急需在现有法律法规的大框架下，结合网络销售的特点，制定相关规范性文件，引导有关网络平台和产品经营者加强自我

约束和管理。如何调整监管思路和监管政策，顺应社会发展潮流，规范和引导药品消费电子商务的发展，是保证我国互联网药品电子商务行业健康有序发展的关键，也是食药监部门面临的严峻课题。

在这样的社会背景下，食药监部门已经开始重新审视和深入思考当前互联网药品交易中存在的诸多问题，拟通过建立和完善更为科学合理的监管制度，不断规范、引导互联网药品交易服务的健康与可持续发展。国家层面，国家食品药品监管总局已启动了互联网食品药品监管对策研究的相关课题，对互联网食品药品经营及第三方平台经营问题开展专题研究，形成了《互联网食品药品经营监督管理办法（讨论稿）》，并向部分省市食药监部门征求意见。地方层面，浙江作为我国第三方平台淘宝和天猫的根据地，近日浙江省食品药品监督管理局发布《浙江省规范保健食品化妆品网络销售行为指导意见》（以下简称《指导意见》），对提供网络交易平台服务的经营者和直接从事网上产品销售的网络保健食品、化妆品经营者的销售行为进行规范。《指导意见》共计24条，明确了平台经营者和网络产品经营者的有关责任和义务，这对行业规范发展具有重要的指导意义。

（一）调整监管指导思想，树立“堵疏结合”的监管机制

当前互联网药品信息和交易的现状和监管难以满足公众和行业对药品电子商务发展的需求。一方面是正规药品经营企业进入市场的门槛较高，合法网站生存艰难，无法在药品电子商务中发挥主导作用，公众难以通过互联网便捷地获得合格、低价的药品；另一方面是通过违法网站等网络信息渠道发布虚假药品信息，销售假药（走私药品）的现象屡禁不止。为了加强对互联网药品经营活动的监管和指导，对于互联网药品经营的监管，必须顺应当前电子商务发展的趋势，遵循市场经济和商业模式变化的规律，制定相应的监管政策。在监管思路上，要树立起“疏堵结合”的监管理念：“疏”是指许可条件可考虑适当调整、放宽，让更多的合法企业开展互联网药品经营，形成药品电子商务的品牌效应，确保公众可以从互联网的正规渠道便捷地购买到合法、安全的药品；“堵”是指进一步整合监管资源，建立上下联动，横向协调配合的工作机制，严厉打击网上药品经营的违法犯罪行为。

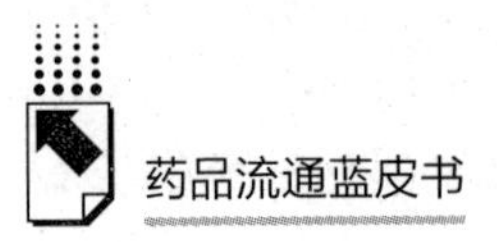

（二）扶持医药健康产品消费电子商务第三方平台的构建

随着医药健康产品电子商务的发展，互联网医药健康产品消费的第三方平台已经涌现。发展医药健康产品 B2C 第三方服务平台，有利于对 B2C 的形态进行一定程度的集中，降低 B2C 企业和站内经营者的成本；有利于规范互联网医药健康产品销售行为，引导网民从正规的渠道选购医药健康产品，挤压非法网站的空间；有利于协助和配合监管部门对互联网医药健康产品经营行为的管理；有利于有效弥补我国连锁药店网点分布不均衡、配送不及时的不足。要借鉴其他行业电子商务第三方平台的管理模式，制定专门针对医药健康产品消费电子商务第三方平台的准入条件和管理规范。逐步形成医药健康产品经营在互联网平台的集聚，形成品牌效应，引导公众在正规的网上药店和医药健康产品消费平台上购买合格、安全的医药健康产品。鼓励和扶持互联网医药健康产品第三方交易服务平台的有序发展，进一步规范医药健康产品电子商务的经营行为，鼓励医药健康产品企业在第三方服务平台开设店铺，方便消费者在网上购买正规的医药健康产品。

（三）转变政府职能、放宽对 B2B 的监管

根据国务院转变政府职能要求，对能够通过市场手段进行自我调节的领域，政府应当退出监管角色。医药健康产品互联网 B2B，实质就是企业之间的医药健康产品买卖行为，互联网只是其得知信息和交易的渠道，对医药健康产品的生产销售而言没有发生实质性变化，因此对于此类形式，建议放开监管，由企业通过商业手段自行调整，抽出更多的监管人力、物力，放到对个人通过互联网购买医药健康产品的管理中，转变监管职能。

（四）取消药品信息发布行政许可

区分药品信息服务和交易服务，在互联网药品市场发展初期是必要的，随着互联网药品市场的快速发展，信息服务和交易服务将逐步融合，将信息服务和交易服务纳入统一的管理框架是发展的必然趋势。信息服务是交易服务的基础，并将渗透交易过程中各个环节，区分信息服务和交易服务不再适合时宜。逐

步取消互联网药品信息服务许可制度以及第三方信息发布平台的许可制度。

同时明确互联网禁止发布的药品信息范围：①夸大、虚假宣传医药健康产品功能或适用范围的信息；②未经注册的产品宣称具有预防、治疗、诊断疾病功效，宣称对损伤或者残疾具有预防、诊断、治疗、监护、缓解、补偿，或宣称特定保健功能的信息；③保健食品宣称具有疾病预防、治疗功能的信息；④以经营销售为目的，发布未在国内注册上市的医药健康产品的信息；⑤利用医药科研单位、学术机构、医疗机构或者专家、医生、患者的名义和形象作证明的信息；⑥含有不科学的表示功效的断言或者保证的信息；⑦麻醉药品、精神药品、医疗用毒性药品、放射性药品、戒毒药品和医疗机构制剂的信息；⑧其他法律、法规禁止发布的信息。

（五）发挥行业协会和第三方认证机构作用

随着社会主义市场经济改革的不断深入，行业协会的作用将更加突出，充分发挥行业协会的积极作用，有利于推进行政管理体制改革，提高政府驾驭市场经济的能力，促进经济社会协调发展。而互联网电子商务，特别是医药健康产品电子商务，既具有互联网发展的快速性，又具有医药健康产品的特殊性，更需要在政府部门之外，成立专门的行业协会，依靠行业协会的力量，建立一套行之有效的管理措施，以及时应对行业发展中出现的问题，提升行业自我管理的能力，保证行业健康发展。同时，行业协会在工作中逐渐形成一套行之有效并符合行业特点的标准规范，从而对整个行业起到指导作用。

互联网医药健康产品经营及交易具有很强的专业性，从网站设计到信息安全，从网上银行到物流配送，从产品审核到经营管理，涉及网络、信息、金融、医药、物流等多个领域。作为食品药品监管部门，其专业知识无法涵盖整个互联网医药健康产品范围，必须借助不同领域专业人员，对互联网医药健康产品经营及交易企业，进行完整客观的评价。而第三方认证机构，恰好能协助政府部门，起到这一作用。将不同专业人员组织起来，依靠可靠的执行认证制度的必要能力，客观、公正、独立地从事认证活动，在保证结果公平、公正的基础上，确保互联网医药健康产品经营及交易安全，推动产业健康发展。同时，减轻政府部门的监管压力，以多方力量协同抓好互联网医药健康产品的管理。

（六）物流统一配送

物流是指利用现代信息技术和设备，将物品从供应地向接收地准确、及时、安全、保质保量、门到门的传递，是一种合理化服务模式和先进的服务流程。伴随着国民经济的快速发展，物流产业规模急剧扩张，行业集中度显著提升，物流分工越来越细。而作为特殊商品的医药健康产品，储存条件与产品质量密切相关，对物流配送有着更为严格和苛刻的要求。因此，提倡委托符合相关资质要求且能够保证产品质量安全的物流企业配送。负责网上销售医药健康产品的物流配送服务。

（七）重视消费者权益保护

对网络医药健康产品消费建立电子商务信用评价体系和便捷的争议解决制度的要求，对应有申请材料的客户服务、投诉处理、先行赔付等操作规程，达到保护消费者权益的目的。

在网站人员配备方面，明确相关专业和相关产品质量管理工作等要求，特别是对售药网站药学服务人员的具体规定，从而提高网站服务的专业性与可及性。

（八）构建统一监测中心，强化监管手段

为了有效加强监管，打击违法犯罪行为，根据互联网的特点，形成分工合作、上下联动、横向配合的监管模式，统一配置稽查监管资源。国家食品药品监督管理总局建立网络医药健康产品监管领导小组，推进建立国家、省两级监测网络和机制。国家总局建立全国统一的互联网医药健康产品信息监测中心，通过搜索引擎检索和监测互联网医药健康产品的相关信息，实施对无证网站、网页和医药健康产品经营的信息监测。对监测发现的违法信息，通过网络查办传输机制，转由所在地省局会同当地公安、海关、工商、通信等管理部门依法查处，并依照规定的流程报告查处结果。各省级药品监管部门依照“属地监管”原则，负责所在地有证网站网页和医药健康产品生产、经营企业官网实施监管。

同时，加强互联网违法医药健康产品经营行为的监管信息公示制度。食品药品监管部门在官方网站的醒目版面发布经批准的产品经营者、消费类及非消费类平台名单和网址，引导消费者到正规的医药健康产品网站购买相关产品。对违法网站的名单和网址及时进行公告，并对违法行为的倾向性信息，要及时发布消费预警和消费提示。通过社会监督的方法，使违法互联网医药健康产品交易无生存空间。

B.6

2013 年医药流通行业上市公司运行情况分析

李文明*

摘　要：

上市公司数据是行业发展情况的重要指标。本文从 15 家医药流通上市企业的 2013 年年报资料，分析其收入、盈利、运营能力。

关键词：

上市公司　医药流通　运营能力

2013 年，在宏观经济增速降低的大背景下，医药行业在人口老龄化、用药结构和消费结构升级、医保从广度向深度覆盖等因素的驱动下，仍然保持了较快的增长速度。但由于“医保费用控制”“药品价格控制”以及反商业贿赂工作的不断推进，整体增速明显放缓。

医药流通行业作为医药产业链的重要环节，首当其冲受到影响。从 15 家医药流通行业上市公司 2013 年的收入增长情况、盈利能力、费用控制能力及资本运营能力等指标可见一斑。

本文对医药流通行业 2013 年的运行情况进行具体的分析。

一　医药流通行业上市公司收入增长情况分析

从收入增长情况来看，15 家医药流通行业上市公司 2013 年实现主营业务

* 李文明，北京和君咨询有限公司合伙人。

收入总和为 3926 亿元，同比增长 18.74%；而 2012 年 15 家上市公司主营业务收入总和为 3307 亿元，同比增长 25.49%，与 2012 年相比，2013 年的增速已明显放缓。从各家上市公司的情况来看，增速放缓的趋势非常明显，除中国医药因合并天方药业而出现较大增幅之外，其他大部分企业的增长速度均有不同程度的下滑。如 2012 年增速较快（增速在 40% 以上）的瑞康医药和嘉事堂，2013 年的增长率均降到 40% 以下。而增速较慢的企业中，负增长的企业除桐君阁外，2013 年又增加了 1 家——第一医药。从业务类别来看，以分销为主的企业的增速仍然高于以零售为主的企业。以分销为主业的企业，除南京医药外，基本保持了两位数的增长，而以零售为主或零售业务占比较大的企业，如桐君阁、海王星辰、第一医药，基本上是以个位数增长或负增长（见表 1）。

表 1　2013 年医药流通行业上市公司主营业务收入增长情况

单位：万元，%

序号	公司名称	股票代码	上市地点	2013 年主营业务收入	同比增长	2012 年主营业务收入	同比增长
1	国药控股	HK1099	香港	16686614	22.89	13578684	32.83
2	上海医药	600849	上海	7822281	14.90	6807812	24.00
3	九州通	600998	上海	3343805	13.32	2950766	18.80
4	国药一致	000028	深圳	2119947	17.70	1801176	19.05
5	南京医药	600713	上海	1873779	3.96	1802422	4.96
6	华东医药	000963	深圳	1671799	14.67	1457923	30.98
7	中国医药	600056	上海	1482951	49.77	990136	36.21
8	英特集团	000411	深圳	1236930	16.80	1058995	24.21
9	国药股份	600511	上海	1008147	17.34	859163	22.01
10	瑞康医药	002589	深圳	592584	28.24	462078	44.63
11	桐君阁	000591	深圳	463530	-1.55	470828	-1.56
12	嘉事堂	002462	深圳	354427	38.77	255407	41.81
13	海王星辰	NPD	纽约	269910	5.85	254986	2.35
14	浙江震元	000705	深圳	201815	12.34	179649	4.51
15	第一医药	600833	上海	134839	-0.68	135767	7.07
合计				39263358	18.74	33065792	25.49

资料来源：上市公司年报。

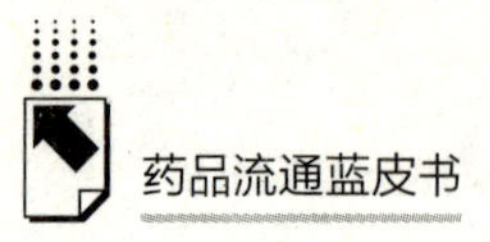

二　医药流通行业上市公司盈利能力情况分析

从盈利能力来看，2013 年，15 家医药流通上市行业公司中，净利率水平平均为3.32%，较上年同期略有上升，而综合毛利率水平平均为13.08%，和上年基本持平（见表2）。

以分销为主业的企业，毛利率保持在5%～8%；以零售为主业的企业，毛利率超过20%，海王星辰甚至超过40%。而净利率因为部分企业含有工业，所以没有明确的特点。

表2　2013 年医药流通行业上市公司盈利能力情况

单位：%

序号	公司名称	2013 年毛利率	2012 年毛利率	同比增长	2013 年净利率	2012 年净利率	同比增长
1	国药控股	8.02	8.05	-0.40	2.20	1.45	51.79
2	上海医药	13.09	13.64	-4.00	4.09	3.02	35.48
3	九州通	6.67	6.41	4.06	1.92	1.40	37.57
4	国药一致	8.32	8.90	-6.54	3.44	2.64	30.23
5	南京医药	6.37	7.56	-15.74	0.23	0.06	275.23
6	华东医药	20.20	19.54	3.34	5.17	3.22	60.26
7	中国医药	12.66	11.10	14.09	6.67	4.20	58.72
8	英特集团	6.14	6.31	-2.66	0.87	0.64	35.97
9	国药股份	7.41	6.61	12.06	5.84	3.91	49.50
10	瑞康医药	8.59	8.13	5.75	4.49	2.39	87.63
11	桐君阁	14.47	14.06	2.94	0.69	0.65	7.24
12	嘉事堂	9.52	8.69	9.49	7.23	2.55	183.08
13	海王星辰	43.66	46.30	-5.71	0.47	3.53	-86.56
14	浙江震元	14.72	13.52	8.85	3.75	2.65	41.27
15	第一医药	16.32	17.27	-5.52	2.70	2.68	0.72
平均		13.08	13.07	0.03	3.32	2.33	42.17

资料来源：上市公司年报。

盈利能力的差异主要是由业态组合的差异造成的。一般来说，零售毛利率较高，在20%～30%，海王星辰甚至达到44%（见表3）；其次是国际贸易业务，如中国医药的国际贸易业务毛利率超过12%；最后是纯销、基药配送和调拨等业务。

表 3　2013 年医药流通上市公司业务构成及盈利能力情况

单位：%，万元

序号	公司名称	2013 年综合毛利率	2013 分销业务收入	分销业务占比	2013 年分销业务毛利率	零售业务收入	零售业务占比	零售业务毛利率
1	国药控股	8.02	15897251	95.27	未披露	483315	2.90	未披露
2	上海医药	13.09	6801028	86.94	6.17	299211	3.83	20.28
3	九州通	6.67	3231866	96.65	6.10	58595	1.75	20.38
4	国药一致	8.54	1940272	91.52	5.28	—	—	—
5	南京医药	6.37	1859937	99.26	6.10	—	—	—
6	华东医药	20.20	1374246	82.20	6.70	—	—	—
7	中国医药	12.66	753539	50.81	7.35	—	—	—
8	英特集团	6.14	1231933	99.60	5.88	—	—	—
9	国药股份	7.41	1014843	100.66	6.40	—	—	—
10	瑞康医药	8.59	592366	99.96	8.59	—	—	—
11	桐君阁	14.47	未披露	未披露	未披露	未披露	未披露	未披露
12	嘉事堂	9.52	332536	93.82	7.45	13770	3.89	37.84
13	海王星辰	43.66	未披露	未披露	未披露	未披露	未披露	未披露
14	浙江震元	14.72	133240	66.02	6.57	32437	16.07	29.97
15	第一医药	16.32	63172	46.85	5.52	66442	49.28	20.64

资料来源：上市公司年报。

三　医药流通行业上市公司费用控制情况分析

从费用控制指标来看，2013 年 15 家医药流通行业上市公司平均销售费用率为 8.42%，管理费用率为 3.66%，财务费用率为 0.86%，三项费用率为 12.94%。

由于医药流通业是微利行业，费用控制能力显得非常重要。以分销为主的企业，一般宜控制在 10% 以下，上海医药和华东医药因为工业比重较大，所以费用率相对较高。零售企业由于租金成本和人工成本高启，费用率也相对较高，如海王星辰的费用率高达 45.48%；桐君阁和第一医药由于零售比例较大，费用率占比超过 10%。

从费用控制指标的变动趋势来看，2013 年 15 家医药流通行业上市公司的平均销售费用率、财务费用率、管理费用率以及费用率占比均较上年同期有所上升。15 家企业中，除南京医药、第一医药外，其他企业的费用率占比均有不同程度上升。这在一定程度上反映了医药流通行业的竞争越来越激烈（见表4）。

表4　2013 年医药流通行业上市公司费用控制水平

单位：%

序号	公司名称	销售费用占比		管理费用占比		财务费用占比		费用率占比	
		2013 年	2012 年	2013 年	2012 年	2013 年	2012 年	2013 年	2012 年
1	国药控股	4.38	3.65	3.02	2.51	1.62	1.24	9.03	7.41
2	上海医药	8.03	7.24	4.97	4.48	0.42	0.36	13.42	12.07
3	九 州 通	3.18	2.73	2.24	1.87	1.45	1.15	6.87	5.76
4	国药一致	3.21	2.96	2.79	2.59	1.09	1.07	7.09	6.63
5	南京医药	2.78	3.28	2.37	2.76	1.37	1.59	6.51	7.63
6	华东医药	15.63	12.92	4.53	3.81	1.09	1.22	21.25	17.95
7	中国医药	8.62	5.04	6.04	1.83	1.96	-0.02	16.61	6.85
8	英特集团	2.62	2.17	2.69	2.11	1.15	1.15	6.45	5.43
9	国药股份	2.85	2.36	2.04	1.93	0.32	0.41	5.21	4.71
10	瑞康医药	4.28	3.00	2.80	2.02	2.07	1.16	9.16	6.18
11	桐 君 阁	8.31	7.73	4.05	4.30	1.45	1.15	13.80	13.17
12	嘉 事 堂	5.82	3.87	1.55	1.09	-0.02	-0.24	7.35	4.72
13	海王星辰	41.22	40.61	4.88	4.65	-0.62	-0.64	45.48	44.61
14	浙江震元	7.14	6.13	5.31	4.68	-0.37	0.53	12.08	11.34
15	第一医药	8.25	8.01	5.57	5.76	-0.07	0.16	13.75	13.93
平　均		8.42	7.45	3.66	3.09	0.86	0.69	12.94	11.23

资料来源：上市公司年报。

四　医药流通行业上市公司资本运作情况分析

医药流通企业由于承担着垫资的功能，高效的资金使用效率和低廉的融资成本对其而言尤为关键。

从相关的财务指标来看，以分销业务为主的企业，应收账款周转率普遍较低，如国药控股、瑞康医药、嘉事堂等，普遍在 3～5 次；而以零售业务为主的企业，存货周转率则较低，如海王星辰仅为 2.95 次。资产负债率高也是流通企业的一大特点，15 家上市公司的平均资产负债率为 62.87%，南京医药和桐君阁甚至超过 80%。这些指标充分反映了当前医药流通企业的资金使用效

率情况。

医药流通企业虽然属于传统行业，但由于未来存在巨大的整合空间，资本市场也给予了较高的估值水平，平均为 50 倍，如果剔除海王星辰、桐君阁和南京医药几只异常股票之后，市盈率平均在 35 倍左右。

2013 年底，15 家医药流通上市公司市值总值为 1885 亿元，100 亿元市值以上的企业有 6 家，分别是国药控股、上海医药、九州通、国药一致、华东医药和中国医药，其中国药控股和上海医药市值均超过 400 亿元。

2013 年，一些医药流通上市公司还进行了再融资和并购重组。如瑞康医药借助资本市场实施了再融资项目的股票发行工作，共募集资金 6 亿元，用于投资医疗器械及医用耗材配送、医用织物生产和医用织物洗涤配送项目。

九州通进行了非公开发行，融资 20 亿元，用于补充营运资金。另外，中国医药也通过对天方药业进行吸收合并，迅速增大了公司的规模。

表 5　2013 年医药流通企业上市公司资本运营指标

单位：次，%，亿元

序号	公司名称	2013 年应收账款周转率	2013 年存货周转率	2013 年资产负债率	2013 年终市值	2012 年终市值	2013 年 PE
1	国药控股	3.71	10.04	72.87	449.27	472.60	19.97
2	上海医药	5.63	6.53	48.50	408.45	298.74	18.21
3	九 州 通	15.09	6.88	71.29	214.28	155.69	44.83
4	国药一致	4.21	10.90	79.05	169.02	101.71	32.47
5	南京医药	4.97	12.49	86.65	36.62	31.84	94.68
6	华东医药	6.77	8.21	60.71	201.10	147.58	34.98
7	中国医药	4.46	3.49	69.72	101.81	62.78	21.00
8	英特集团	6.30	11.02	74.04	22.05	17.49	29.76
9	国药股份	5.63	9.14	56.77	91.69	69.76	22.28
10	瑞康医药	2.82	12.05	62.96	55.22	31.42	38.46
11	桐 君 阁	9.52	5.83	82.33	31.83	17.27	96.08
12	嘉 事 堂	3.43	9.47	53.26	36.77	19.08	28.25
13	海王星辰	21.89	2.95	51.04	22.15	9.95	187.24
14	浙江震元	5.84	6.16	32.45	25.53	21.55	39.61
15	第一医药	11.53	4.80	41.48	19.25	16.95	56.18
平　均		7.45	8.00	62.87	125.67	98.29	50.93

注：市值分别按 2012 年、2013 年最后一个交易日的收盘价计算。

资料来源：上市公司年报。

五　医药流通行业上市公司战略实施情况分析

医药流通上市企业为了应对行业增速放缓以及毛利持续降低等严峻形势，不断地进行战略调整，总结起来有如下几点。

1. 战略定位调整

中国的医药流通企业长期以来在行业中扮演“搬运工”的角色，其重要功能就是物流和垫资。最近，随着医药流通企业规模的不断扩大，竞争力增强，出现了一些新趋势。越来越多的企业开始着眼于药品供应链的构建，如国药控股的一体化供应链模式、国药一致的智慧型供应链建设、华东医药的药品供应链新模式及嘉事堂的药品供应链集成服务商等，这说明药品流通企业已经开始围绕供应链来调整战略定位。

2. 新业务的拓展

除传统业务外，不少医药流通企业还积极开拓新业务，如国药控股进行的医疗耗材 SPD 配送和区域化消毒供应，上海医药的高端药品直送业务（DTP）、疫苗和高值耗材业务，瑞康医药的器械和疫苗配送，嘉事堂的医疗器械配送业务，等等。新业务的拓展，不仅增加了新的市场，同时也提高了企业的盈利能力。

3. 新模式的探索

一些医药流通企业还进行了经营模式的探索，如嘉事堂借鉴国际医疗市场成熟的 GPO（集中采购组织）运营模式，与首钢总公司签署协议，就首钢所属医疗机构的药品、医用耗材等供应链管理进行全面合作。浙江震元探索中医坐诊的药店经营模式，2013 年以中医为主的杭州中医门诊部和国药馆的销售额出现翻倍增长。

4. 互联网的尝试

大部分流通企业开始尝试用互联网手段来弥补传统经营的不足，如上海医药、国药股份、国药一致、华东医药和第一医药等相继开通了网上交易平台。

六 总结

随着行业的发展，医药流通企业已经逐渐步入微利时代。在微利时代，成本控制成为医药流通企业的生存之本，而成本控制的核心在于企业的管理。所以，对于医药流通企业来说，通过战略管理、组织流程管理、人力资源和企业文化管理等来不断提高企业的运营效率变得至关重要。国药控股和上海医药等全国性企业，已经放缓了并购的步伐，开始进行内部业务的整合与管理的提升；而曾经陷入困境的南京医药，也开始推动精细化管理，希望依托管理挖潜出效益，从而扭亏为盈。

在做好成本控制、保证生存的基础上，模式创新成为医药流通企业发展的突破口。新业务、新模式为医药流通企业打开了新的成长空间，以对抗不断下滑的盈利水平。嘉事堂的 GPO 模式及其进军医疗器械配送领域，就得到了资本市场的普遍认可。

最后，值得一提的还有医药流通企业的资本运作能力。中国医药流通企业目前承担着垫资的功能，所以，能够获得多少低成本资金，并能够高效的使用，就意味着有多大的成长空间。作为上市公司，由于具有便利的融资条件，意味着有更多的发展机会。

综　合　篇

Comprehensive Reports

B.7 主要发达国家药品流通和定价机制研究

方　燕*

摘　要：

本文将从药品流通市场特征及其定价机制（补偿机制）两方面梳理美、英、日、德、法等发达国家的药品流通体制，进而得到某些结论和政策启示。结果发现，首先，主要发达国家药品流通市场结构趋同，药品零售市场实行医药分业、药品批发市场高度集中和分销体系扁平化。其次，主要发达国家药品价格管制程度和模式各异，其原因在于各国在促进药品创新与公平可获得性之间权衡时的不同侧重点，以及各国医保机构作为最终支付者的买方垄断力量差异。各国在药价管制方面也存在共同点：其一，管制价格通常仅作为最高限价，流通领域议价过程和各种名目的折扣与回扣普遍存在；其二，由于住院服务DRGs等预付费模式的逐渐盛行，针对住院用药的单独价格管制

* 方燕，中国社会科学院公共政策研究中心博士后。

渐少，价格管制主要针对门诊患者用药；其三，在新药定价领域有放松管制的趋势。各国愈加重视药品创新，初次进入市场的新药定价趋于自由化。最后，发达国家药品流通环节普遍存在市场化的药品采购中介组织和采购联盟（GPO、PBM），这为降低药品采购成本提供了可能，但也可能因其垄断地位而反过来损害买方利益。

关键词：

药品流通市场结构　定价机制　市场化价格管制

一　引言

2005 年全球药品销售市场总销售额为 6050 亿美元，2010 年则高达 8560 亿美元，年均复合增长率为 6.2%。其中，发达国家占比近 7 成，中国、巴西等新兴经济体占比近 2 成（中国占全球市场的 5%，国别排名第三）。据 IMS 预测，2010～2015 年，全球药品市场年均复合增长率将为 3%～6%，到 2015 年全球药品总销售额将达到 10650 亿～10950 亿美元。其中，发达国家增速趋缓，（年均复合增长率）为 1%～4%；新兴经济体增长迅速，为 13%～16%。预计 2015 年中国占全球药品市场的份额将超过 10%（1150 亿～1250 亿美元），可能超过日本成为全球第二大药品市场（日本预计为 1140 亿～1400 亿美元）。①

本文从药品流通体系及药品价格形成机制、补偿机制等方面综述了主要发达国家的药品流通体制，以供中国借鉴。文中选择发达国家遵循三个标准：一是该国药品市场在全球举足轻重，所占份额显著；二是考虑药品费用占卫生总费用的比重，选取的国家样本应有代表性；三是选取的发达国家的药品流通体制应各有特点，以便从多角度获得启示并进行比较。

① IMS, *The Global Use of Medicines: Outlook through 2015*, http://www.imshealth.com/portal/site/ims, 2012.

按国别计算，2010 年美国（36%）、日本（11%）、中国（5%）、德国（5%）、法国（4%）、意大利（3%）、西班牙（3%）、加拿大（3%）、英国（2%）9 国的药品销售市场约占全球市场份额的 70%①。上述 9 个国家中，除中国外均为发达国家，其药品费用占卫生总费用的比重各有不同。英国、美国最低，为 11% ~12%；日本最高，达 20.8%；德国、法国居于两者之间，约为 15%。在药品流通体制上，美、英、日、德、法五国各有特点。比如，在流通体系方面，美、英、德、法都是典型的医药分开的国家；日本则传统上是医药不分，近 20 年来日本也逐渐实行医药分开体制，并取得一定成效。在药品定价机制方面，美国是完全的自由定价机制；日本以市场批发价为基础，对最终零售价实施管制；英国以药品生产成本为基础，对最终售价实施管制；德国对药品出厂价无管制，但对批发和零售环节实施利润加成管制；法国对药品出厂价实施指导价格（reference pricing），对批发和零售环节实施加成率管制。上述五国构成了一个从完全自由定价到严格价格管制的完整谱系。

二　美国药品流通体制特征及其定价机理

（一）美国药品流通市场结构特征

美国医药产品流通的主要渠道如图 1 所示。据此，美国药品流通市场结构特征描述如下。

1. 处方药品批发市场：集中度高、层次多样

美国的处方药品批发市场集中度高，3 家全国性寡头控制了 90% 的处方药批发市场份额，依次是：McKesson，Cardinal Health，AmeriSource-Bergon。2010 年，三大寡头的营业额分别为 1120.8 亿美元、986.0 亿美元和 779.5 亿美元，在福布斯全球 500 强排行榜上分别列第 37 位、第 53 位和第 84 位，同

① Ibid.（通用英文缩写，表示引用文献来源同上一条脚注，下同）。

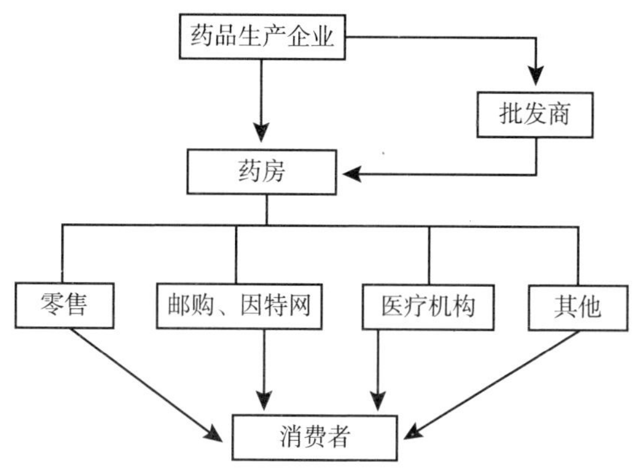

图1　美国药品流通渠道

时是全球医药批发企业三甲①。三大寡头向区域性批发商供应药品，同时也向医疗机构和单体药店供货，配送范围包括药品制造商的全生产线（full-line）药品。寡头市场竞争已经足够充分，再加上GPO、PBM等买方中介组织的作用，使得三大寡头的利润率并不高。一份广受引用的美国法庭案例表明，一般而言，1美元的处方药中，76美分归制造商，20美分归分销商（药房），只有4美分归批发商。②

除全国性寡头外，美国还有层次多样的小批发商。①区域性批发商（Regional Wholesalers）。规模比三大寡头小一些，但仍能提供完整或近似完整生产线的产品。其优势是在所在区域的某些地方，能够提供比三大寡头更好的服务。②小型批发商（Smaller Wholesalers）。类型多样，有的是为单体药店和诊所提供相对较全的药品（这些单体药店和诊所的需求量往往较小，难以满足三大寡头和区域性批发商的最小购买量要求）；有的专业提供需要特殊处理的特殊类型药品，如血管注射剂；等等。雇员一般在10人以下。③辅助性批发商（Secondary Wholesalers）。主要是购买和销售一些特定的打折药品。如药

① http：//money. cnn. com/magazines/fortune/global500/2011/countries/US. html.

② U. S. District Court for the District of Columbia，Civil Action No. 98 - 595：Federal Trade Commission（Plaintiff）v. Cardinal Health，Inc. and Bergen Brunswig Corp（Defendants）and Civil Action No. 98 - 596：Federal Trade Commission（Plaintiff）v. Mckesson Corp. and Amerisource Health Corp（Defendants），Downloaded from http：//www. ftc. gov/os/1998/9807/98cv0595. htm，July，1998.

品制造商可能急于完成一些季节性销售目标或清空存货，此时制造商会以高折扣的方式将药品首先卖给辅助性批发商，再由辅助性批发商销售给三大寡头等。药品制造商不能将这些高折扣药品直接卖给三大寡头，因为两者之间一般已经签订正式的、书面的药品分销合同，无法随意更改。

2. 药品终端销售：医药分业

美国是典型的实施“医药分业”制度的国家，医院一般不设门诊药房，仅维持住院和急诊服务所需的用药量。门诊处方大多流向药品零售商。药品零售商包括连锁药店（4 家及以上门面）、单体药店（3 家及以下门面）、邮购服务药店、食品店和大型卖场。根据美国医疗保健分销管理协会（HDMA）的统计，2010 年其会员提供的产品和服务的流向比例为：连锁药店（17.1%）、单体药店（15.4%）、医院和健康维护组织（16.6%）、食品店和大型卖场（5.4%）、诊所和护理院（7.8%）、连锁仓库（23.4%）、邮购服务（13.1%）、其他（1.2%）[①]。

3. 药品分销体系：扁平化

传统上，批发商先从药品制造商处购买大批量的处方药，并储存在仓库里，再转卖给药店和医院。然而，近十几年来呈现以下趋势：大型连锁药店逐渐减少了对批发商的依赖，直接从制造商处进货，并建有大型仓库储存药品，通过内部分销系统直接供应到各个门店。药品邮购服务份额不断上升。邮购药店通过传真和信件的方式收到处方后，直接配送药品给美国任何区域的消费者。这种方式对于长期用药的慢性病人来说，是比较合适的。

为适应此种变化，药品批发业三大寡头和区域性批发商现在也提供“码头到码头”（dock-to-dock）、“直运”（dropshipment）等方式，并在其中仅扮演中间人的角色。在“码头到码头”方式中，批发商从制造商处获得大批量药品并直接运输到连锁药店或医院，而不进入仓库。在“直运”方式中，制造商直接将药品传递给销售终端，但是订单和支付由批发商代为办理。

4. 买方市场中介组织：发达与强势

在药品批发和零售环节，诞生了一些代表买方利益的中介组织。其中，两

---

① 2010－2011 HDMA Factbook.

种主要的买方组织是 GPO 和 PBM。一种是团购组织（GPO）。GPO 的起源反映了一个朴素的经济学道理，即买方通过联合来扩大采购量，增加与卖方谈判过程中讨价还价的力量，最终达到降低采购价格的目的。最早的 GPO 是于 1910 年成立的纽约医院管理局（the Hospital Bureau of New York）。20 世纪 80 年代以来，GPO 获得了飞速发展。目前美国有超过 600 个 GPO，其中上规模的有 30 个左右。96% 的急诊医院（acute-care hospitals）和 98% 的社区医院（community hospitals）持有至少一个 GPO 会员身份。① 在美国，医院采购量的 72% 是借助 GPO 完成的。近年来，很多单体药店和个体诊所也加入了 GPO。根据健康产业团购协会（HIGPA）的报告，GPO 会员及顾客得到了 10% ~ 15% 的价格折扣、红利，以及行政管理费用的减少。GPO 都是商业实体，但并不直接采购某种商品，而是在医院采购的时候，GPO 代表众多医院与供应商（医药制造商、分销商等）谈判，形成团体采购合约。在合约形成之后，各个医院仍有裁量权，决定要购买的具体产品及数量。

另一种买方组织是药品福利管理机构（PBMs）。PBMs 代表医疗保险机构（自我保险的雇主、保险公司和健康维护组织等）管理医疗保险计划的处方药部分。其目标是推动以最低的成本提供高质量的药品保健。② PBM 起源于 20 世纪 70 年代，目前为美国半数以上的被保险人口提供服务，③ 其职能主要包括：与药品制造商、批发商谈判药品费用折扣，发展药品供应网络，药品目录管理，药品使用评价（DURs），推动以仿制药替代等效品牌药，慢性病管理项目，药品邮购服务等。由于美国的医疗保险付费机制是住院服务以按病种付费为主的预先支付方式，药品费用包含在预先确定的总费用中，医院有动力借助 GPO 方式来降低采购成本。医疗保险公司和社会医疗保险项目则借助 PBM 管理门诊病人的药品费用。

---

① HIGPA, "A Primer on Group Purchasing Organizations: Questions and Answers," http://www.higpa.org/? page = GPO101.

② U. S. General Accounting Office, Pharmacy Benefit Managers: Early Results on Ventures with Drug Manufacturers, Washington, D. C. Report Number GAO/HEHS - 96 - 45, 1995.

③ Pharmaceutical Research and Manufacturers of America, *Pharmaceutical Industry Profile*, Washington, D. C.: Pharmaceutical Research and Manufacturing Association, 2000.

（二）美国药品定价机制

美国药品市场是典型的市场决定价格的方式，政府对药品价格的干预较少。鉴于美国药品流通市场结构及其特征，影响美国药品市场价格的市场主体分布在制造、批发和零售等流通各环节之中，医保也在其中发挥重要的作用。在此也按照影响主体进行简要阐述。

1. 药品制造商：出厂价

在药品价格形成中最具影响的主体首选药品制造商。在确定价格及折扣条款时，药品制造商分别和批发商、零售药店、PBMs 等实体谈判、协商达成不同的合约，并且依据这些不同实体对药品销售量的影响而给予不同数量的折扣（discounts）和回扣（rebates）。药品制造商根据特定的公式预计市场需求、产品竞争状况、营销成本等，并计算出“批发采购成本”（WAC），这是药品批发商购买产品的基准价格。在 WAC 的基础上，药品制造商或一些专业中介公司（专门出版各种《价格汇编》的信息公司）还会公布“平均批发价格”（AWP）。AWP 是公开信息，经常被各种第三方支付者（保险机构）用作补偿的基础，也常作为药品制造商和私人部门药品购买者（如保险、PBMs 等）之间价格谈判的基础。在具体的价格谈判过程及结果上，品牌药和仿制药有很大的差别。品牌药制造商通常只是在 AWP 或 WAC 的基础上给予一定百分比的折扣，终端购买者通常能拿到 5% ~40% 的折扣。相比之下，仿制药制造商与相关利益方的谈判更加频繁，给予的折扣会更大，因此仿制药的价格波动也更大，甚至每天都可能不一样。最常见的折扣和回扣形式包括：①回顾性回扣（retrospective rebates），药品制造商根据药店或 PBMs 引导消费者使用特定产品而支付给药店或 PBMs 的一种回扣；②数量折扣（volume discounts），当达到预先确定的销售量目标时给予的折扣；③迅速回款折扣（promptpay discounts），当采购方以加速方式向制造商支付货款时给予的折扣。

2. 批发商：批发采购价

在制造环节给定后，批发商的采购价确定是一个重要的问题。对于品牌药，批发商的采购价格相对统一，通常是在 WAC 的基础上减去一定数量的折扣（包括数量折扣、迅速回款折扣等）；批发商再在 WAC 的基础上加一定百

分比（由批发商与零售商协商确定）出售给其下游。对于仿制药，采购价格和出售价格都是高度可变的，依赖于批发商的市场份额。有时，批发商会促成制造商与药店之间的价格谈判。例如，批发商 A 可能会根据药店 B 与制造商 C 之间的谈判给药店 B 配送药品。此种情况下，虽然批发商 A 直接配送药品给药店 B，但批发商 A 在这些药品的价格谈判上几乎未扮演任何角色。但批发商会使用“返款机制”。批发商给大量不同的药店配送药品，并根据这些药店和制造商协商的不同价格来销售，然后要求制造商返回 WAC 与这些协商价格的差额部分。

3. 零售商：零售价

作为零售主体的药店、药房在确定零售价过程中同样发挥着重要的作用。药店与药品制造商谈判以获得折扣和回扣，而折扣和回扣量依赖于其在特定药品上的销售能力。药店从制造商处获得的折扣甚至可能低于批发商的采购成本，此时批发商会要求制造商“返款”，而返款额度为制造商支付给药店的协商价格与 WAC 之间的差额部分。药店与 PBM 之间也会展开谈判，以便将药店纳入 PBM 的定点药店网络并获得报销比例。零售药店必须同意对处方药的补偿公式。对于品牌处方药和竞争较少的仿制处方药，补偿公式通常是在 AWP 的基础上减去一定百分比，再加上配送费。对于一般的仿制药，补偿公式通常基于“最大允许成本”（MAC）。MAC 列表规定了对特定仿制药的补偿上限。实施 MAC 项目的州和私人保险支付者对 MAC 列表中的仿制药规定了可补偿的最大价格。一般而言，对于进入列表的仿制药，药店获得的支付不高于 MAC 价格。

此外，一些小的连锁药店和单体药店还会加入 PBM 和 GPO，借助团体力量与药品批发商甚至制造商谈判，以获得更大比例的回扣。PBM 与药品制造商谈判的方式通常是：通过承诺将制造商的药品列入医保目录，要求制造商给予回扣。回扣通常是由制造商直接支付给 PBMs，据估计比例为药品价格（批发商给零售商的价格）的 2% ~21%，有些特殊药品甚至高达 35%；PBMs 通常会将这些折扣的大部分返还给客户：保险公司和自我保险的雇主一般能拿到上述折扣的 70% ~90%。[①] 至于 GPO，其收入来自于向供应商收取的管理费。

① Department of Health and Human Services, Report to the President: Prescription Drug Coverage, Spending, Utilization and Prices, April, Downloaded from http://aspe.hhs.gov/health/reports/drugstudy/index.htm, 2000.

按照《1987年老年医疗保险和穷人医疗保险患者保护法案》（*the Medicareand Medicaid Patient Protection Act of 1987*）中的“安全港”（the Safe Harbor）[①]条款，只要满足以下两个标准，GPO可以在向医院和其他医疗机构提供服务的同时向供应商收取管理费：①GPO必须与各个医院及医疗机构签订文本协议，就以下两种情况之一达成一致意见：供应商向GPO支付其供应产品或服务之采购价格的3%或以下比例的费用；当向GPO支付的该费用不是固定的3%或以下比例时，协议文本必须写明费用的确切比例或数量。②GPO必须至少按年度、以文本形式向医院和其他医疗机构公开其代表医院及其他医疗机构从各个供应商处采购的数量。

虽然联合采购可以增大买方讨价还价的力量，但是GPO作为第三方机构代表医院参与谈判，依然会产生一些委托代理问题：如何保证GPO一定会忠实地代表医院利益而不会与供应商合谋？由此在学界和法律界引起了一些争论。争论之一——收费方式。有研究者认为，GPO按采购价格收取管理费的方式实际上使得GPO有在谈判中抬高采购价格的激励，显然，采购价格越高，其获得的管理费就越高。[②] 但是GPO行业协会认为，这种收费方式有利于激励供应商降低成本和价格，因为价格越低，则其交纳的管理费就越少。[③] 但更重要的是，对GPO可能造成买方垄断的担心。2003年一份官方研究报告表明，7家最大的GPO控制了GPO采购市场份额的85%；[④] 2005年，另一份根据GPO自身提供的数据写成的行业研究报告则表明，9家签署HGP Ⅱ的GPO控制了整个GPO市场份额的80%。[⑤] 垄断可能损害医院等会员的利益，使GPO的发展背离初衷。各种政府研究报告、私人诉讼、媒体报道表明，在大量案例

① “安全港”的称谓是针对老人医疗保险计划中“反回扣”法令（anti-kickback statute）的豁免条款。

② Sethi, S. P., “Group Purchasing Organizations: An Evaluation of Their Effectiveness in Providing Services to Hospitals and Their Patients,” International Center for Corporate Accountability Report, No. ICCA－2006.

③ HIGPA, “A Primer on Group Purchasing Organizations: Questions and Answers,” http://www.higpa.org/? page＝GPO101.

④ Government Accountability Office (GAO), “Use of Contracting Processes and Strategies to Award Contracts for Medical-Surgical Products,” GAO－03－998T, 2003.

⑤ BusIntell Report, “Group Purchasing Organizations,” Knowledge Source, Inc., 2005, pp. 1－224.

中，GPO 收取的管理费显著超过了 3% 的水平，在 5% ~18%。[①]

4. 医保方：综合性影响

最后一个影响药品价格形成的利益主体是保险计划，尤其是 Medicare 和 Medicaid 计划。各类保险计划一般将处方药的管理及价格谈判外包给 PBM（或自己成立一个 PBM）。但也有例外，如退伍军人（VA）医疗系统直接从药品制造商处采购药品，并通过自己的医疗系统或在线药店销售药品。退伍军人医疗系统是由美国联邦政府拨款和管理，为符合条件的退伍军人及其家属提供医疗服务的医疗机构和管理机构的总称，行政上归属退伍军人健康服务局管理[②]。VA 单独建立了一个全国性的药品目录库，所有 VA 系统内的机构都必须采购目录内的药品（处方药、非处方药）；而且被鼓励使用目录内的药品——除非有非常显著的医学上的理由使用非目录药品。与 PBM 不同的是，在确定药品目录时，VA 更强调药品的疗效而不是价格。

三　日本药品流通体制特征及其定价机理

（一）日本药品流通市场结构及改革

传统东方社会医药不分家，医生、医院同时销售药品，日本也是如此。直到 20 世纪 90 年代初，日本仍有超过 90% 的药品通过批发商销售，而且其中大部分直接售给开处方的医院和医生。药品分销体系背后的驱动力量是医生获得的差价及医生（医院）收入的相当大比例来自售药的事实。医药不分导致日本的药品分销体系具有如下特征[③]：第一，由于个体医生需要直接售药给

① Government Accountability Office (GAO), "Use of Contracting Processes and Strategies to Award Contracts for Medical-Surgical Products," GAO -03 -998T, 2003.

② 退伍军人医疗系统是美国最大的统一经营、统一管理、统一拨款的一体化医疗系统，在美国各地有约 1400 个医疗和服务机构，其中包括 153 个大型医疗中心（医院），909 个门诊部，135 个老年护理院，232 个退伍军人服务中心和 108 个家庭护理机构，共有雇员约 24 万人，2010 年财政拨款达到 470 亿美元。

③ L. G. Thomas Ⅲ, The Japanese Pharmaceutical Industry: The New Drug Lag and the Failure of Industrial Policy, Edward Elgar Publishing Limited, 2001, pp. 59 -62.

病人，医生必须有足够的药品存货，但存货成本通常很高，尤其是日本的高地价导致医生办公室面积往往很小。分销体系的碎片化导致必须有大量的分销商和销售人员为医生和医院服务。第二，与其他发达国家相比，医生获得药品差价的体制安排使得药品价格成为医疗处方模式的更重要的决定因素。虽然销售价格受到管制，但是批发价格由批发商与医生协商确定。这种持续而高度碎片化的价格协商进一步增加了大分销网络在日本的重要性。

日本与英国在地理疆域上相当，且都是岛国，其药品分销网络具有可比性。有研究表明，在英国，一家制药商通常仅需要60名销售代表即可将业务覆盖到全国；医药销售人员与医生的比例很低，为1∶34。相比之下，在日本，一家制药公司要使业务覆盖到全国，需要1400名销售代表；制药公司销售代表与医生的比例则高达1∶4，这还不包括批发业中的大量销售人员。

医生获得药品差价的体制还催生了日本药品分销行业的其他显著特征。日本的药品分销高度集中在专利处方药，OTC市场的比重很小。由于医生从OTC药品中无法获得收入，没有激励在处方中开OTC药品。这种对OTC药品需求的人为减少也降低了药店储存此类产品的需求，而且日本药店的稀少也进一步强化了医生直接售药的功能。90年代初，OTC销售额仅占整个日本药品市场的5%。此外，由于仿制药的价格低于专利药，仿制药的市场份额在日本也非常低。日本药品分销系统中，国内制造商与批发商的纵向联系很密切。很多日本药商由批发商演变而来，彼此仍保有很强的合作关系；在一些情况下甚至有交叉持股和人员交流。日本的药品批发业也是高度碎片化的，没有批发商能够提供覆盖全国范围的服务。药品制造商因此必须维持一个含有多个批发商的复杂网络以便在全国范围内销售药品。由于批发商与特定大制造商之间的传统联系，其他制造商（包括日本国内的中小制造商）受到排斥，与医生打交道时处于劣势。五家最大的日本企业——Fujisawa，Sankyo，Shionogi，Takeda，Tanabe在日本批发网络中处于主导地位，控制了几乎所有外国制药商在日本的销售。

1. 药品终端销售：逐步走向“医药分业”

第二次世界大战之后，尤其是20世纪80年代之后，日本厚生省（Ministry of Health and Welfare）[①] 采取了一系列措施促进“医药分业”。这些措施可归结为：降低对药品分发的补偿、对医生开处方但不分发药品给予经济激励、鼓励独立药房的发展[②]。例如，增加处方费（prescription issuing fees），对仅开处方而不售药的医生，每张处方可收费用从20世纪70年代的100日元增加到2005年的700日元[③]。但是，日本走向“医药分业”的过程并非一帆风顺。如厚生省曾规定，医生开处方但不售药的，可比开处方同时售药时收更高的处方费。然而，医生们很快找到了规避上述处方的办法——开设“第二药房”（secondary pharmacy）。所谓“第二药房”，就是位于医院附近的“独立药店”，该医院的医生实际上拥有这些“独立药店”的所有权。因此，推荐患者到“第二药房”购药，则医生既可以拿到高处方费，又可以获得药品利润。为此，厚生省在1994年《医生执业条例》（*Physicians' Practicing Rules*）的修订版中禁止医生推荐病人到特定药店或收取药店回扣。[④] 到2005年，日本医药分开的比重只有55%，即略超过一半的医生仅开处方而不售药。[⑤] 另据日本医药批发业联合会（JPWA）的统计，2008年日本的批发药品中，50%流向了药店，21.8%流向了大医院，7.6%流向了中小医院，20.0%流向了诊所，0.6%流向其他机构。[⑥]

2. 医药批发市场：集中度高

1987年，前十大医药批发商的市场份额之和为27.3%；1997年，这一比

---

① 现改名为“厚生劳动省”（Ministry of Health, Labor and Welfare）。

② Fujii, M. and Reich, M., “Rising Medical Costs and the Reform of Japan's Health Insurance System,” *Health Policy*, 1988; Reich, M., “Why the Japanese don't Export More Pharmaceuticals: Health Policy as Industry Policy,” *California Management Review*, 1990.

③ Naoko Tomita, “The Political Economy of Incrementally Separating Prescription from Dispensation in Japan,” *Prescribing Cultures and Pharmaceutical Policy in the Asia-Pacific*, K. Eggleston, ed., Brookings Press, 2009.

④ Rodwin, M. and Okamoto, A., “Physician's Conflicts of Interest in Japan and the United States: Lessons for the United States,” *Journal of Health Politics, Policy and Law*, 2000, 25 (2), pp. 343-375.

⑤ Toshiaki Iizuku, “Physician Agency and Adoption of Generic Pharmaceuticals,” *American Economic Review*, 2011.

⑥ The Federation of JPWA, *JPWA Guidebook: 2010-2011*, 2011.

重达到37.1%①。进入新世纪，药品批发行业的兼并重组步伐加快，组织结构逐步与美国趋同：前四大批发商MediPal、Alfresa、Suzuken、Toho占据80%以上的市场份额。2010年，日本医药批发三大巨头MediPal、Alfresa、Suzuken分别实现销售收入310.9亿美元、254.9亿美元、204.6亿美元，在福布斯全球500强排行榜上分别位列第309、第381、第478；在全球医药批发行业，仅次于美国医药批发三大巨头及德国FranzHaniel。②

3. 医药分销模式：现代化

日本采取社会公用的物流配送系统，并且规定药品如果不进入物流配送体系，就不能进入市场；而药品如果不实行标准化生产和包装，就不能进入这个体系。比如，大阪物流配送中心专门从事药品配送，主要为日本关西地区几百家药店提供配送服务，拥有面积达2万平方米的仓库。这家物流配送中心针对日本医药管理体制的变革，适时采用了先进的自动化立体仓库和自动化分拣系统。原先的日本医药管理是医药不分家，医院是药品经销商的最大客户，每一次进、存药品的量都很大。药品经销商只需在推销之后，将大量的药品送到各医院即可，物流成本不高，传统物流方式也能满足需要。但在日本医药分家之后，药品的销售不再面对医院等大客户，而是面对分散的众多小型零售药店，配送点和配送线路成百倍千倍地增加。另外，小型药店没有地方也没有财力像大医院那样能一次进、存大量的药品，因此，经销商必须小批量、高频次地面对大量零售药店进行送货服务。传统的物流方式已不能适应新形势，物流成本飞涨。大阪物流配送中心及时进行物流改革，采用信息化、自动化的方式来适应这种小批量、高频度、多配送点的物流方式。

（二）日本药品定价机制

日本的处方药价格管制规则包括两个部分。首先，新药品第一次进入市场的时候，政府通过与市场上已经存在的相似药品进行比较，确定药品的销售价格（initial entry price）。若新药明显展现出更高的质量，则其销售价格会明显

① Japan's Pharmaceutical Wholesale Industry and the Business Domains of Suzuken, http://www.c-direct.ne.jp/english/divide/10109987/9987_98/9987e_02.pdf, 1998.

② http://money.cnn.com/magazines/fortune/global500/2011/countries/Japan.html.

高于已有产品。新药价格可以比参考药品价格高100%，借以鼓励创新。如果市场上没有类似的药品，政府会依据生产成本和行业平均的运输、销售、促销成本，加上平均加价以确定价格。对于非专利药，政府将其价格定在类似专利药价格的70%。其次，进入市场之后，药品的销售价格每两年动态调整一次。调整依据是上期的批发价格、销售价格及调整比例等。[①] 政府只确定当期的药品最终销售价，但批发价格留给市场决定，即由批发商与医院、药店讨价还价确定。这意味着如果医生能以更低的价格购进药品，其利润空间将更大。每个医生降低批发价格的动力从整体上促进了社会平均批发价格的下降，并通过上述动态定价法则最终导致零售价格的下降。

由于一定程度上仍存在“医药不分”，上述定价法则意味着如果医生能以低于管制的零售价格购买药品，就可以获得利润；并且医生可能根据利润的不同而不是根据治疗需要来选择药品。日本学者 Iizuku 的两项经验研究表明，[②] 利润考虑确实在一定程度上影响了医生对不同专利药的选择和医生在专利药与仿制药之间的选择。

拥有处方权的医生可通过药品获得利润，一定程度上也助长了日本药品流通领域的不正之风。如药品批发商曾经根据医生购买的药品数量而赠予一定量的免费药品。这种赠予方式避免了药品价格折扣，使得药品批发商可以维持其获得的回报率（根据批发价格计算），而医生也可以获得额外收入。厚生省在20世纪70年代将此种行为确认为药品回扣并加以禁止。[③] 此后，药品制造商和批发商采取了一些更隐蔽的方式来贿赂医生。例如，药品制造商和医药代表曾经免费赞助医学院的医生开展研究。日本制药企业协会在1993年制定了药品促销指南（自愿性质），力图限制对医生的不恰当支付。[④] 如限制与制药公

---

① Toshiaki Iizuku, “Experts’ Agency Problems: Evidence from the Prescription Drug Market in Japan,” *Rand Journal of Economics*, 2007, 38 (3), pp. 844 - 862.

② Toshiaki Iizuku, “Experts’ Agency Problems: Evidence from the Prescription Drug Market in Japan,” *Rand Journal of Economics*, 2007, 38 (3), pp. 844 - 862; Toshiaki Iizuku, “Physician Agency and Adoption of Generic Pharmaceuticals,” *American Economic Review*, 2011.

③ Textbook for Medical Representatives, *Knowledge and Ethics for MRs*, Tokyo: MIX Publishing, 1995.

④ Pharmaceutical Manufacturer's Association (PMA), *Guidelines on Gift-Giving to Healthcare Providers Permissible under FTC Rules*, Tokyo: PMA, 1993.

司产品无直接关系的赞助。直到最近，这些问题仍然没有得到很好的解决。2008 年开展的一项全国性调查表明，[①] 日本绝大多数的执业医师都和医药代表有过接触（98%）、参与制药行业赞助的继续教育项目（80%），半数医师（49%）有在工作地点之外与医药代表进餐的经历。有意思的是，被调查的执业医师大多认为自己不太可能被医药代表影响，但自己的同事很可能受影响。

四　英国药品流通体制特征及其定价机理

众所周知，英国的医疗卫生体系被称为“国家卫生服务”系统（NHS）。该系统建立于 1948 年，对所有的英国居民提供卫生服务；主要通过税收筹资，卫生资金和预算是从国家到地区，再到地方。1999 年起，英格兰、苏格兰、威尔士和北爱尔兰的 NHS 服务各自独立运作；虽然大体相同，但仍有一些差异，下文在阐述药品流通体制时会指出一些差异。

NHS 主要分为两个部分：初级保健和二级（医院）保健。在初级保健中，由全科医生（GPs）开出药品处方，病人再持处方到社区药店取药。因此这是一个典型的医药分开的体制。社区药店负责从药品制造商或批发商那里购进药品，再分发给病人。全科医生并非政府雇员，而是独立开业者，但是与初级保健组织（PCO）签订全科医疗服务合约（GMS）以确定报酬。在二级保健中，医院临床医生开出药品处方，并由医院药房分发药品。医院需自行负责采购药品。[②] 在英格兰，卫生部通过战略卫生机构（Strategic Health Authorities，SHAs）管理 NHS，SHA 则监督各地区的初级卫生保健托拉斯（PCTs）。苏格兰、威尔士、北爱尔兰也有类似的管理体系。全科医生与 PCT 签约，提供初级卫生保健服务。NHS 的医院则按区域形成医院托拉斯。

---

① Saito, S., Mukohara, K., and Bito, S., “Japanese Practicing Physicians' Relationships with Pharmaceutical Representatives: A National Survey,” *PLoS ONE* 5 (8): e12193, doi: 10.1371/journal.pone.0012193, 2010.

② Sherman Folland, et al., *The Economics of Health and Healthcare* (3rd), Prentice Hall, Inc., 2001.

（一）英国药品流通市场结构

英国医药产品流通的概貌如图 2 所示。据此，英国药品流通市场结构特征描述如下。

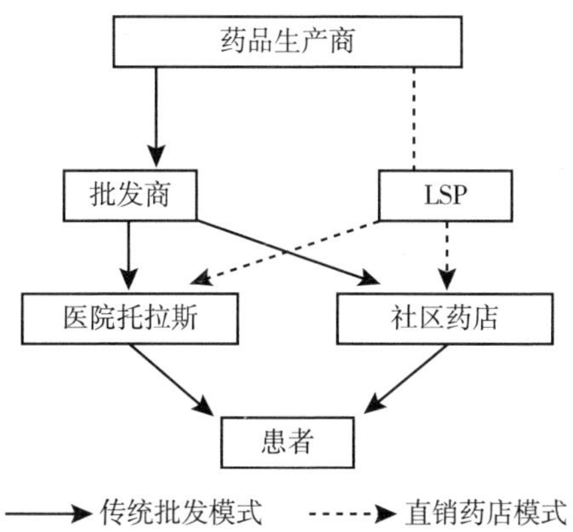

图 2　英国 NHS 制度下的药品流通模式

1. 药品批发商：平行进口

药品批发商分为两种：一种是综合性的（full-line），可批发经营 NHS 认可的全部 20000 余种药品。目前英国有 8 家综合性药品批发商，其中最大的 3 家（Alliance Healthcare，AAH，Phoenix）经营范围遍及全国，其他的综合性批发商则仅在一定区域内经营。[①] 另一种是专业性的（short-line）批发商，仅批发经营 NHS 认可药品种类的小部分，且集中在仿制药、平行进口及利润更高、更频繁使用的品牌药。平行进口（parallel imports，俗称“水货”）在英国药品流通中也扮演了重要角色。在欧盟范围内，将品牌药从低价地区出口到高价地区是合法的，不过要出口到英国，还必须得到药品及卫生产品管制机构（MHRA）的许可。在品牌药市场上，平行进口促进了市场竞争（否则就只有品牌药制造商一个垄断者）。由于英国的平均价格水平相对高于欧洲其他地区，英国成为平行贸易（parallel trade）的一个重要目的地。

① David Kullman, *PHIS Pharma Profile: United Kingdom*, http: //whocc. goeg. at/, 2010.

据估计，在英国初级保健处方开出的品牌药中，18%由平行贸易提供。[①] 但在最近两三年，由于英镑的贬值，平行出口逐渐变为英国药品流通市场的一个显著特征。[②]

英国药品批发行业就业人数近9000人。社区药店派发药品的85%和医院用药的50%（金额占比）由药品批发商提供。近年来，主要的药品制造商改变了其分销模式，更多地采取“直通药店”（Direct to Pharmacy，DTP）方案或限制与其交易的批发商数目。在DTP模式下，制药商直接将药品售给药店而非批发商，批发商仅提供第三方物流服务并收取相应费用。[③]

2. 药品零售商：多样化

一般而言，全科医生（GPs）开出药品处方后，病人再持处方到社区药店取药。仅在少数情况下，英国的全科医生才会同时售药，如针对生活在农村地区的病人或病人去社区药店取药存在困难。据统计，2009年英国共有社区药店12000余家，其中绝大多数为私营药店，也有少数是初级保健托拉斯（PCT）拥有并运营的。对于社区药店的地理位置，并无法律限制，尤其是并不要求药店之间必须间隔一定的地理距离。[④] 当然，药店必须获得地方卫生当局许可才能为NHS提供药品服务。药品服务协商委员会（PSNC）代表社区药店就服务机会、补偿条款等与NHS谈判。

绝大多数的医院（英格兰有1600家）都拥有药房，同时为住院病人和本院的门诊病人服务。但是，病人不能凭全科医生处方到医院药房购药。医院药房可能从药品批发商、平行进口商处采购药品，或者直接从药品制造商处采购。除此之外，一些便利店、加油站、超市也能够销售OTC药品；2009年还有56家邮购/网购药店为NHS提供药品服务。[⑤]

3. 医院药房：集团采购与招标

在英格兰，2010年之前NHS采购和供应机构（Purchasing and Supplies

① Office of Fair Trading, *The Pharmaceutical Price Regulation Scheme*: *An OFT Market Study*, http://www.oft.gov.uk/shared_oft/reports/comp_policy/oft885.pdf.

② David Kullman, *PHIS Pharma Profile*: *United Kingdom*, http://whocc.goeg.at/, 2010, p. 23.

③ David Kullman, *PHIS Pharma Profile*: *United Kingdom*, http://whocc.goeg.at/, 2010, p. 24.

④ David Kullman, *PHIS Pharma Profile*: *United Kingdom*, http://whocc.goeg.at/, 2010, p. 25.

⑤ David Kullman, *PHIS Pharma Profile*: *United Kingdom*, http://whocc.goeg.at/, 2010, p. 28.

Agency, PASA）及 2010 年之后英国卫生部内的 NHS 商务药品单元（CMU）为各医院采购仿制药制定了全国性框架协议（National Framework Agreements），并且监督采购品牌药的区域性药房服务集团（Pharmacy Services Group）。全国性框架协议并不具有法律效力，而更多的是作为订约的谈判模板。[①] 实际上，大多数集团采购是发生在医院托拉斯层次。由于 NHS 的医院托拉斯是公立的，其采购行为受到法律管制。采购意向及结果必须在特定出版物（Official Journal of the EU）上公布，但各医院的实际采购价格（含折扣）可不公开。

在威尔士，全威尔士药品订约委员会（AWDCC）对品牌药和仿制药都组织集中招标，但并不排斥威尔士境内医院的单边采购行为。在苏格兰，苏格兰药品物流集团（SPG）和国家采购组织（National Procurement Organization）共同为仿制药制定全国性合同，而品牌药则由区域性医院联合采购。在北爱尔兰，区域供应服务（RSS）组织代表医院，与大批品牌药和仿制药签订采购合同。

4. 促进市场竞争的非价格政策

英国促进药品市场竞争的非价格手段有很多，如通用名开方（Generic Prescribing）和仿制药替代（Generic Substitution）。NHS 鼓励全科医生开处方时使用药品的化学名称而不论产品是否已过专利期，除非有特殊的临床医学考虑必须使用特定品牌名称的药。[②] 2009 年以后，对于品牌药处方，药师或其他销售者可以派发有等价疗效的仿制药；除非开处方的医师根据其专业判断，明确指出病人必须使用某一特定名称的品牌药。[③]

据统计，2008 年英格兰地区初级卫生保健中，占数量 83% 的处方是按通用名开的，其中 65% 的处方有仿制药可配发，18% 的通用名处方实际上只有品牌药供应。此外，占数量 17% 的处方是按品牌药名开的，但其中 5%（占所

---

① Office of Fair Trading, *The Pharmaceutical Price Regulation Scheme: An OFT Market Study*, http://www.oft.gov.uk/shared_oft/reports/comp_policy/oft885.pdf, 2007.

② Office of Fair Trading, *The Pharmaceutical Price Regulation Scheme: An OFT Market Study*, http://www.oft.gov.uk/shared_oft/reports/comp_policy/oft885.pdf, 2007.

③ Department of Health, *The Pharmaceutical Price Regulation Scheme: Eleventh Report to Parliament*, Chapter 3, http://www.dh.gov.uk/health/category/policy-areas/nhs/medicines-nhs/pprs/, 2012.

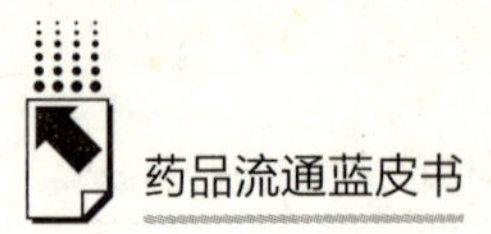

有处方总量）的处方可适用仿制药替代政策。以上是按处方数量来计算的，若纳入价格因素，则 NHS 体系内品牌药销售额占 75%，仿制药销售额占 25%。

（二）英国药品定价机制

英国仿制药市场无价格管制，不过 NHS 对社区药店配发仿制药的费用补偿有一定的限制性要求。品牌药市场受到一定程度的价格管制。价格管制的原则是在降低 NHS 药品费用与不妨碍药品创新之间达到平衡。品牌药定价一般遵循“药品价格管制方案”（PPRS），虽然赋有“管制”之名，但 PPRS 实际上可理解为 NHS 买方垄断力量的体现，而且是卫生部与处于垄断地位的品牌药制造业者（由大不列颠制药业协会 ABPI 代表）之间的自愿性协议安排。不愿加入 PPRS 的品牌药制造商将遵守 2008 年“卫生服务品牌药管制”法案［Health Services Branded Medicines（Control of Prices and Supply of Information）（No. 2）Regulations］。据 2012 年英国卫生部对议会的报告，205 家制药商中，167 家选择了 2009PPRS，64 家选择 2008 法案[①]。

由此可见，进入市场之后的品牌药定价机制实际上是最终买方（NHS）与药品制造商之间直接就药品的最终零售价进行谈判，越过了药品批发商、零售商等中间环节。至于药品利润（成本与最终零售价之间的差额）如何在药品制造商、批发商、零售商之间分配，并不存在管制性要求。实际上，谈判制定的最终零售价（List Price）也只是 NHS 对社区药店补偿的参考价格，最终补偿额度还要经过 NHS 与社区药店（由药品服务协商委员会代表）之间的谈判确定。因此，在价格“管制”基础上，二次议价普遍存在。下文将详细阐述药品定价机制和流通环节的费用补偿机制（议价）。

1. 药品价格管制方案（PPRS）

PPRS 的实施始于 1957 年。50 余年来，该法案经历了较大的变动，逐渐形成两套价格控制措施。最近两次更新是 2005 年和 2009 年，现将以这两次为

---

① Department of Health, *The Pharmaceutical Price Regulation Scheme: Eleventh Report to Parliament*, Chapter 2.

例阐述其机制。

其一是利润控制，根据目标回报率，具体规定了制药公司可以获得的最高和最低回报率水平。2005 年 PPRS 规定的目标回报率是：资本回报率（ROC）21%，（对 NHS 销售的药品）销售回报率（ROC）6%。[①] 每家制药公司的最高利润可设置在目标回报率的 140%，也就是资本回报率 29.4% 或销售回报率 8.4%；最低利润为目标回报率的 40%，也就是资本回报率 8.4%，或销售回报率 2.4%。英国卫生部对各制药公司（实际上仅包括国内制药公司）的利润每年评价一次，若利润水平超过最高回报率，则英国卫生部会与该制药公司协商要求返款或价格减免；若卫生部认为某制药公司的利润水平低于最低回报率，则同意其提价，但价格最高可提到目标利润（根据目标回报率确定的利润）的 65%。值得指出的是，利润控制实际上仅适用于品牌药（对 NHS）年销售额超过 2500 万英镑的制药公司，不足 2500 万英镑的公司仅在其申请提价时英国卫生部才会介入评估。2009 年 PPRS 对目标回报率的规定不变，只是进入利润控制的制药公司门槛提高到（对 NHS）年销售额超过 3500 万英镑。

其二是价格控制，针对已经进入市场的品牌药。NHS 要求制药公司在利润控制的基础上实行价格减免，如 1993PPRS 的价格减免水平是 2.5%，1999PPRS 是 4.5%，2005PPRS 是 7%。[②] 2009PPRS 规定第一年的减免水平是 3.9%，第二年减免 1.9%，而此后三年价格可分别增加 0.1%、0.2% 和 0.2%。[③] 价格控制是在公司层面上执行，因此制药公司可在总体限制的基础上自由调节其不同种类药品的价格（英国业界称为 modulation）。进入价格减免谈判的制药公司门槛，2005PPRS 为年销售额 100 万英镑，2009PPRS 增加到年销售额 500 万英镑（具体而言，是指 2007 年度销售额超过 500 万英镑的才进入 2009PPRS 价格调整的范围）。

2009PPRS 相对以前版本的显著特点：一是引入“灵活定价”（Flexible

---

① Office of Fair Trading, *The Pharmaceutical Price Regulation Scheme: An OFT Market Study*. http://www.oft.gov.uk/shared_oft/reports/comp_policy/oft885.pdf, 2007.

② Office of Fair Trading, *The Pharmaceutical Price Regulation Scheme: An OFT Market Study*, http://www.oft.gov.uk/shared_oft/reports/comp_policy/oft885.pdf, 2007.

③ Department of Health, *The Pharmaceutical Price Regulation Scheme: Eleventh Report to Parliament*, Chapter 2. http://www.dh.gov.uk/health/category/policy-areas/nhs/medicines-nhs/pprs/, 2012.

Pricing）原则。如果有新的明显证据，制药公司可要求增加或降低 List Price。二是实施“病人可及性方案”（Patient Access Scheme，PAS）。该方案由制药公司提出，并得到卫生部许可，目的是提高一项药物的成本—效益。到 2013 年，2009PPRS 将终止。英国卫生部已于 2010 年 12 月提出了一个以价值为基础的定价体系（value-based pricing）并提交公众讨论。2012 年 8 月，卫生部公布了其与 ABPI 达成的一些初步共识；正式谈判于 9 月启动，目前正在进行中。其中比较大的突破可能是在新进入市场的品牌药定价方面。按 2009PPRS，只要不突破利润上限，进入市场的新药可以自由定价。卫生部与 ABPI 的初步共识是，2014PPRS 中，新进入市场的品牌药（包含新的活性物 New Active Substances）将可以价值评估为基础自由定价，不受利润上限限制。①

2. NHS 对社区药店的费用补偿

在英国，病人仅需自付很小一部分门诊药费（prescription charge），如在英格兰仅为 7.2 英镑（2010 年 4 月 1 日开始执行）；苏格兰、威尔士、北爱尔兰也曾经有此收费项目，但目前已取消。② 这部分药费并不归社区药店所有，而是由社区药店转交给 NHS。在二级保健部分，病人无须自付药费。因此，在药品价格形成机制中，病人起的作用很小。

NHS 对社区药店的费用补偿依据是英国卫生部与药品服务协商委员会签订的国家药店合约（National Pharmacy Contract），该合约确定了英格兰地区药店从政府获得的补偿总额，如 2005/2006 年度为 17.66 亿英镑，2006/2007 年度为 19.11 亿英镑。按合约规定，其中 500 亿英镑为药品差价款（即 NHS 对药店药品价款的直接补偿与药品采购价款之间的差额），其余为药事服务费（professional fees）及药店提供的其他服务费用。

对处方药品的费用补偿分为两种情况：①品牌药补偿，占 NHS 对社区药店药品费用补偿的 75%。不区分药店是从品牌药制造商处还是通过平行贸易采购，药店从 NHS 获得的品牌药单位补偿为药品定价（list price）减去一定比

① “Joint DH/ABPI Statement on Arrangements for Pricing Branded Medicines from 2014,” http：//www. dh. gov. uk/health/2012/08/abpi – dh – statement/.

② Office of Fair Trading, *The Pharmaceutical Price Regulation Scheme：An OFT Market Study*, http：//www. oft. gov. uk/shared_ oft/reports/comp_ policy/oft885. pdf.

例的 Clawback（类似于折扣）。药品定价适用药品价格管制法案（PPRS）。②仿制药补偿，占 NHS 对社区药店药品费用补偿的 25%。药店从 NHS 获得的单位补偿为按药价法（Drug Tariff）制定的价格减去一定比例的 Clawback。占仿制药补偿总金额的 90% 的仿制药补偿可归于药价法的 M 类（Category M）。M 类药品的价格由英国政府卫生部制定。卫生部按季度调查英国仿制药生产商同种药品的出厂价，以此为基础计算含产量调整的加权平均价格，并作为 NHS 补偿 M 类药品的价格依据；为避免仿制药制造商“下有对策”，计算过程中会加入一个随机要素。以平均价格为基础确定补偿，使得各个药店有激励与供应商谈判获得低于平均价格的折扣，从而促进了药品采购中的效率。总之，M 方案使得仿制药生产商在仿制药价格上面临巨大的竞争压力。

Clawback 由 NHS 设定，按其设置理念的不同，又可分为两种：一种是浮动体系（sliding-scale system），认为药店的规模对其采购成本具有重要影响，大的药店可从药品制造商或批发商处获得更多的折扣；因此 Clawback 与品牌药、仿制药的分类无关，而是按 NHS 对各药店的补偿规模设定。如在英格兰和威尔士，Clawback 按对药店的补偿规模设定在 5.63% ~ 11.5%，平均为 9.2%。另一种体系则强调品牌药和仿制药的差别。如在苏格兰，品牌药的 Clawback 为 9.97%，仿制药则为 13.5%；在北爱尔兰，品牌药的 Clawback 在 9% 左右，仿制药则在 13% 左右。

3. NHS 对医院的费用补偿机制

NHS 并不直接补偿其体系内医院的药品成本。在英格兰，NHS 医院置身于医疗“内部市场”之中，从初级保健组织那里竞争病人。对 NHS 医院的补偿采取“按结果支付”（Payment by Results）体系，这是一种类似于“按诊断相关组付费”（DRGs）的付费方式。在“按结果支付”体系中，相关的付费组称为“医疗资源组”（Healthcare Resource Group，HRG）。其中医院提供的大多数服务都被归入不同的 HRG，并按全国性的价目表（National Tariffs）定价，该价目表根据各种服务的全国平均成本制定。[1] 医院若不能按比价目表更

① NHS, *A Simple Guide to Payment by Results*, http://www.dh.gov.uk/health/2012/11/pbrguide/, 2012.

低的成本提供服务，将会亏本；相反，若医院能够按比价目表更低的成本提供服务，则可获得利润。在英格兰之外，则不存在“内部市场”，医院同区域性的初级保健组织或中央机构谈判协商其可获得的补偿。

4. 药品流通环节的价格谈判

PPRS 限制了药品的最终销售价格（list price），但是未限制药品制造商售给批发商的价格，也没有限制批发商售给药店的价格。此种价格通常由相关主体之间通过谈判确定。一般而言，在品牌药品供应链的各环节，价格折扣（discount）具有如下特征：①药品制造商按照 list price 减去 12.5% 的折扣将药品售给批发商。②药品批发商给予药店的折扣则通常依赖于购买量，平均在 list price 的 10.5% 左右。③药店给予 NHS 的折扣平均而言是 list price 的 9.24%（英格兰）。若假设药店按 10.5% 的折扣购进药品，则其获得的平均差价为 list price 的 1.26%。

流通环节定价中的品牌均等化策略。由于对含通用名药品的处方，药店也可以向患者派发品牌药；一些品牌药制造商为与仿制药竞争，往往采取“品牌均等化”策略，即不区分药店按品牌药处方派发和按通用名药处方派发的品牌药，供应时收取单一的混合价格。混合价格使得药店仅储存品牌药比同时储存品牌药与仿制药更节省成本。据英国仿制药制造商协会（BGMA）估计，品牌均等化策略可解释通用名处方药品供应中的 10% ~15%。关于医院药品采购中可以获得的折扣，据英国公平贸易办公室（Office of Fair Trading）的估计，在 2005 年销量最大的 50 种药中，医院托拉斯平均获得的折扣为 list price 的 12.3%，略低于药品批发商获得的折扣，但高于社区药店①。

五　德国药品流通体制特征及其定价机理

（一）德国药品流通市场结构

德国医药产品流通的概貌如图 3 所示。药物生产商向医院直销 16% 的药

① Office of Fair Trading, *The Pharmaceutical Price Regulation Scheme: An OFT Market Study*, http://www.oft.gov.uk/shared_oft/reports/comp_policy/oft885.pdf, 2007.

物，剩余84%通过批发销售。进货后的批发商将88%的药物卖给医院药房或社区药房，剩余的12%卖给网络药房、药店和超市。据此，德国药品流通市场结构特征描述如下。

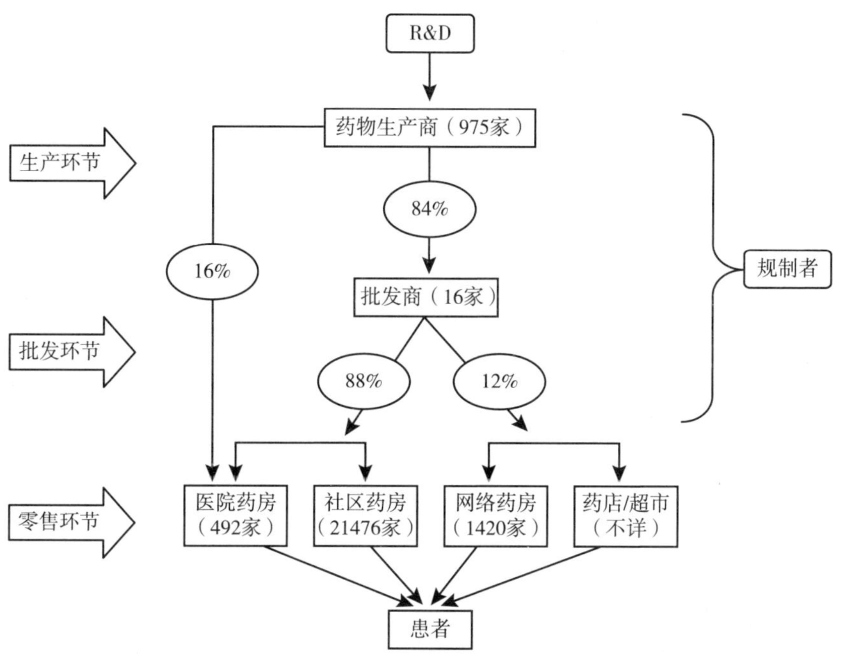

图3　2006年德国药品流通体系及其份额

注：图中椭圆内数字为比重，小括号内数字为企业数目。

1. 药品批发商：联合与直销

三家最大的批发商占有德国境内市场份额的60%。[①] 与生产商类似，德国16家大型批发商（如Celesio）也组成自己的组织——全国批发商联合会（Federal Association of Wholesalers，德语简称Phagro），其中四家是全国性的，另外12家是地区性的。地区性批发商有1～5处不等的批发仓库（Warehouses）。这些大型批发商平均每天分发22万包药物。此外，还有大量

① Taylor, D., M. Mrazek, and E. Mossialos, "Regulating Pharmaceutical Distribution and Retail Pharmacy in Europe," In: Mossialos, 2004; E., M. Mrazek, and T. Walley (eds.), "Regulating Pharmaceuticals in Europe: Striving for Efficiency, Equity and Quality," Open University Press.

小型批发企业从事特定专业性药物（如泻药）批发业务。[①] 为了节约批发商所获利润部分和增强对药品的市场布局和分发的控制，生产商试图对高价药和OTC药换用直销模式，因而德国的药品批发市场当前处于过渡期。此外，邮购和网络药房也降低了批发商供销的药物量。[②]

2. 零售药房：多元化和分散化

药品主要由各类药房（如医院药房、私有社区药房和网络药房）、药店（Drugstore）和超市等组织分发。不像法国药物零售环节，德国不存在分发医生（Dispensing Doctors）。医院药房向非住院患者零售药物仅限周末时间。药店和超市只能零售指定的少部分OTC药，药房基本上可以说垄断药物零售市场。药房必须分散开设和独自经营。以防药房垄断零售价格和维持消费者选择购药自由，禁止药房与超市或药店的一体化。[③]

（1）分发药房（Dispensing Pharmacy）

分发药房（也称“社区药房”）主导药物分发和零售业务，在2005年共有21476家，全为私有药房（Private Pharmacies）。德国境内没有公有药房（Public Pharmacies）。在2005年所零售的162000万包药物中，88%通过医院和社区药房零售，只有12%通过药店等方式销售。药店主要销售维他命、微量元素和一些植物产品，而尼古丁替代药、顺势治疗药和暗示治疗药之类的药物属于药房专卖药。在门诊治疗所要用的90700万包（2005年）OTC药物中，21%销自于药店，79%销自于各类药房。[④] 只有训练有素的药剂师才可以开办分发药房，每名药剂师最多能拥有4家药房。德国严格禁止批发企业和社区药房纵向一体化。由于德国药房设立规制相对较为宽松，药房密度高于欧洲平均水平，[⑤] 相对于国际标准而言也是相当高。[⑥] 当然，药房密度在下降，一家药

① PPRI, “Pharmaceutical Pricing and Reimbursement Information-Germany, 2008,” May 2008.

② Phagro, “Vollversorger als fester Bestandteil der Handelskette,” http://www.phagro.de, 2007.

③ Schoffski, O., “Pharmabetriebslehre”, Berlin, Heidelberg: Springer-Verlag, 1995.

④ VFA, “German Association of Research-Based Pharmaecutical Companies”, Statistics 2006, Berlin: VFA.

⑤ OBIG, “Germany”, Surveying, Assessing and Analysing the Pharmaceutical Sector in 25 EU Member States: Country Profiles, 2006, pp. 182－244.

⑥ PPRI, “Pharmaceutical Pricing and Reimbursement Information-Germany, 2008”, May 2008.

房在1995年平均服务2870个居民，到2005年服务3825个。也就是说2005年每万人药房数约为3家[①]。所有社区药房皆为私人药剂师所有，个体经营。这些拥有药房的药剂师都必须加入药剂师圆桌会（Pharmacists' Chambers）。药剂师圆桌会组织和德国药剂师组织共同构成全国药剂师联合会。虽然2003年后网络药房的兴起和放松医院药房向非住院患者售药的限制，社区药房仍然主导着非住院患者用药市场。2005年德国境内的网络药房多达1420家[②]。

（2）医院药房（Hospital Pharmacy）

非住院患者所需的药物主要由私有的社区药房负责零售，住院患者所需的药物则大多由该患者就医所在的医院提供，有时也会与社区药房签订药物供应协议。[③] 目前德国共拥有医院药房492家。每家医院都会组建由各科室资深医生、医院管理层和医院药房组成的委员会，根据商业数据、个人经验和医疗科学依据等因素确定该院药典中的药物名目。医院药房必须给该名目内的药物备足四周的用量。从2002年8月开始，医院药房准许直接向办公性医生（Office-Based Physicians）提供某些药物（如化疗所需药物）。尽管办公性医生通常不分发药物，偶尔他们也会向患者无偿提供一些从药物生产商中得到的药物样品。2004年的法定健康保险现代化法案（Statutory Health Insurance Modernisation Act）拓展了医院药房的经营范围，尤其是允许其向SHI受保患者提供药物，只要SHI基金会与医院达成某项药物供应协议。

（3）网络药房

自从2004年出台SHI现代化法案后，药物市场结构发生变化。OTC药的网络交易量上升很快。2005年7月，SHI药物支出的1%通过网络药房销售实现，2006年上升到4%。截至2005年12月，有1420家药房获准通过网络销售药物。[④] 对网络药房的规制与对社区药房的规制相同。除了德国国内的网络药房，来自欧洲其他国家的网络药房也可以向德国市场提供药物，以体现欧盟

① PPRI, "Pharmaceutical Pricing and Reimbursement Information-Germany, 2008", May 2008.

② GBE, "Gesundheitsberichterstattung des Bundes (Statistics)," Available at: www. Gbe - bund. de, 2007.

③ Schoffski, O., et al., "Die Regulierung des deutschen Apothekenwesens," Eine okonomische Analyse, Bade-Baden: Nomos, 2002.

④ PPRI, "Pharmaceutical Pricing and Reimbursement Information-Germany, 2008," 2008.

内产品自由流动的特征。德国允许网络药房存在，只是网络药房必须持有特别执照，以确保药物齐全、储存实时、使用说明具备、运输时间不超过两天、拥有风险管控系统等。

（二）德国药品定价机制

在德国，除了暂时性价格冻结，所有药品出厂价由生产商自由确定，无价格管制。从2004年开始非处方药（Non-prescription Drugs）的批发价和零售价也由批发商和零售商自由定价。价格管制主要集中在流通环节的加成率控制。法定定价主要针对处方药（Prescription Drugs）和列入SHI受益药物名录的某些OTC类的但经由处方开出的药品（Prescribed Drug）。（新版）药物价格条例（Pharmaceutical Price Ordinance）规定生产商出厂售价中的加成幅度固定不变，从而保证了德国境内所有药房零售的处方药的价格相同，以及维持了零售药房在新旧版药物价格条例下的总利润相同。此外，该条例还让生产商能够通过出厂价的设定间接控制批发价和零售价。自从2004年的SHI现代化法案后，非处方药价格不再受管制。除了依据药物价格条例的官方价格政策，一定程度的现金折扣也可能在生产商、批发商和药房之间协商达成。

根据药物价格条例，批发和零售环节的利润加成部分受到规制。对此，当前德国存在2004年颁布的新版本和之前的老版本这两部法令。新老版本的主要差异在于，新版本在根据利润加成率计算的利润加成之外，每包药品还可额外收费8.1欧元。在SHI补偿范围内的非处方药仍适用于老版本，而新版本主要适用于处方药。

1. 批发价格管制

药物批发补偿通过一个复杂的递减利润加成计划来实现。具体而言，不含增值税的处方药最高批发价计算公式为：

处方药最高批发价 = 出厂价 + 固定费8.1欧元 + 出厂价 × 利润加成率

或，

处方药最高批发价 = 出厂价 + 固定费8.1欧元 + 固定利润加成

利润加成率或固定利润加成的适用范围如表1所示，总体上药品出厂价越高，加成率或固定加成就越低。不同于药房零售利润加成计划，批发利润加成计划所确定的标准是能够实现的最大利润值。定价公式中固定费8.1欧元只是用于避免策略性定价行为，利润加成率部分才是该计划的核心。

表1　批发利润规制（处方药）

单位：%，欧元

出厂价	基于出厂价的最大利润加成率	固定利润加成
0.00～3.00欧元	15	—
3.01～3.74欧元	—	0.45
3.75～5.00欧元	12.00	—
5.01～6.66欧元	—	0.6
6.67～9.00欧元	9.00	—
9.01～11.56欧元	—	0.81
11.57～23.00欧元	7.00	—
23.01～26.82欧元	—	1.61
26.83～1200.00欧元	6.00	—
大于1200.00欧元	—	72

注："—"表示不适用。

资料来源：药物价格规制（AMPreisV）；OBIG，2006。

针对纳入医保补偿范围的OTC的最大批发价格公式与上述公式类似，只是不包括固定费部分。另外，利润加成率和固定利润加成的适用范围略有不同（见表2）。在2004年，批发商的平均利润率为4%。

表2　批发利润规制（纳入医保补偿范围的OTC药）

单位：%，欧元

出厂价	基于出厂价的最大利润加成率	固定利润加成
0.00～0.84欧元	21	—
0.85～0.88欧元	—	0.18
0.89～1.70欧元	20.00	—
1.71～1.74欧元	—	0.34
1.75～2.56欧元	19.50	—
2.57～2.63欧元	—	0.5
2.64～3.65欧元	19.00	—
3.66～3.75欧元	—	0.7
3.76～6.03欧元	18.50	—
6.04～6.20欧元	—	1.12
6.21～9.10欧元	18.00	—

续表

出厂价	基于出厂价的最大利润加成率	固定利润加成
9.11~10.92 欧元	—	1.64
10.93~44.46 欧元	15.00	—
44.47~55.58 欧元	—	6.67
55.59~684.76 欧元	12.00	—
大于684.76 欧元	3.00	61.63

注："—"表示不适用。

资料来源：药物价格规制（AMPreisV）；OBIG，2006。

2. 零售价格管制

自从2004年开始，药房所卖的每包处方药零售价格由三部分组成：①批发价格乘以103%；②每包固定收费8.1欧元；③19%的增值税（VAT）。其中利润加成率按允许的最大加成率3%计算。3%的利润来自生产商价格加上批发商利润（不包括VAT）。对于售给SHI的纳入医保补偿范围的OTC药，药物价格条例老版本仍然有效。对于不是售给SHI的非处方药，药房可以自由定价。

表3　药房零售利润计划（可补偿的OTC药）

单位：%，欧元

出厂价	基于出厂价的最大利润加成率	固定利润加成
0.00~1.22 欧元	68.00	—
1.23~1.34 欧元	—	0.83
1.35~3.88 欧元	62.00	—
3.89~4.22 欧元	—	2.41
4.23~7.30 欧元	57.00	—
7.31~8.67 欧元	—	4.16
8.68~12.14 欧元	48.00	—
12.15~13.55 欧元	—	5.83
13.56~19.42 欧元	43.00	—
19.43~22.57 欧元	—	8.35
22.58~29.14 欧元	37.00	—
29.15~35.94 欧元	—	10.78
35.95~543.91 欧元	30.00	—
大于543.91 欧元	8.30	118.24

注："—"表示不适用。

资料来源：药物价格规制（AMPreisV）。

3. 折扣与回扣

药房补偿还包括药品供应链过程中的折扣与回扣。回扣是德国通过让 SHI 分享各流通环节利润进而控制药物成本的常用手段。德国药物市场基本上存在四种回扣类型：①药物提供者（如生产商、批发商和药房）给予所有联邦疾病基金联合会（SK）组织的强制性回扣（Forced Rebates）或集体性回扣（Collective Rebates）；②单个疾病基金会（SK 的组成成员，目前超过 450 多家）与单个药物提供者（或药物提供者联盟）协商所达成的回扣协议；③医院与生产商（或批发商）达成的回扣协议；④某药物提供者给予另一药物提供者的回扣（如批发商或生产商给药房的回扣）。

SK 组织所收到的强制性回扣由四部分组成：①不在参考定价适用范围内的药物生产商向 SK 提供的回扣，当前回扣率为 6%，在 2004 年为 16%（依据 SGB V 条款 130/1）；②药房零售处方药时给予 SHI 的回扣，当前为每包 2.3 欧元，在 2007 年 7 月之前为 2 欧元；③药房零售非处方药时给予 SHI 5% 的回扣（依据 SGB V 条款 130）；④仿制药生产商给予 SHI 10% 的回扣（依据 SGB V 条款 130a/3b）。

相对于强制性回扣而言，药物提供商经私下协商给予单个疾病基金会的回扣属于新举措。从 2004 年开始，单个疾病基金会能与生产商、批发商和药房达成各种回扣协议。尽管这类回扣协议均有法律依据（SGB V 中的条款 130 和条款 130a），但是这些协议基本上是商业性回扣，可能针对满足特定特征的药物，或者只是单种药物，或者相应提供商所提供或生产的所有药物。鉴于这类回扣协议的商业性，疾病基金会所得到的回扣量与该基金会影响患者药物选择行为的能力直接相关。为此，2007 年 7 月出台的健康护理改革法案，允许各大疾病基金会与第三方（如医院医生、药剂师）再次就折扣进行商讨，从而扩大了各基金会的控制和影响力。剩余两类回扣完全是商业回扣。药物提供商与医院之间的回扣（Rebate）有点像折扣（Discount）。药物提供商之间的回扣，仅限于批发商利润的一定比例，只能采用现金的形式，同时除去回扣部分的药物净价格不会低于官方规定的生产商价格。

2005 年，生产商、批发商和药房给予 SHI 的回扣达 17 亿欧元，约占药房营业收入的6.2%。[①] 由于生产商在自由定价的同时，还须依法给予回扣，厂商可能通过提高价格将回扣损失转嫁给药物流通链中的下一环节经营主体，而下游的批发商和零售药房也会相应地提高价格。鉴于此，面向生产商的回扣政策还需配备以价格冻结（Price Freezes）措施。1993～1994年、2002年10月至2004年12月（SGB V，条款130/3a）以及2005年至2008年3月（SGB V，条款130/2），生产商有义务将比价格冻结政策实施前的价格要高的那部分价格提升额交付给SHI，以此作为一种暂时性回扣行为。生产商理论上能提价，但是由于通过提价所引起的批发商和零售商那部分利润必须以回扣形式返回给SHI，生产商提价反而会降低其收入。当前，价格冻结政策一定程度上限制了生产商自由定价的发挥程度。注意，价格冻结只是作为向SHI进行回扣的一种特殊做法，并非直接价格管制。最后，在1993年德国曾经用过一次价格削减（Price Cuts），其实回扣加价格冻结的组合性政策基本上等效于价格削减举措。

在1998年，德国药品零售价格结构为：药物生产者索价占51.2%，批发商加价7.7%，零售商（各类药房）加价27.3%，剩余13.8%由VAT（增值税）政策加价。[②] 按照2004年后的规则，假设在SHI补偿范围内的药物市场内的某种药物最终售价为100欧元（在2004年），药物生产商将得到58欧元，批发商得4欧元，药房的24欧元，剩余14欧元用于缴税。

六　法国药品流通体制特征及其定价机理

法国的医疗保障系统以全国统一的法定医疗保险（SHI）为主，[③] 覆盖率达到100%，为全体国民提供基本医疗保险服务。此外，法国还有自愿的医疗保险（VHI）作为补充。医疗和医药服务供方则是竞争性的混合所有制格局：

---

① VFA, "German Association of Research-Based Pharmaceutical Companies," Statistics 2006, Berlin: VFA.

② Taylor, D., M. Mrazek, and E. Mossialos, "Regulating Pharmaceutical Distribution and Retail Pharmacy in Europe," In: Mossialos, 2004; E., M. Mrazek, and T. Walley (eds.), "Regulating Pharmaceuticals in Europe: Striving for Efficiency, Equity and Quality," Open University Press.

③ 本节主要参考PPRI, "Pharmaceutical Pricing and Reimbursement Information-France, 2008," Final Version, 2008。

公立医院、私立非营利性医院、私立营利性医院、私人开业医生共存；社区药房则全部为私人所有。

（一）法国药品流通市场结构

2006 年法国药品流通市场的概貌如图 4 所示。约 2/3 的药品经过批发商流向下游零售环节，剩余约 1/3 则由生产商直销给医院和社区药房。在下游，约八成药品通过社区药房流向患者，医院使用部分仅占两成左右。据此，法国药品流通市场结构特征描述如下。

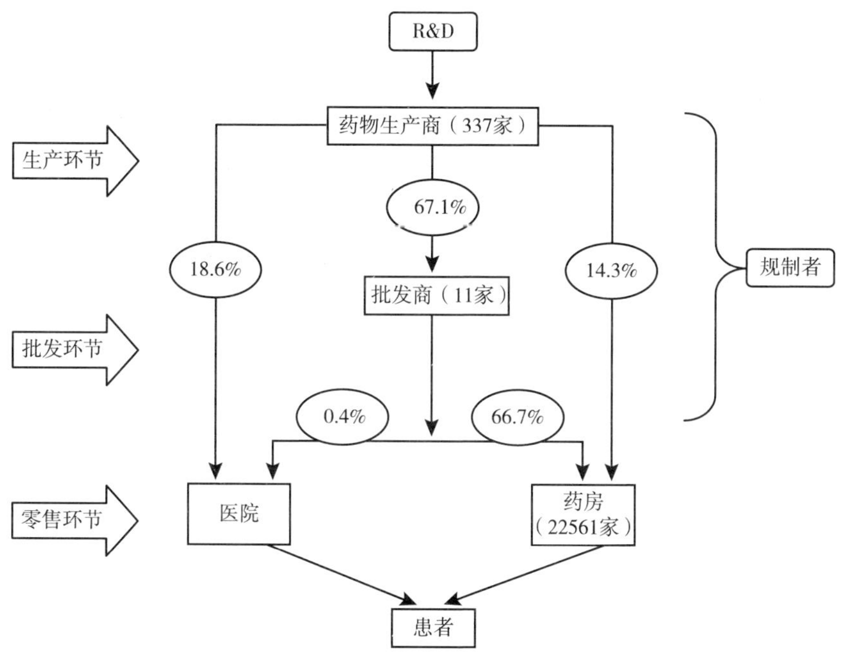

图 4　2006 年法国药品流通体系及其份额

注：图中椭圆内数字为市场份额，小括号内数字为企业数量。
资料来源：PPRI，2008。

1. 药品批发市场：高集中度

从 20 世纪 90 年代开始，欧盟境内药品批发商总数在下降，目前各个成员国境内批发市场主要被少数几家大药品批发企业所占据。20 世纪 60 年代，法国境内有超过150多家批发商，到2002年只有13家全线药物批发商，从2003年开始，法国药品批发商维持在11家，共有190个批发仓库（Warehouses）。其中，三家最大批发商占据了超过95%的市场份额，分别为：OCP，约占40%的市场份额，拥有52家批发仓库；Alliance Sante，约占29.5%，拥有57家批发仓库；CERP，约占26%，有71家仓库。法国每个仓库平均向110多家药房配送药物，而无法与德国和英国单个仓库平均向200家药房配送相比。

法国批发商平均一天药物配送多达4次。批发商的批发活动受到严格的控制，在流通过程至少存在四个法定义务（公共健康代码CSP，条款R5124－59）：必须向注册时规定的经营区域范围内的所有药房配送药物；必须至少90%的药物用于储备以防患于未然；保证库存至少能满足两个星期的销量的数量；能在24小时内向注册规定的服务区域内的任何药房提供规定的任何种类的药物。此外，批发商还需提供药物信息、协助药房管理人进行药物推销与规划、及时发布和更新最新法规，尤其要通过自己的网站主页协助AFSSAPS发布不合格药物批次提醒和召回。最后，法国药物批发商每年还会主动无条件地向社会健康保险计划提供相当于自身年销售额1.9%～2.5%的无条件捐助，以反馈社会。

2. 药品零售市场：医药分业

法国法律规定药品主要通过社区药房或医院药房零售给患者。超市和网络药房（Internet Pharmacy）均不允许销售药物（无论是专利处方药还是OTC药）。虽然没有法国境内的网络药房（French-based Internet Pharmacy），但是目前法国患者能从非法国网络药房（如德国网络药房）中买到某些药物。私人开业的医生一般也不允许同时售药。但是允许两种特殊情况存在：①在某些特定地方（如偏远、落后地区），允许特定医生销售药物，以发挥药物配送的作用；②医院允许向非住院患者销售主要医治严重病（如癌症、AIDS和肝炎等）的指定名目内的药物。虽然不允许经营网络药房，但是目前还没有规定制止法国消费者从国外网络药房处购买OTC药物。随着社区药房所能销售的药物种类越来越多，医院指定药物名目中的药物种类在不断减少。

法国境内的药房绝大多数是私有的，还存在少量如健康保险或互补健康保险计划之类的组织运营的药房。总体上看，法国药房主要分为五类：①药剂师

的私有社区药房，从2000年后这类药房下降到不足23000家，但仍占绝大多数，也称分发药房（dispensing pharmacies）；私人社区药房在2006年共有22651家，基本上每2700个居民有1家社区药房为之提供药物。不允许药房连锁，但是药房可以按照企业方式运营，组建自己的药房联盟（目前大约有40个），以获取采购、商议谈判和广告方面的共同利益。药房正常运营受到全方位规制：开业时间、药房所雇员工数等。②医院药房，共1551家[①]。医院药房主要向住院患者（Inpatients）售药，后来也开始向非住院患者售药。目前向非住院患者售药的医院药房相对较少，因为是否向非住院患者售药主要由医院决定，只有公立医院乐意对非住院患者售药。能向非住院患者销售的药物目录属于被上级批准医院使用的药物目录内的子目录，由医院委员会据经济标准、对医疗服务的改进程度和药物有用性等核准。随着法律将越来越多的药物零售业务向社区药房打开大门，分发给非住院患者的医院专用药物（Hospital-only Medicines，HOM）种类数在减少，医院药房向非住院患者售药的必要性和急迫性在减弱。③作为矿业社保计划［专为特殊职业人群（如矿工之类的高风险职业）拟定］组成部分，并隶属于该计划的68家药房，专为该保险计划的受益者提供药物，药剂师是管理者也是雇员。④68家互惠药房，专为互补互惠健康保险计划的所有受保患者提供药物，这类药房由互惠计划联盟所有，药剂师是管理者也是雇员。⑤由于在偏远地区药剂师没有激励和义务新开药房，药物配送责任由境内122个配送医生（Dispensing Doctors）负责。

新开药房，不仅要经药物协会批准，还需要地方相关机构批准方可。只要满足相关条件地方机构均会批准。根据公共健康代码（CSP）规则（由2007年12月22日新修订），相关条件主要有：首家药房须服务2500个常住居民，以后每新增一家药房所要服务的居民数增加到3500个。这个条件的严格性使得从该规则修订到2010年期间法国境内没有新开一家药房，主要是现有药房转让。此外，药房开业时间、所雇用药剂师数量、促销广告和从批发商中所进的药物可得性均受到不同程度的规范。为了维持药物采购与药房供应之间关系

① http://www.ecosante.fr/index.php?langs=FRA&langh=FRA&sessionid.

的客观性，通常禁止药物生产商与批发商之间的纵向一体化运作，但是允许批发商和零售药房进行纵向一体化。这种纵向一体化运作常是批发商在批发环节降低利润加成率的策略性反应。具体而言，批发与零售环节一体化能获取诸多好处。比如，在受外界压制时，一体化批发商能够自销药品、构建自己品牌的供应渠道，以及能在从生产到使用终端这个生产流通链中实现平衡收入。除了涉及产权转让的一体化操作，零售药房也会在不影响药房产权条件下自愿地联合起来，以获得联合一致行动所能得到的好处，如由同一区位的多家药房组成的药品采购组织，能加强药物采购时的谈判能力。随着以流通渠道联合和增加批发商利润为主要内容的纵向一体化，药品生产者、批发商和药房之间的区别越来越模糊。

（二）法国药品定价机制

在法国，面向医院市场的药品是自由定价；在门诊患者市场，法定医疗保险（SHI）规定没有纳入医保补偿范围的药物及 OTC 药物也是自由定价。药品价格管制只针对 SHI 给予补偿的门诊患者用药，且对生产商、批发商、零售商各个环节都有严格的价格管制。以下分述之。

1. 生产商：出厂价管制

法国卫生保健产品经济委员会（CEPS）的定价委员会负责对纳入医保补偿范围的药品的出厂价进行管制。其主要的价格管制方法为参考定价法（Reference Pricing）。根据特定药品在法国国内是否存在疗效相似的替代物，参考定价方法又分为两种。

（1）外部参考定价（External Reference Pricing）

针对部分能显著影响治疗服务改进水平或治疗成本节约的创新药，由健康保险基金提供参考性价格补偿。法国 CSS 条款 L－162－17－6 详细描述了外部参考定价程序，Accord Cadre 2003～2006 的条款 4 规定了创新药的定价过程。创新药主要指治疗受益改进水平 ASMR Ⅰ—Ⅲ或者某些 ASMR Ⅳ（相似药物的单日成本水平满足一定条件且不存在仿制药）的药物。生产商就某一种药物所申请的出厂价要与德国、英国、西班牙或意大利四国的相应药品生产商所接受的出厂价相对等（不能高于这些国家的平均价格，又不能低于这些国

家中的最低价），同时同意在这些国家药品出厂价改变时要对相应价格作出调整，并就药品销售量达成意向性协议。如果实际销量违背协议规定量，生产商须为此支付回扣（Claw-Back Payment）。根据法国 CSS 的条款 L138－10 的要求，销售量每超出 1%～8% 的水平，必须将超额量的 55%～68.1% 的金额量返还给健康社保计划。Claw-Back 原则，类似于营业税适用于所有未与 CEPS 签订某项无偿捐助协议的超额销售生产商。通常 CEPS 所得的捐助额与按照 Claw-Back 原则必须征收的数量相当。以表善意，生产商还会与 CEPS 额外达成某项协议，保证生产商会主动遵从药物特征概要（Summary of Product Characteristics，SPC）名录所规定的药剂量，并就如何使药物安全科学的使用进行研究实验。

（2）内部参考定价（Internal Reference Pricing）

内部参考定价是通过参照疗效可比药物的价格来为特定药物定价的方法。法国透明委员会评估各种申请进入补偿范围的新药价值，及其与现有替代药物相比在疗效上的优势，再按疗效上的创新程度将新药分为五类并分别定价。

2. 批发和零售环节：递减利润加成

对于医保补偿药物，批发商和零售药房的价格和利润均受政府部门的限制；对于不可补偿药物，这两个环节均不受规制。可补偿药物的批发和药房零售利润规则的界定，在 1990 年 1 月 2 日以前是基于药物出厂价的一定比例，现在基于递减利润加成计划和药剂师每售药一包固定收取一定费用（0.53 欧元）。

一方面，社会医疗保险计划为这类药物支出的批发补偿通过递减利润加成计划来实现。另一方面，法国药房联盟指出可补偿药物的平均零售利润 2001 年为 24%，2004 年为 23.8%，之后基本维持在这个水平。专利药和仿制药的药房零售利润补偿类似。每包可补偿药物所收取的 0.53 欧元也包括在零售价格中，由患者先垫付，后由健康保险基金或互补健康保险计划返还。对于医院药房分发给非住院患者的医院药物，采用固定收费方式：每交付 3 包药物共收取 28 欧元。这个费用已包括在患者所支付的药价中，事后可以像可补偿药物一样从社会健康保险或互补健康保险资金中返还所垫付部分。支持偏远地区的分发医生所售药物补偿方式参照药房。

表 4　2008 年法国医保补偿药物的批发加价率计划

单位：%，欧元

出厂价	基于出厂价的最大加成率	批发价
0. 00 ~ 22. 90 欧元	9. 93	25. 17
比如 22. 90 欧元		
22. 91 ~ 150. 00 欧元	6	159. 9
比如 150. 00 欧元		
150. 01 ~ 400. 00 欧元	2	414. 9
比如 400. 00 欧元		
大于 400. 00 欧元	0	1014. 9
比如 1000. 00 欧元		

注：上述价格均排除了增值税。

资料来源：CNAMTS（http：//ameli. fr/），1987 年 8 月 4 日法律，后经 2008 年 3 月 6 日修订。

表 5　法国医保补偿药物的药房零售加价率计划（2008）

单位：%，欧元

出厂价	基于出厂价的最大加成率	药房零售价
0. 00 ~ 22. 90 欧元	26. 1	31. 68
比如 22. 90 欧元		
22. 91 ~ 150. 00 欧元	10	179. 12
比如 150. 00 欧元		
≥400. 00 欧元	6	449. 12
比如 400. 00 欧元		

注：上述价格均排除了增值税，零售价中包括每包 0. 53 欧元的固定加成。

资料来源：CNAMTS（http：//ameli. fr/），1987 年 8 月 4 日法律，后经 2008 年 3 月 6 日修订。

药房补偿还应包括药品供应链过程当中的折扣与回扣。供应商与药房就采购价格的折扣或回扣行为也受到规制，尤其是规制者限制了医保补偿药物药房得到的最大折扣或回扣水平。对于可补偿药物，CSS 的条款 L138 -9 规定药房从供应商处得到的折扣最高为 2. 5%，但可补偿的仿制药例外。对于可补偿仿制药，则视药物来自批发商还是直接来自生产商而有所不同。如果药房所售的仿制药来自批发商，折扣或回扣应低于 10. 74%。如果仿制药来自生产商，2005 年 12 月 29 日的行政命令（Ministerial Order）规定折扣或回扣水平：在 2006 年折扣或回扣不超过出厂价的 20%，在 2007 年不超过 15%。如果超出规

定水平，药房必须降价售药。从2008年开始这类折扣或回扣被最新法律禁止了。2008年1月3日出台的序号为2008－3的Chatel法律规定：不管可补偿仿制药是来自批发商还是生产商，允许的最大折扣或回扣率都是出厂价的17%。同时强势的药房被允许去瓜分批发商的部分利润。对于非品牌非专利机构在参考价格体系下所生产的纳入医保补偿的仿制药，从2008年开始，允许的最大折扣或回扣是该机构的参考价格的17%。最后，对于没有纳入医保补偿范围的药物，折扣/回扣水平和形式不做限制，可以通过现金或免费赠送所购药物等形式实行。

在2000年，法国药品零售价格结构为：药物生产者索价占64.8%，批发商加价3.8%，零售商（各类药房）加价26.2%，剩余5.2%由VAT政策加价①。

七　结论与政策启示

本文从药品流通市场结构、药品定价机制（补偿机制）等角度总结了美国、日本、英国、德国、法国五个主要发达国家药品流通体制的经验与教训。主要结论及政策启示如下。

首先，主要发达国家药品流通市场结构趋同，药品零售市场的医药分业、药品批发市场的高集中度、扁平化的分销体系是其主要特点，而且这三大特点是相互关联的。医药分业是大趋势，但传统医药不分国家走向医药分业将是一个长期的过程。药品批发行业集中度的提高和分销体系的扁平化有赖于医药分开。美国等典型医药分业国家与日本这样传统医药不分国家的比较，及日本逐步走向医药分业的历程表明，药品流通体制的上述两个特点是相互联系的：药品批发行业集中度的提高有赖于医药分开。实现医药分业是大势所趋，但可能难以一步到位。关键是建立合理的医生（医院）补偿机制，使得医生不再靠售药来获取收入。日本医药流通领域的许多不正之风与“医药不分”有关，

① Taylor, D., M. Mrazek, and E. Mossialos, “Regulating Pharmaceutical Distribution and Retail Pharmacy in Europe,” In: Mossialos, 2004; E., M. Mrazek, and T. Walley (eds.), “Regulating Pharmaceuticals in Europe: Striving for Efficiency, Equity and Quality,” Open University Press.

进一步推动“医药分业”是必需的。日本的经历也表明，走向“医药分业”可能是一个漫长的过程。实现医药分业的关键是建立合理的医生（医院）补偿机制，使得医生不再靠售药来获取收入。

其次，主要发达国家药品价格管制程度、模式各不相同，导致这些差别的原因是各国在促进药品创新与药品公平可获得性之间权衡时的不同侧重点及各国医疗保险机构作为最终支付者的买方垄断力量不同。此外，各国在药价管制方面存在一些共同点。其一，管制价格通常仅作为最高限价，流通领域议价过程和各种名目的折扣回扣普遍存在；其二，由于住院服务 DRGs 等预付费模式的逐渐盛行，针对住院用药的单独价格管制已不多见，价格管制主要针对门诊患者用药；其三，在新药定价领域有放松管制的趋势。各国越来越重视药品创新，初次进入市场的新药定价趋于自由化。

最后，在发达国家药品流通环节，市场化的药品采购中介组织、采购联盟（GPO、PBM）普遍存在，为降低药品采购成本提供了可能性，但这些中介组织可能利用垄断地位反过来损害买方利益。

B.8

药品流通重大政策措施

唐民皓*

摘　要：

药品流通行业受到较为严密的政策监管。本文回顾了主要政策的发展脉络，并分析了相关政策的发展趋势。

关键词：

药品政策　监管　药品流通

医药卫生行业的健康发展，是保障广大公众生命健康和用药安全的基础条件。“十二五”期间我国医药工业发展继续保持平稳增长，高于全国工业平均水平。2011 年和 2012 年，我国多项医药卫生“十二五”专项规划陆续颁布，指导着医药工业经济发展方式转变，以促进卫生事业健康和可持续发展。结构调整和优化升级成为“十二五”期间医药产业经济发展转变的基调，医药工业位于医药产业链的前端，是医药经济发展方式转变的基础。医疗卫生“十二五”专项规划延续了新医改政策目标，建立以医疗保险为基础的公共卫生服务体系、积极推进公立医院改革和巩固完善基本药物制度。《全国药品流通行业发展规划纲要（2011～2015 年）》（以下简称《规划纲要》）明确了“十二五”期间将严格控制药品经营企业数量，完善退出制度，鼓励药品流通企业兼并重组，提高行业集中度，连锁药店占全部零售门店的比重提高到 2/3 以上。

一　药品流通市场规模继续快速增长，增幅趋缓

在《规划纲要》的引导下，药品流通行业发展势头良好，行业规模和效

* 唐民皓，上海市食品药品安全研究中心高级顾问。

益稳步增长，呈现持续、健康的转型发展趋势。据商务部统计，2012年药品流通行业销售总额达到11174亿元，首次突破万亿元，同比增长18.5%。药品流通市场规模仍维持较快增长，但增速趋缓，增幅比2011年回落4.5个百分点。2012年互联网药品交易规模超过16亿元，是2011年的4倍，[①] 尽管如此，网销药品在流通市场中所占份额是非常有限的。

二 药品零售企业集中度呈结构性变化，逐步向连锁化发展

《规划纲要》要求，5年内药品零售连锁百强年销售额在药品零售业的比重由2009年的39%增长到60%以上，连锁药店占全部零售门店的比重由2009年的1/3提高到2/3以上。连锁企业规模的扩张是必然趋势，也是提高行业集中度的重要途径之一。

截至2012年底，药品经营企业总量微增，增速下降。全国共有《药品经营许可证》持证企业443125家，比2011年底增加了0.65%，增速较2010年下降5个百分点以上。法人批发企业13721家、非法人批发企业2574家；零售连锁企业3107家，零售连锁企业门店152580家；零售单体药店271143家。

在各类药品经营企业中，零售连锁企业数量增加较快，同比增长19.18%，比2011年高出7个百分点，连锁药店占全部零售门店的比重达到36.48%，比2011年高出约1.5个百分点；药品批发企业同比增长17.63%，比2011年高出约15个百分点；零售单体药店同比下降2.15%。数据显示，2012年我国药品市场集中度正在呈现结构性变化，药品零售企业逐步向连锁化发展，但是离《规划纲要》要求“十二五”末连锁药店占全部零售门店的比重提高到2/3以上还有相当大的距离。医药流通行业整体仍然呈现零售单体药店众多、同质化竞争激烈的特征。

过去的5年是我国实施“十二五”规划，巩固和完善医药卫生体制改革

① 尹力在打击网上非法售药行动动员部署会议上的讲话。

的重要时期，与药品安全相关的“十二五”规划和监管规定陆续发布，提出了一系列政策目标，引导和规范医药产业健康良性发展。

三　医药领域政策措施分析

（一）新医改“十二五”规划

早在1997年1月，我国就出台了《中共中央、国务院关于卫生改革与发展的决定》，提出医药卫生改革的方向。2000年2月，国务院办公厅转发了国务院体改办等八部门制定的《关于城镇医药卫生体制改革的指导意见》（也称“医改十四条”），将“整顿药品生产流通秩序，抑制医药费用过快增长”作为医药卫生体制改革的目的之一，要求加强药品执法监督管理，对药品的研制、生产、流通使用全过程依法实行监督。但是，随着改革开放政策不断深入，社会保障体系覆盖面狭小和社会补偿机制未能及时构建，近年来医患矛盾、“看病难、看病贵”问题日益突出。新医改“十二五”规划包括两项专项规划，即《“十二五”期间深化医药卫生体制改革规划暨实施方案》和《卫生事业发展“十二五”规划》，提出“十二五”期间构建以医疗保险为基础的公共卫生服务体系、巩固完善基本药物制度和积极推进公立医院改革。

1. 医疗卫生“十二五”规划是新医改的延续

改革开放以来，我国医疗卫生系统经历了几番改革，在探索中不断前行。由改革开放前的计划管制，到改革开放后的逐步放开，再到最近的增强监管，可谓走了一个轮回。虽然政策轮回，但主要目标一直非常明确，就是要实现医疗卫生体系的公益化，减轻患者和国家负担，提高国民健康水平。但是20世纪90年代末期的一系列改革政策的效果不尽如人意。2005年7月，国务院发展研究中心发布的关于医改的研究报告称，中国医改总体上不成功，其症结是近20年来医疗服务逐渐市场化、商品化。同年卫生部明确指出，“市场化非医改方向”，医改目标应构筑一个惠及全民的医疗保障平台。在这样的背景下，新医改应运而生。2009年《中共中央国务院关于深化医疗卫生体制改革的意见》的出台，标志着新医改的启动。以建立健全覆盖城乡居民的基本医疗卫生制度为总体目标，为群众提供安全、有效、方便、价廉的医疗卫生服务。

2. 以医疗保险为基础的公共卫生服务体系

医疗保险制度是指一个国家或地区按照保险原则为解决居民防病治病问题而筹集、分配和使用医疗保险基金的制度。2009 年新医改方案的推出，大幅提高了我国医疗保险覆盖率；2011 年城乡居民医疗保险为 13 亿元，覆盖面为 95%。

2012 年 7 月，《国家基本公共服务体系“十二五”规划》提出，“国家建立基本养老保险、基本医疗保险、工伤保险、失业保险、生育保险等社会保险制度”。医疗保险作为国家公共服务体系的重要组成部分，构建以医疗保险为基础的公共卫生服务体系，切实保障人民群众身体健康。2012 年 10 月，《卫生事业发展“十二五”规划》提出，“到 2015 年，初步建立覆盖城乡居民的基本医疗卫生制度，使全体居民人人享有基本医疗保障”。同时，2012 年 3 月，《“十二五”期间深化医药卫生体制改革规划暨实施方案》提出，“加快健全全民医保体系”的主要目标，以“充分发挥全民基本医保的基础性作用，重点由扩大范围转向提升质量”。

3. 积极推进公立医院改革

改革开放 30 多年来，国家提出了“政企分开”“官办分开”和“政事分开”等医药卫生体制改革的政策目标，并取得了一定的改革和发展成就。但是，医疗机构与卫生行政主管部门仍属于政治体制改革的深水区，难以推行“政事分开”；因而，有必要在“十二五”期间推进公立医院改革，以真正理顺公共卫生服务体系。《“十二五”期间深化医药卫生体制改革规划暨实施方案》着重提出了“积极推进公立医院改革”，选择的路径与方法是“落实政府办医责任”和“推进补偿机制改革”；但是，规划仍将政府责任放到核心位置，在补偿机制尚未完全构建之前，推进公立医院改革仍将困难重重。而在《卫生事业发展“十二五”规划》中将“推进公立医院改革”弱化，并于“全面加强医疗服务管理”范畴；因而，我国医疗卫生体制改革中“推进公立医院改革”，也将成为“十二五”期间难以突破的改革与发展难题。

（二）基本药物的供应保障政策

世界卫生组织早在 1977 年就提出基本药物的概念，“基本药物是那些满足人群优先卫生保健需要的药品”。基本药物应是数量充足、质量保障、信息充分、价格可承受的药品。我国从1979年开始引入国家基本药物政策的概念，先后颁布了六版《国家基本药物目录》。2009年8月，卫生部等九部门印发《关于建立国家基本药物制度的实施意见》和《国家基本药物目录管理办法（暂行）》，明确规定基本药物是适应基本医疗卫生需求，剂型适宜、价格合理、能够保障供应、公众可公平获得药品，要求政府开办的基层医疗卫生机构全部配备和使用基本药物，保证基本药物优先和合理使用，减轻群众医药费用负担。

随着国家基本药物制度实施，国内药品总消费量总体不会受到太大影响，但是相应配套制度将对药品使用结构带来明显的影响，可能对药品终端市场消费总额带来负面的影响。从国家基本药物制度对医药制造业的正向作用来看，有利于生产和流通领域聚焦实力，将促进产业迅速走向集中。在2009年版《国家基本药物目录（基层医疗机构使用部分）》中，中药领域涉及的独家品种较多，为此，有学者（如于明德等）认为中药企业受益将更加明显。另外，由于基本药物将全部纳入医保报销目录，报销比例明显高于非基本药物，将促进基层医疗机构使用量的大幅度提升。从国家基本药物制度对医药企业的负向作用来看，国有医疗机构使用的基本药物实行省级集中、网上公开采购，将加剧医药企业间的市场竞争；国家发改委制定国家基本药物全国零售指导价格，在保持生产企业合理盈利的基础上压缩不合理营销费用，一定程度上对企业用于投资和技术创新的资金产生负面影响。

基本药物制度的出台自始至终都聚焦在闪光灯之下，成为各界瞩目的焦点。理论上，国家基本药物制度可以达到两个目标——药品的可及性和合理用药。通过提倡运用疗效好、安全性高、成本—效益好的药品，国家可以提高资金使用效率。基本药物目录也可以指导医生合理用药，增加患者的选择权，使患者本身起到一定的监督合理用药的作用。

1. 基本药物是公共卫生服务体系的组成部分

由于基本药物目录中的药品价格比较低廉，经常受到降价政策的影响，生产基本药物的企业不一定有利可图。同时，基本药物的流通零差率政策，造成医生使用基本药物的积极性下降，需求在短暂提升后增速减缓。对基本药物招标的政策唯低价是从，引起了基本药物的恶性竞争，也不利于部分基本药物的生产企业获取利润。2009 年 3 月新医改政策实施以来，国家基本药物制度初步建立，政府办基层医疗卫生机构全部实施基本药物零差率销售，药品安全保障得到明显加强。目前，基本药物制度已经全面铺开，但是相关的配套政策尚有待完善和提升，如医院的补偿机制、对合理处方的监管机制等。从目前国内基本药物制度执行情况来看，要形成基本药物定价合理、相关生产企业利润合理、药品质量水平稳定的局面，仍有一段路要走。

国家基本药物制度是国家公共卫生服务体系的重要组成部分。2012 年，《国务院关于印发〈“十二五”期间深化医药卫生体制改革规划暨实施方案〉的通知》提出“基本药物制度不断巩固完善”，“扩大基本药物制度实施范围”，“规范基本药物采购机制”，对基本药物制度的使用方法、目录制定和招标办法提出了要求和目标。但是，尚未出台相关的配套政策，对基本药物政策依然采取“鼓励公立医院和其他医疗机构优先使用基本药物”，语气仍显薄弱，可能源于医疗机构补偿机制仍不能完全建立。

基本药物是数量充足、质量保障、信息充分、价格可承受的药品，新医改的基本药物政策目标主要针对新型农村合作医疗制度和城镇医疗保险制度，因而我国基本药物必然是量大、价格低的品种。根据卫生部等九部委制定的《关于建立国家基本药物制度的实施意见》（卫药政发〔2009〕78 号），各地制定了当地的国家基本药物制度工作方案。目前，我国基本药物制度业界反映最突出的问题包括品种数量偏少、产品结构不合理、基药招标唯低价是取以及量价挂钩执行不佳等。国家基本药物制度的强制性实施，将提高基本医疗卫生服务的可及性，有效减轻居民就医费用负担，是新医改政策的重点任务之一。

2. 基本药物质量、供应和价格政策未形成良性互动

基于新医改政策的基本药物制度，“十二五”期间在价格政策、药品安全监管和社会保障制度等方面将有较大的变化。第一，《国家药品安全“十二五”规划》提出对以基本药物、医保目录品种为主的临床常用的化学药品仿制药与原研药进行质量一致性研究和评价；第二，基本药物全部纳入医保报销目录，基本药物制度的招标采购、定价、监管将影响医疗保险制度的实施。第三，国家发改委制定国家基本药物全国零售指导价格，旨在保持生产企业合理

虽说是中央企业，但国药控股从成立之初，市场化理念便融入其血液之中。可以说，是市场之手推动着其孕育、成长和发展。公司成立后，作为一家既承袭了中央企业——中国医药集团总公司深厚历史积淀，又注入了民营企业翘楚——上海复星高科技（集团）有限公司市场化成长动力的多元化所有制企业，国药控股全面导入现代企业制度和法人治理结构，激活企业市场运行机制，将合作所获得的资金支持，全面改善企业资产结构，解决资产经营风险；形成了产品经营、资产经营、资本经营的并举优势，取得了市场的积极认可。

当时的中国药品流通行业可谓是刀光剑影，群雄逐鹿，1.3 万家企业竞争激烈，而国药控股全年的销售额才 80 亿余元，市场地位徘徊于第二与第三，与排名前后的竞争对手差距很小，随时都有可能被超赶。审时度势，公司制定了以上海为总部，迅速建立中国最大的药品分销网络的发展战略。

在这一战略指导下，国药控股的分销版图迅速扩张。首先，公司以整合南方市场为突破点，成功收购了一致药业。接着，趁热打铁，又迅速将市场覆盖面从广东扩大到 10 多个省区，完成了对华北、华中、华东地区药品分销网络的布局。同时，成立了国药控股国大药房有限公司，加强对医药零售领域的渗透，打造一体化连锁药房品牌。还将原国药集团所属的化学试剂经营业务纳入麾下。

至此，以上海、北京、天津、沈阳、广州为据点，覆盖长三角、环渤海、珠三角三大经济圈的国药控股全国药品分销网络的布局初见端倪，初步转型为一家以药品分销、药店零售、化学试剂为主业的综合型医药流通企业。2006 年，公司销售额已达 238 亿元，市场份额从创立之初的 4% 扩大到 10%，与排名第二的竞争对手之间的差距从不足 0.5% 拉大到了超过 5%，初步确立了在中国医药分销领域的领先地位。公司成立两年后，即跃居中国医药商业企业销售额排名的榜首，形成了在中国医药商业领域的强势地位，初步建立起了一个全国一体化的医药流通网络，一个国内销售规模、市场覆盖、经济效益属全国第一的医药商业企业。

（二）实现海外上市的重要里程碑

2006 年，刚成立三年的国药控股已经快速发展为中国药品流通行业销售额排名第一位的企业。企业侧重于整合内部管理，强化运营提升，连续多年保持了良好的业绩曲线，形成并强化了在中国医药商业领域的强势地位，建立起了一个全国性的一体化的医药流通网络，一个国内销售规模、市场覆盖、经济效益全国第一的医药商业企业，并以扎实的管理实践为孵化更大的发展目标和发展模式奠定了基础。但是，就行业的发展趋势而言，竞争依然激烈，在分销、零售等各个细分行业更为强手林立。而此时，如同绝大部分发展中企业一样，国药控股也遭遇了发展“瓶颈”，尤其是资金短缺的困难已在很大程度上束缚了投资并购的步伐，直接影响到了在全国实现大规模战略的布局，事实上，在局部区域企业已受到了竞争对手的严重挤压。于是，企业开始思考如何获取新的资本投入，推动网络平台战略，迅速做大做强，提升价值的上市之路。上市融资就成为唯一的解决方案。

2009 年 9 月 23 日，“国药控股”在香港联交所挂牌上市，当日开盘便以每股 16 港元招股定价，报收于 18.52 港元，涨幅 15.8%，以国企香港上市以来的最高估值、超额 570 多倍的认购价格募集了 95 亿港元（折合人民币 83.7 亿元）资金，并由此成功跻身国际资本舞台，完成了从单纯做销售批发业务到海外资本市场的战略转型。

2010 年 2 月，全球知名杂志《国际金融评论（亚洲）》在香港举行 2009 年度奖项颁奖典礼，国药控股 H 股荣获 2009 年度最佳股权交易奖，并获得权威杂志《亚洲金融》2009 年度最佳 IPO 奖项。2010 年 3 月 3 日、3 月 8 日，国药控股分别被正式纳入摩根士丹利资本国际（MSCI）中国指数和恒生中国企业指数。

（三）走央企市营、整合发展的创新之路

面对着国家医改持续深入对医药流通行业产生的变化和影响，近年来，国药控股坚持走央企市营、整合发展之路，从决策到执行再到平台整合，通过看得见的并购战略迅速做大；进而通过更深层的平台战略，以及“联合重组+管控+公司治理”的战略三要素，努力做强。

自 2009 年成功上市到 2012 年，借助着公司香港上市的“引擎”，国药控股积极贯彻公司董事会制定的“网络下沉”和“一省一公司、一地一公司”的战略部署，将创新驱动与资本驱动相结合，通过市场购并与整合，努力改善

与扩大经营。其间，公司精准拿捏并购分寸，强调整合发展，积极探索央企经营的新模式，采取多元化股权结构，通过购并与整合，吸引兼并了一批具有区域优势的地方企业，进一步完善了国药控股在全国的药品分销配送网络。仅2010年，成功的投资项目就达100多项。截至2012年底，公司规模已从2003年成立之初的近20家子公司发展到拥有290余家全资或控股子企业，经营网络覆盖全国30个省、自治区、直辖市，走出了一条联合重组、资本运营、资源整合和集成创新的央企市营之路。

2011年是国药投股公司历史上发展最快和业绩最好的时期。当年国药投股成为国内首家医药商业流通业务超千亿元的企业。国药控股的资产规模也从企业成立之初的280亿元增加到2012年底的666亿元，有效地实现了行业资源的有序融合，产业链和规模化的优势得到充分发挥。

在企业规模、经营业绩跨越式发展的同时，公司也面临着因管理链条延伸、所属企业所有制结构复杂等新情况而引发的各种新问题的考验，为此，公司持续推进组织架构优化，加强战略协同。

2011年，公司重组了全国物流管理平台、公司采购管理平台，集约上海地区医院销售资源，以增强企业的供应链集成服务功能、产品集约化配置功能和区域市场的核心竞争力与示范效应。

2012年，公司进一步明确总部功能定位，强化各省级平台组织执行，要素组合与营销服务功能，继续完善体系建设，进一步打造总部与各省级公司前后端两个平台的功能。

2013年，积极围绕公司战略转型要求，公司大力推进总部组织架构变革。以持续加强总部服务功能、扁平化管理，提高效率、提升对子公司的服务响应度为原则，将公司总部的职能部门由27个精简为16个，同时，进一步简政高效，提高总部各部门整合与协同效率，切实体现对子公司的支持、保障、服务功能，奠定了新的管理基础。

通过以上这些管理手段，公司基本完成了企业组织模式的优化，初步建立起了全国一体化的运营模式，实行由总部后台驱动各子公司前台的发展模式，在公司内部实行一体化管理，推进采购、物流、营销的一体化管理。

为了进一步落实国资委、集团总公司和国药控股董事会关于加强风险管理的要求，近年来，公司还将合规经营作为风险管理的重要内容，将其纳入总部管理人员和子公司高管人员的年度绩效考核，以期进一步加强国药控股的合规经营管理，增强企业全员合规、全程合规、主动合规、合规创造价值的文化意识，促进国药控股及下属各子公司各项业务经营的安全、稳健运行。同时，高度重视财务风险管控工作，关注各级企业盈利能力的提高，在具体工作中，坚持持续深入、提升全面预算管理工作的质量，通过分级管理，引导国药控股内部资源的合理分配，同时，进一步加强对困难企业的针对性管控，有效改善问题企业的运营能力。

企业的持续快速成长，给民营企业、民营资本在市场准入、行业支持、投资价值等方面带来了高额的回报。共生多赢的案例比比皆是。河北省销售规模最大、分销网络覆盖最广、经营品种最全、批零兼营的大型医药企业集团——乐仁堂医药集团于 2011 年整合进入国药控股后，企业经济效益进一步提高，同时，快速实现了覆盖河北全省的销售网络建设，提高了市场的全覆盖能力，强化巩固了企业原有的优势和区域龙头地位。2013 年，企业成功实现百亿元销售规模目标。以国控河南、国控华鸿、国控天星、国控吉林为例，四家企业进入国药控股后，依托中国医药集团总公司央企医药平台强大的管理、资源优势以及国药控股丰富的品种、网络、物流优势和全方位的支持，公司的经营业绩得到了快速增长。

目前，公司现所属 60 余家二级子公司中，有近 40 家企业是从民营企业转制重组而来的。多年来，越来越多的社会投资人和股东进入企业，为企业的健康快速发展注入了新的动力。企业得到了发展，股东的利益得到了最大化，实现了企业、股东的共赢。

（四）管理整合、文化融合

大量民营企业的进入，给国药控股提出了文化融合、管理整合的崭新课题，由于所收购公司在企业规模、公司治理基础、所有制结构等方面存在的历史性差异，部分并购企业公司治理的科学性、规范化程度亟待提高，在不同程度上存在着制度设计不完整、制度执行不严格的情况，有的子公司还没有建立符合自身业务特点、覆盖完整的管控体系。对此，国药控股努力着手推进企业内部的文化融合、管理整合工作。

针对新进企业在企业规模、公司治理基础、所有制结构、企业文化等方面存在的历史性差异，公司高度重视新进企业的整合对接工作，明确了新加盟公司“快速融合、健康运营”的总体目标，成立了跨部门整合小组。重点推动“战略规划、公司治理、管理团队、CIS、制度和流程、预算管理、运营分析、绩效考核、统一编码、切换系统”等10余项整合工作核心内容的落实。同时，通过坚持开展面对各级子企业职业经理人法人“飞龙、显龙、潜龙”等系列培训项目，使这些公司通过比较、学习，迫切意识到企业规范化运作的高度重要性，以更好、更快地适应公司的管理文化。

在此基础上，公司根据“投资回报率、利润、销售规模”等指标，建立了一个有着明确管理导向、能提升资源配置水平、多平台应用的成熟指标内部评价体系，把各级企业按资质分级并张榜公布，将评级结果与考核、资源配置相挂钩，从而逐渐形成了一个有利于寻找对标、分析差距的内部对标机制，促进各企业经营管理水平的提升。

在尊重、包容其发展现状的基础上，公司深刻认识到，民营企业的文化与国药控股的主流文化虽然存在一定的摩擦和碰撞，但也存在积极、高效的文化推动力，而国药控股本身的企业文化更需重新打造，需要反反复复自上而下进行交流、灌输、融合，在不断清晰国药控股崭新企业文化的同时，把在整合途径中出现的多元文化最终都归依到国药控股的文化之中。

在推进文化融合的基础上，国药控股高度重视公司治理体系的建设工作，在对各级子公司经营管理层充分授权的同时，积极加强公司董事会建设，确保总部战略管控落实到位。公司按照决策、执行、监督“三责共立”的原则，对董事、监事、经营层的职责权限作出了明确规定。董事会把握公司重大决策，经营层抓好决策落实和日常运营管理，监事会做好有效监督，三者各司其职，真正实现了决策、执行和监督的有机分离。

三　战略展望——打造世界级医药健康企业

十多年来，作为中国医药集团总公司所属核心企业——国药控股股份有限公司始终坚持央企市营的发展模式，依靠资本运作、联合重组、文化融合、管理重组、战略明晰、机制创新等一系列的市场化运作方式，持续创造企业价值，快速成长，获得了市场的认可与高度关注。

对此，公司上下深刻认识到，企业未来的发展要持续依靠资本驱动和运营提升。企业未来要甩开对手，保持领先，必须提升盈利能力，确保公司在资本市场的行业龙头形象，确保继续积蓄资本驱动的持续动力，并不断实现企业自身的管理提升，以实现健康持续的发展，创造企业的价值。

由此，在国内外行业对标、把握市场规律和确立转型目标的基础上，国药控股遵循国药集团“十二五”发展战略，明确了打造成为“具有国际竞争力的医药健康服务提供商”的战略定位；将着力建设卓越的医药商贸体系，并将主营业务聚焦于医药分销物流和医药零售，各业态有机协同，以“主业突出、相关多元、集成服务、提升价值”为实施策略，推进各项战略落地工作。

在新的发展时期，公司将以“创新机制、提升效率、稳健发展”的发展原则，从“规模导向”向“效益导向”转变，推进管理提升，加速营销转型、产业升级，提高资源配置市场化能力，整体提升各区域市场的核心竞争力，将企业长期发展目标与资本市场诉求以及小股东短期利益相结合，推进管理提升、营销转型、产业升级，实现企业健康、持续的发展。

B.13 华润医药商业集团有限公司案例

华润医药商业集团有限公司

华润医药商业集团有限公司（以下简称“华润医药商业”）是华润医药集团全资的大型医药流通企业，主要从事医药商品营销、物流配送以及供应链相关服务。2013 年公司销售总额达 734 亿元，位居中国医药流通行业第二。

华润医药商业的前身是北京医药股份有限公司。2000 年 12 月，北京医药集团将旗下有 50 年历史的北京市医药公司和有 15 年历史的北京医药经济技术经营公司合并重组，改制成立北京医药股份有限公司。2010 年 10 月，华润集团与北京市政府签订战略合作协议，华润医药集团与北京医药集团战略重组，北京医药股份有限公司作为北京医药集团下属企业进入华润医药集团。2012 年 3 月，正式更名为华润医药商业集团有限公司。

一 企业的现状和规模

华润医药商业主营业务为医院纯销、社区配送、商业分销和零售连锁。公司总资产 358 亿元，2013 年主营业务收入 734.11 亿元，位居国内同行业第二。

公司主要经营各类药品（化学药制剂、化学原料药、中成药、中药饮片、生物制品、麻醉药品、精神药品、生物血液制品、疫苗等）、医疗器械、医用耗材、保健食品等 2 万多个规格品种，盈利模式为贸易差价和服务收益。

2001 年公司首批通过国家 GSP 认证，2013 年通过新版 GSP 认证。公司具有各类药品和医疗器械的进出口资质、医药三方物流资质和医院物流延伸服务资质。

目前，华润医药商业在全国 19 个省（直辖市、自治区）建有 108 家全资和控股子公司，营销网络覆盖31个省（直辖市、自治区）。与国内外7500多家医药生产企业、供应商保持着长期稳定的合作关系，主要服务于各级医疗机构、社区诊所和零售药店。其中，覆盖全国二级以上医院3000余家，社区卫生服务中心（站）2.4万个，商业分销企业5800余家，连锁药店和单体药店1.8万家。

华润医药商业构筑全国网络覆盖全、专业化程度高、服务能力强的物流配送体系，为国家AAAAA级仓储物流企业。建有省级物流配送平台、地市级物流配送网络、区县级物流配送网点，实行集团化物流管理系统（WMS）。目前在全国19个省市自治区设立物流中心40个，总建筑面积37万平方米。其中，北京医药物流配送中心为全国首家现代医药物流配送中心，同时建有全国医药流通行业第一家恒温恒湿冷库。华润医药商业在北京和广州建有依托空港口岸设立的保税库。货物可以直接从航班卸运到保税库内，享受“一次药检，多次通关政策”。

二　企业的优势与核心竞争力

华润医药商业的核心能力包括以医院销售为主，兼有社区配送、商业分销和零售连锁等遍及全国的商业渠道网络，以信息化支撑的现代物流，近千个品种的总代理和地区代理、上万个品种经销的品种资源，以及延伸到医院终端的医药物流增值服务等。

从一个区域领先企业跨越到全国医药流通行业的领军企业，华润医药商业坚持“先一步胜百步，快速创新路”的经营方针，用坚实的脚步，走出了一条特色经营的道路，同时推进了中国医药流通行业的现代化进程。

（一）自主创新之路

华润医药商业的历史就是一个不断创新的发展史。

1997年，创办国内首家开架式大药房——北京安定门内大街的医经大药房（后改名为“北京医保全新大药房”）开业。借鉴国外先进经验，药房实行药品处方药与非处方药分开管理，非处方药全部开架售货，开创了零售药店

OTC 管理的先河。

2001 年，国家药监局颁布《药品经营企业质量管理规范》（GSP）。刚刚成立不久的北医股份，一边快速重组整合，一边申报国家级 GSP 认证。同年 5 月，北医股份以高分通过国家药监局 170 个项目的 GSP 认证现场检查，成为全国首批、北京市第一家通过 GSP 认证的企业，迈上了企业全面质量管理的新台阶。

2002 年，北医股份自主研发了企业资源计划管理系统（ERP），迅速成为企业发展的支撑。依托这个系统，北医股份对企业经营管理情况做到实时监控，提高了对客户需求的响应能力和对市场的快速反应能力，成为最早将信息化技术引入经营管理、拥有先进的信息化管理网络的企业。

2003 年 12 月，公司建成全国首家现代医药物流配送中心。引入德国西门子德马泰克技术和设备，实施 ERP 和 WMS 管理模式，率先在业内实现药品出入库、拣选、配送的自动化、信息化操作，一举改变过去手工操作、人搬肩扛的传统物流模式，实现了医药流通领域的管理变革，为行业树立现代医药物流的样板。

2006 年 12 月，率先实行社区药品“零差率”配送。北京市率先实行社区卫生服务常用药品“政府集中采购、统一配送、零差率销售”的改革，北医股份用实际行动支持政府改革，一举获得全市 18 个区县中 15 个区县的药品配送权，赢得了社区配送市场的新天地。

2010 年，开展药品冷链物联网示范工程。本着对冷链药品质量高度负责的精神，2010 年初北医股份引进国际先进技术，设计并建造了全国药品流通行业第一家恒温恒湿冷库，达到了业内的最先进水平。在此基础上，为达到冷链药品在库、配送过程的无缝冷链监控目的，公司采用 RFID 进行数据采集记录，对冷链商品在库、出库、运输、交货、回库环节进行全程冷链温度监控。通过 RFID 技术与冷藏箱的结合实现了多批次、小批量低温冷藏药品单品级别实时温度管理，填补了行业空白。2011 年 1 月，工信部物联网推广中心正式授予北医股份冷链项目——“中国 RFID 冷链物联网示范工程”优秀奖。

2010 年，创造医药物流延伸服务“天坛模式”。北医股份发挥自有源代码的优势，率先将现代医药物流配送服务延伸到医院药库，创造“天坛医院”模式。该模式以落实国家新医改政策为出发点和落脚点，借鉴国外同行业先进经验，将现代医药物流信息化系统、自动化技术和管理方法延伸到医院药库、门诊药房和住院病区，为医院提供专业化、个性化的信息管理解决方案，使医院实现药品管理的流程化和信息化，提升医院的药品流转效率和准确率，确保药品流转的安全性与可靠性，并降低医院综合成本，为缓解百姓“看病难、看病贵”问题，发挥了国有医药流通企业的特定作用。2011 年 6 月，这一模式被国家商务部列为“医药物流服务延伸示范工程”在全国推广。同年该项目荣获国家级管理现代化创新成果一等奖。

2012～2013 年，公司创造“医院药品物流智能一体化”服务模式，依托现代化设备和技术，为医院提供个性化解决方案，提供从医院药库到药房、病区的智能一体化服务，有力地提升了医院药品管理的效率和质量，保证病患者用药安全。

（二）从区域走向全国

华润集团是国务院国资委直接监管和领导的 53 家国有重点骨干企业之一，是在香港和内地最具实力的多元化企业集团之一。华润成立于 1938 年，是老一辈无产阶级革命家周恩来、陈云领导下的红色企业。“华润”二字取自“中华”和毛泽东的字“润之”，蕴含“中华大地，雨露滋润”的美好寓意。华润总部设在香港，目前下设七大战略业务单元，19 家一级利润中心，共有 1200 多家实体企业，员工近 40 万人。2012 年位列《财富》世界 500 强第 187。

北医股份加入华润后，很快成为华润医药商业流通平台、华润集团一级利润中心，并更名为“华润医药商业集团有限公司”。以贸易起家的华润集团，深深地了解商业的价值以及渠道和终端的重要性，希望华润医药商业以医药流通为引擎，拉动医药工业的发展，实现“打造央企医药平台”的战略目标。在华润医药“十二五”战略引领下，2010 年下半年开始，华润医药商业按照“省级建平台、地市级建网络”的方针，在各地并购优质医药流通企业，快速形成全国网络布局。目前，华润医药商业在全国拥有 108 家全资或控股子公司，在北京、天津、上海、黑龙江、吉林、辽宁、河北、河南、山东、山西、内蒙古、江苏、浙江、湖北、湖南、陕西等 19 个省（直辖市、自治区）建有省级平台，89 家地市级公司已经从区域领先企业成为全国大型企业集团。

（三）建立现代医药物流

融合了资金流、信息流、实物流的现代医药物流是当今医药商业发展的基础。在全国布局过程中，华润医药商业把建设现代医药物流中心作为集团发展壮大的引擎。

华润医药商业在整合各地资源后，积极搭建省级物流平台，复制成熟的集团化 WMS 管理，在各地加快建设现代医药物流的步伐。2010 年 9 月 3 日，黑龙江省首家现代医药物流中心——华润牡丹江现代医药物流中心奠基，2012 年竣工投入使用；2010 年 11 月 16 日，山东省最大的医药物流中心——华润山东现代医药物流中心落户济南槐荫工业园区；2010 年 11 月 18 日，华润医药商业与苏州市高新区签订投资框架协议，建设日处理 5 万张订单的大型现代医药物流中心项目正式启动；2011 年 1 月 12 日，华润医药商业与郑州市经济技术开发区签订发展现代物流框架协议；2011 年 3 月 22 日，华润医药商业在哈尔滨市经开区投资建设大型的现代医药物流配送中心；2011 年 7 月，华润辽宁医药现代物流中心在沈阳正式上线；2012 年，吉林康乃尔医药现代物流配送中心在长春建成投入使用；2013 年，华润新龙北京公司、武汉公司现代物流中心竣工……

目前，华润医药商业在全国拥有 40 家现代医药物流中心，WMS 管理已经复制到大部分物流配送中心，一个集团化的现代物流配送体系正在崛起。

（四）全方位的客户服务体系

华润医药商业遵循“诚实守信、业绩导向、客户至上、感恩回报”的价值观，以客户为中心，悉心维护客户和消费者的利益，搭建全方位客户服务平台，不断超越客户的期望，精诚与客户合作，为客户创造价值，与客户共同成长。

1. 为供应商提供专业化、高效率的增值服务

作为优秀的供应链服务提供企业，华润医药商业与 7500 余家国内外医药生产企业和供应商建立了长期稳定的合作关系，除优质的物流配送服务外，还为合作伙伴提供专业化、高效率的增值服务。

华润医药商业为合作伙伴提供了自行开发的电子商务平台，合作伙伴通过

独立的账号密码登录后，获取销售排名、流向提取等相关信息，及时反映产品销售情况，方便合作厂商的管理与决策。

华润医药商业拥有领先同行战略的进口服务商——华润广东医药有限公司，建有华润北药空港（北京）国际贸易有限公司，为国外贸易提供了按时付款、顺畅通关、及时药检等进口贸易全流程服务。两个公司的保税库肩负着每年10亿元以上吞吐量的药品进出口业务，为合作厂家提供了现代物流、质量管理等全方位运营平台，包括保税仓和全覆盖物流、专业冷链物流管理等服务保证，并且通过多年与海关管理部门的沟通，使进口的冷链产品货到机场后30分钟内可以转入华润广东和北京的保税仓，无须进入机场的公共仓库，从而使药品仓储温度及货物安全更有保证。

在终端开发方面，华润医药商业在信息提供、新药入院以及售后跟进等方面都有相应的工作团队，提供的信息包括：医院药事会开会的时间、是否可以临时采购或者特殊进药、不同医院进药流程的差异等。通过信息的传递，让厂家更好地做好市场开拓计划、销售预算，以实现销售目标。新药入院的工作包括价格谈判、新药编码、初次采购、通知跟进。在这个过程中，充分发挥了华润医药商业在所属地区的影响力，将疗效优异、质量稳定、价格合理的新药尽快进入临床使用，以提高医疗水平。在售后跟进方面，主要的工作有产品库存跟踪、产品有效期预警、产品不动销预警、超常订单预警等，通过有效管理药品的销售状态，及时发现问题，减少供应商风险。

在商务配合方面，华润医药商业提供的服务层面是：共同制定产品开发策略、上下游客户的资信审核、签订各级经销商的合作协议、渠道开发与整合、商务信息管理、终端客户维护以及渠道约束等，使合作伙伴的商务网络更完善，减少企业的管理成本。

综上所述，华润医药商业独具特色的优质增值服务，得到了广大合作伙伴的广泛认可，达到工商携手、互利双赢的成果，精心构建的专业化全方位服务平台，让华润医药商业集团有限公司成为国内外生产企业合作的首选。

2. 不断拓展下游客户服务领域

华润医药商业的下游客户包括各级医疗机构、医药经营企业、广阔市场客户和零售药店。多年来，集团和下属企业以诚信为本，以创新求发展，以服务创效益，严格药品质量管理，规范药品经营行为，不断拓展服务领域，赢得了广大客户的信赖与好评。

华润医药商业始终把客户视为“上帝”。对医疗机构大力推行“增值服务”和“延伸服务”，深入医疗客户药房了解药品供应、使用情况，协助客户完善药品库存结构、调剂余缺，帮助客户做好药品入库、配发工作，实行售后服务跟踪到底，最大限度地满足医疗机构需求。

为提高药品配送效率，华润医药商业及各子公司投资升级了ERP经营管理系统和WMS仓库管理系统，订单确认、释放，仓储配发、运输的时效性、准确性大大提高。集团建有完善的物流配送网络，拥有各种运输车辆上千部，包括冷藏运输车。GPS实时监控物流配送情况，全程满足药品储存、配送条件，保证了药品配送质量，做到所属省内48小时、市区24小时配送到位。

为保证医疗机构急救药品需求，华润医药商业北京分公司常年坚持24小时急救供应，设置急救药品服务热线电话；华润山东医药有限公司建有济南市唯一的“急救药品服务中心”，并在交警部门的支持下配备了带有警灯的急救药品配送车；华润河南医药有限公司在政府支持下，建立急救商品调剂信息平台，对一些冷备的急救用药统一调配使用，既保证了各级医疗单位的急救用药需求，又大大降低了冷备品种过期失效的损失。

自2006年北京市率先实行社区“零差率”药品配送以来，北医股份（华润医药商业集团的前身）就中标成为一级配送商，承担了北京市当时行政划分的15个区县的社区配送任务。为保障社区药品“零差率”配送，公司建立了17个社区分库，总储药面积达有1.4万平方米。公司自主开发社区服务“一键通”项目。“一键通”项目即在保障医院网络信息安全的前提下，通过电子商务平台实现华润医药商业集团与基层医疗机构之间的信息服务。运用“一键通”有五大好处：一是节省人力，操作非常简便；二是配送信息直接导入，减少差错的发生；三是具备预警功能，如近效期药品预警、库存最低限和积压药品预警，可提示药库管理人员及时采取措施；四是缺货断货现象减少；五是与华润医药商业集团的配送信息对接，减少了基层医疗机构的维护成本。

华润医药商业不仅覆盖大量的三级、二级大型医疗机构，而且快速拓展“广阔市场”，在19个省（市、自治区）拥有大量的广阔市场客户资源，公司不仅为商业分销企业、基层诊所和社会零售药店及时配送药品，而且以“客户为中心”，依托特色服务，提升客户服务水平，提高客户满意度。在北京、山东、河南、辽宁、湖北、河北、吉林等省市，配合上游厂商开展学术营销活动，联手组织社区公益活动、协助三甲医院下乡授课、与区县卫生主管部门建立社区医师培训基金等，把更丰富的医学、药学知识带到基层，解决基层医生、药师培训力量不足的困难。

3. 为广大消费者提供优质服务

华润医药商业拥有北京医保全新连锁大药房、苏州礼安连锁大药房、昆山同德堂连锁大药房、山东济宁新华鲁抗大药房、潍坊远东大药房、青岛众生大药房等一批知名零售连锁企业。遵循以消费者需求为导向的商品销售模式，根据门店所处商圈位置不同，以及消费的消费能力及消费习惯，制定了适宜的商品营销方案。从患者需要出发，保证品种齐全，还推出了“传统老药”专柜，受到了老年和中低收入顾客的欢迎。

专业化服务是华润医药商业所属连锁药店的一大优势与特色。突出药学服务，开设了精品中药、参茸、阿胶、医疗器械的专业展厅。在综合性商业区和消费能力较高的社区，开设健康便利店，商品从常用药品、保健滋补品、家用医疗器械、母婴用品到化妆护肤品，一应俱全，在商品引进上，注重质量和消费者认可的品牌，其中不乏进口高端商品，赢得了各年龄层次消费者的认可。

北京医保全新大药房率先实行的 DTP 服务，已经形成“5 + 1”体系：开发形成了专业化信息平台系统、以执业药师为主的专业化团队、专业化物流配送的冷链管理、专业化资金流管理和专业管理的网络化服务等 5 个专业系统，以及 1 个国家级慈善赠药定点机构。最专业、最完备的 DTP 服务专业化体系已经覆盖华润医药近百家大药房。

华润医药商业始终认为，销售给顾客的不只是商品，更是一份健康。苏州礼安连锁在门店中推广“热情招呼、仔细询问、合理推介、健康叮嘱、礼貌送客”的五步销售法。每一位店员在为顾客推荐药品的同时，还能给予顾客有关合理用药和健康保健的知识。

各连锁药店还围绕着消费者健康保健开展了各项增值服务，如养生健康讲座、肾友会、糖尿病俱乐部。此外，为老年人、下岗工人、残障人士、慢性疾

病患者、低保户办理健康关爱卡，享受低价优惠和其他爱心服务。2012 年各连锁药店开启社区健康快车，为广大顾客赠送健康手册，测量血压和血糖，想顾客之所想、备顾客之所需。每年，各连锁药店都能收到大量消费者的感谢信。“专业专注、真诚服务”的理念赢得了良好的社会声誉。

（五）卓越质量管理体系

华润医药商业多年来一直坚持以“质量第一”的经营方针和“人品与药品同重”的价值理念，要求公司全体员工重视质量管理工作，强化质量管理意识，全力以赴保障人民医疗和药品供应安全，全心全意服务于人民健康事业。

华润医药商业严格遵守国务院颁布的《中华人民共和国药品管理法》等相关法律法规，并不断完善自身的质量管理保障体系，多年来夯实质量基础工作，致力于探寻质量管理的创新之路，在实施质量管理的过程中，依托精益化运营模式，涌现出大量具有优势化项目的成果，企业的质量管理工作多次获得全国及北京市质量管理优秀奖，同时也培养出一大批先进和优秀的质量管理工作者和技术带头人，确保企业持续健康发展。

由集团质量管理领导小组、质量管理部门负责研究和组织制定企业质量方针和目标、确定公司质量管理方面的重大决策；质量管理部门在药品经营管理活动中具有裁决权，对不符合制度、规范要求的商品、客户、行为等行使否决权。在各级领导、经营者、经营主体考核中也体现质量否决权的使用。

在日常业务工作中，华润医药商业规范流程制度、明确操作程序；严把首营企业和品种的审核关，强化入库验收环节，降低质量风险，确保入库药品质量万无一失；规范购销管理环节，增加对供销客户的定期审计和回顾评价等工作，确保供销渠道正规畅通。

华润医药商业集团有限公司非常注重信息数据管理工作，是药品流通企业中为数不多的能够拥有自主源代码的企业之一。多年来通过不断加强人员培训与信息化硬件投入，搭建了完整的信息化软件功能平台，建立了公司管理的 ERP 系统和物流管理的 WMS 系统，利用公司 ERP 和 WMS 系统联动保证药品在采购、储存、运输和销售等环节的质量稳定性和可追溯性，提升质量管理工作的水平，做到质量管理的科学化和信息化。

华润医药商业积极为行业发展做出贡献。积极参与新版《药品经营质量管理规范》（GSP）等相关法律法规的编写修订工作，创新思路、引领发展，参与制定行业规范，为其他企业提供示范和借鉴，获得了国家主管部门和社会各界的认同和高度信任。

（六）充满激情和活力的员工队伍

在面临管控模式、并购管理、集团化管理、管理层领导力发展、职能管理者专业化水平提升、企业文化整合等诸多挑战下，华润医药商业秉承“诚实守信、业绩导向、客户至上、感恩回报”的价值观和“尊重人的价值、开发人的潜能、升华人的心灵”的人才发展价值观，一方面加大对人才引进和培养的力度，另一方面采取有效的措施实施内部激励，通过企业文化凝聚团队，从而实现企业和员工的共同成长与发展。

结合“十二五”发展规划，华润医药商业积极引进在供应链管理、仓储物流管理、信息化、投资并购、财务等方面的专业化人才，以及具备创新思维的战略管理型、复合型人才，本着注重专业、不拘一格、亲属回避的原则，不断开拓招聘渠道，规范招聘流程，引入科学测评环节，通过提供挑战性的工作岗位，对标市场化薪酬等措施和手段，吸引企业所需的人才，通过引进新的人才为公司的骨干队伍注入活力，带来新的理念和思维。

华润医药商业集团非常重视人才的梯队培养，积极打造人才发展阶梯，为更多的优秀人才提供良好的机制和众多的机会，满足人才提升的愿望，为优秀人才发挥自己的才能创造有序、宽松的环境。华润医药商业出台《后备干部管理工作规定》，明确后备干部培养工作的原则，后备干部应具备的条件和资格、数量结构、选拔程序，后备干部的考察、培养和使用，以及后备干部的管理等内容，从利润中心选择后备干部进行储备、考察和培养。党委组织部门、人力资源部门负责考察后备干部综合德才素质和一贯表现，并通过学习培训、轮岗锻炼、交任务锻炼等形式进行日常培养。公司选拔干部贯彻平等、竞争的原则，在同等条件下当干部岗位出现空缺时，优先由后备干部中进行选拔。

华润医药商业集团着眼未来，充分认识到培训是造就人才、提高和发展员工素质的最主要途径，将培训和教育作为一项投资而不是消费，坚信人才的价

值会随着教育和培训的持续展开而不断增加，坚持不懈地致力于企业自身的人才培养。

集团采取“送出去、请进来”的办法。“送出去”即每年选送员工参加全国医药行业协会医药行业经理人培训，“华润大学”管理之道、“未来之星”培训，华润医药集团“润药超越”、“润药飞翔”系列培训，以及专项领导力培训等。“请进来”即公司内的培训项目，公司内的培训根据培训对象、培训目的不同，实施分层次的培训课程体系。培训不仅包含理论提升内容，还包括诸多案例研讨及学以致用的实践。通过培训，一方面，帮助员工更新技能，改善知识结构，激发他们的创造力和潜能。另一方面，培养全体员工的责任感、使命感和归属感，不断为他们创造发展机会，使之发现自我、表现自我，形成与企业同舟共济的价值观，从而着眼未来，使企业实现人才的连续性。

良好的激励机制是人才管理中最为重要的，华润医药商业针对不同类型及层级的员工采用不同的薪酬激励策略，秉承“业绩不向辛苦妥协”，突出工资与能力挂钩、津贴与特殊岗位挂钩、奖金与贡献大小挂钩的原则。分类型和层次的薪酬激励策略，使薪酬激励更加有针对性，激励作用更加突出。

与此同时，华润医药商业集团还充分认识到，对于优秀人才，激励不仅来自物质方面，更多的是来自精神上对公司的认同感和归属感，秉承华润集团“对员工要善”的理念，公司通过对员工的尊重与关怀，激发他们为实现企业和自我目标而奋斗的信心和决心，培养员工对企业的忠诚度和敬业精神。在华润医药商业充满了浓厚的情感气息，每当逢年过节，管理团队会到员工家中进行家访，到一线岗位对员工进行慰问，组织离退休职工茶话会，听取老员工对企业发展的建议和意见，表达对离退休员工的感激与尊重。员工过生日，公司会通过工会送上生日祝福和礼物。员工或家属生病，部门负责人、工会负责人甚至高管团队的领导都会亲自前去看望。员工结婚，公司都会把这视为自己家庭的喜事而给予热烈祝贺，公司还曾举办过集体婚礼。公司有些活动还会邀请员工家属参加，一起分享大家庭的快乐。这些都不只是一种形式，而是一个充满企业对员工的感激、尊重、关爱的感情载体。在 2012 年由外部机构进行的员工敬业度调查中，华润医药商业整体员工敬业度处于高绩效/最佳雇主地带。

华润医药商业正在通过人力资源管理的提升，打造充满激情的员工队伍，使源源不断的人才在这里实现自己人生梦想的同时，实现企业的价值和股东价值的最大化。

三　新的光荣与梦想

当前，国家新医改政策对行业提出了新的要求，商务部药品流通“十二五”规划制定了转变经济结构和发展方式的基调，这些都给医药流通行业带来了巨大的发展机遇和挑战。提高行业集中度；完善药品流通网络；发展现代医药物流，提高药品流通效率；推动医药物流服务专业化发展；等等。这些都是药品流通“十二五”规划中提出的行业发展的主要任务。华润医药商业正站在一个历史发展的新起点上。

从2010年的166亿元到2012年的615亿元，再到2013年的734亿元，四年时间华润医药商业销售规模翻了两番。这首先靠的是华润集团和华润医药集团的巨大能量，华润在品牌、资金、体制机制创新以及政府事务等方面给予的整体支持，使华润医药商业的并购扩张和内生式增长得以顺利达成；其次靠的是企业自身的优势，华润医药商业及其下属子公司抓住新医改政策和加入华润带来的发展机遇，凭借多年在区域的领先地位和优势，使自身商业价值得到极大发挥；最后靠的是管理团队和员工队伍的凝聚力。在华润的旗帜下，华润医药商业管理团队迅速由区域管理向集团化管理转变，原来的“老板”迅速转变为华润优秀经理人。在华润“诚实守信”的核心价值观的引领下，华润医药商业积极营造“简单、坦诚、阳光”的组织氛围，通过各种有效途径和手段，培养和造就一支结构优化、数量充足、配置合理、素质优良的企业员工队伍。企业关爱员工，员工将全部力量奉献给企业，先进企业文化激发出人的潜能，成为企业无坚不摧的动力源泉。

如今，华润医药商业正向着“2015年销售超过1000亿元，成为中国医药行业引领者”的目标进军。它将秉承华润文化，坚持走科技创新的道路，努力打造“专业化、高效率、重服务”的中国医药流通企业领先品牌形象，成为最有价值的中国医药流通领军企业，努力为人民的健康事业、为百姓用药安全做出应有的贡献，实现新的光荣与梦想。

B.14

九州通经营模式的行业突破与创新发展

——以市场分销为主的医药流通经营模式的构建

九州通医药集团股份有限公司

九州通医药集团股份有限公司（以下简称“九州通”）是一家以药品、医疗器械、生物制品、保健品等产品批发、零售连锁、药品生产与研发及有关增值服务为核心业务的大型企业集团。公司是中国医药商业领域具有全国性网络的少数几家企业之一；已连续多年居于中国医药商业企业前列、中国民营医药商业企业第1位；2013年，位列《财富》（中文版）500强第160、中国民营企业500强第79。公司是在中国医药商业行业处于领先地位的上市公司（股票简称：九州通，证券代码：600998）。

公司总部位于湖北省武汉市，凭借在行业中率先开创的“低成本、高效率”的市场化经营模式，在竞争激烈的医药流通市场占有一席之地。截至2013年12月31日，公司总资产186亿元，员工近万人，下属子公司100余家（直接控股子公司43家，见图1），直营和加盟零售连锁药店800余家。2001～2013年公司销售业绩保持快速增长，年均复合增长率达30%以上，2013年营业收入近400亿元（含税），上缴税收约5亿元。

一 九州通基本情况介绍

（一）公司设立与发行情况

九州通是经湖北省商务厅批准，于2008年11月28日由九州通集团有限公司整体变更设立的股份有限公司（公司设立时股权结构，见表1）。公司前身为武汉均大储运有限公司，是1999年3月9日由刘宝林和刘树林分别

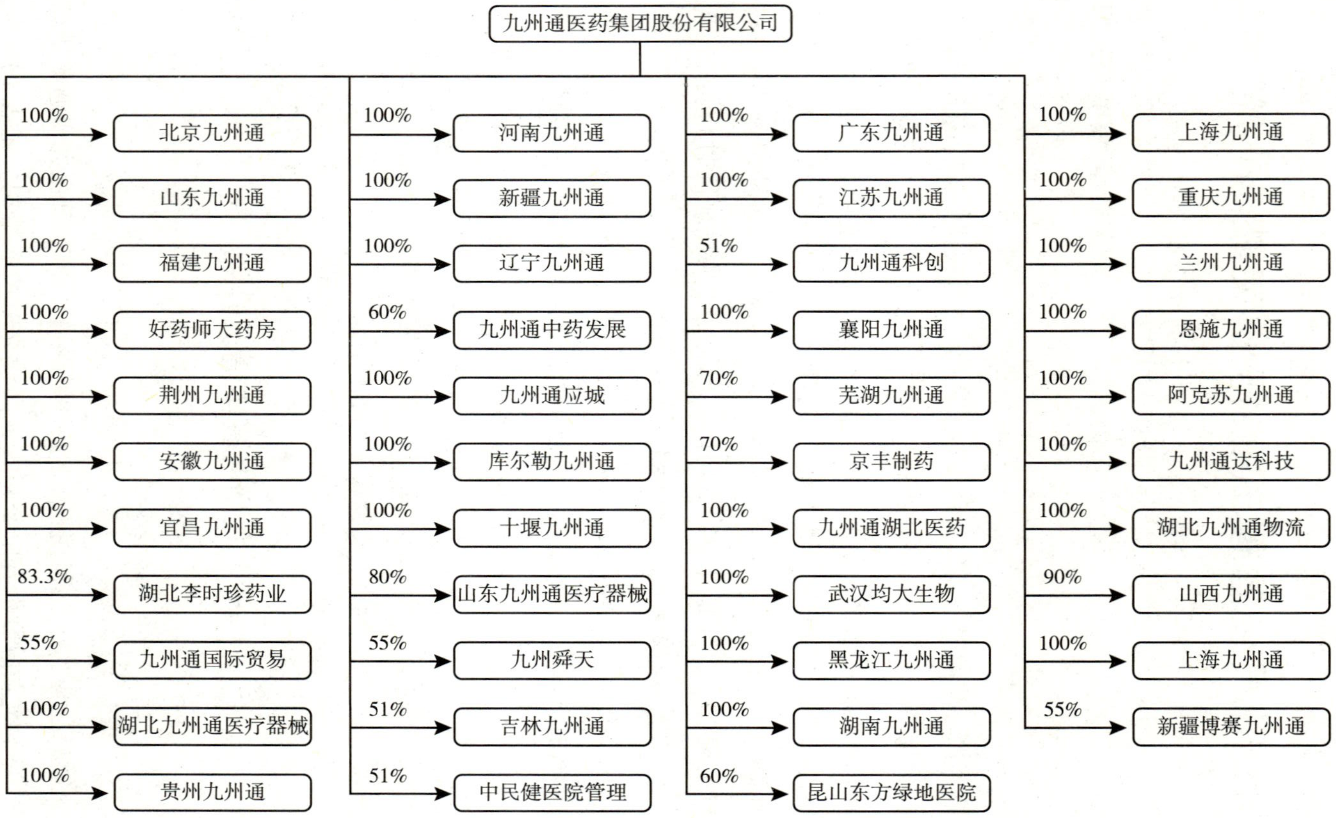

九州通医药集团股份有限公司

子公司	持股比例	子公司	持股比例	子公司	持股比例	子公司	持股比例
北京九州通	100%	河南九州通	100%	广东九州通	100%	上海九州通	100%
山东九州通	100%	新疆九州通	100%	江苏九州通	100%	重庆九州通	100%
福建九州通	100%	辽宁九州通	100%	九州通科创	51%	兰州九州通	100%
好药师大药房	100%	九州通中药发展	60%	襄阳九州通	100%	恩施九州通	100%
荆州九州通	100%	九州通应城	100%	芜湖九州通	70%	阿克苏九州通	100%
安徽九州通	100%	库尔勒九州通	100%	京丰制药	70%	九州通达科技	100%
宜昌九州通	100%	十堰九州通	100%	九州通湖北医药	100%	湖北九州通物流	100%
湖北李时珍药业	83.3%	山东九州通医疗器械	80%	武汉均大生物	100%	山西九州通	90%
九州通国际贸易	55%	九州舜天	55%	黑龙江九州通	100%	上海九州通	100%
湖北九州通医疗器械	100%	吉林九州通	51%	湖南九州通	100%	新疆博赛九州通	55%
贵州九州通	100%	中民健医院管理	51%	昆山东方绿地医院	60%		

图1 公司拥有43家直接控股子公司结构

以现金154万元和46万元共同出资设立，注册资本200万元。经过历次增资、股权变更及更名后，于2003年10月28日变更为九州通集团有限公司。

表1 公司设立时的股权结构

单位：股，%

股东名称	股数	占总股本比例
上海弘康实业投资有限公司	423729118	36.20
狮龙国际集团(香港)有限公司	346820609	29.63
武汉楚昌投资有限公司	164577633	14.06
中山广银投资有限公司	132624583	11.33
北京点金投资有限公司	102763876	8.78
股本总额	1170515819	100.00

2010年10月9日，公司经中国证券监督管理委员会证监许可〔2010〕1354号文批准，公开发行人民币普通股150000000股，并经上海证券交易所上证上字〔2010〕29号文核准，于2010年11月2日在上海证券交易所上市交易，公司总股本增至1420515819股。2014年2月18日，公司经中国证券监督管理委员会证监许可〔2014〕212号文核准，非公开发行人民币普通股189100815股，变更后公司总股本为1609616634股（非公开发行后的前10名股东情况，见表2）。

表2 非公开发行后前10名股东情况

单位：股，%

序号	股东名称	股份数量	占总股本比例	限售股份数量
1	上海弘康实业投资有限公司	433129118	26.91	—
2	狮龙国际集团(香港)有限公司	227920609	14.16	—
3	武汉楚昌投资有限公司	164577633	10.22	—
4	中山广银投资有限公司	132624583	8.24	—
5	北京点金投资有限公司	102763876	6.38	—
6	齐鲁证券－光大银行－齐鲁证券有限公司浦汇赢集合资产管理计划	80108991	4.98	80108991
7	华安基金－工商银行－华润信托－华润信托·增利2号集合资金信托计划	45413260	2.82	45413260
8	云南白药控股有限公司	27247956	1.69	27247956
9	刘树林	26317200	1.63	
10	刘兆年	22454200	1.40	
合　计		1262557426	78.43	152770207

九州通第一大股东为上海弘康实业投资有限公司（以下简称“上海弘康”），刘宝林先生是九州通的实际控制人。截至2014年3月14日，上海弘康持有九州通433129118股股份，占总股本的比例为26.91%。刘宝林分别持有上海弘康及持5%以上股份的股东武汉楚昌投资有限公司、中山广银投资有限公司、北京点金投资有限公司90.00%、51.34%、42.52%和56.00%的股份，间接控制九州通（刘宝林先生间接持有的九州通股份情况，见图2）。

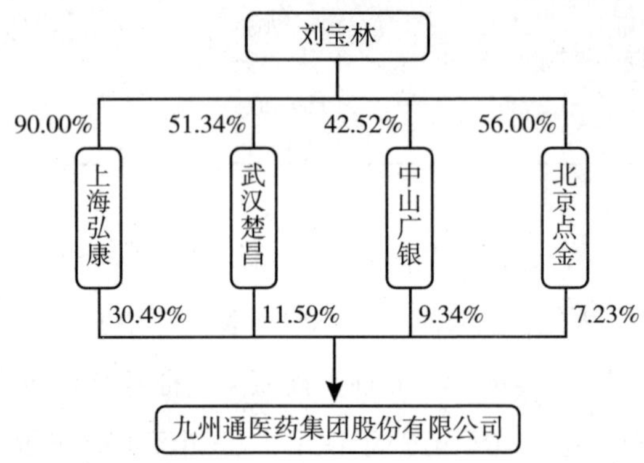

图2　公司设立时的股权结构

（二）公司的主营业务及经营模式

九州通主营业务由药品、医疗器械、生物制品、保健品等产品的批发、零售连锁与药品生产和研发以及有关增值服务构成。其中，药品、医疗器械等医药批发业务占公司主营业务收入的97%以上（2010～2012年营业收入及占比情况如表3所示）。

表3　2010～2012年营业收入及占比情况

单位：万元，%

业务类型	2012年		2011年		2010年	
	金额	占比	金额	占比	金额	占比
医药批发及相关业务	2857492.09	97.18	2422616.90	97.69	2072848.35	97.99
医药零售	46596.26	1.58	24394.33	0.98	16861.02	0.80
医药工业	36191.05	1.23	32809.21	1.32	25694.06	1.21
合　　计	2940279.40	100.00	2479820.44	100.00	2115403.43	100.00

公司在国内开创了“低成本、高效率”的以市场分销为主的经营模式，该模式被中国医药界誉为“九州通模式”并成为中国医药商业流通的主流模式之一，铸就了享誉中国医药行业的九州通品牌。

在十几年的时间里，九州通凭借九州通模式迅速成长为医药商业流通行业的龙头企业。2000年九州通第一家子公司——湖北九州通医药有限公司正式成立。2001～2013年该公司年销售收入（含税）分别为15亿元、33亿元、62亿元、84亿元、110亿元、128亿元、158亿元、189亿元、220亿元、248亿元、288亿元、341亿元、385亿元，年均复合增长率达30%以上。

九州通不断丰富该模式的内涵，优化该模式的核心竞争力，使其始终保持着旺盛的生命力，承担起了补充医药商业流通行业“面向二级及以上医疗机构为主的经营模式”的单一主流模式的重任，促进了行业的市场化竞争与健康发展。分析该模式的产生背景、模式特点、特色做法、成功经验及未来的创新发展方向，对医药流通行业的经营模式创新具有重要的借鉴意义。

二 九州通经营模式产生的背景

（一）国家政策及医药商业流通体制背景

我国的医药流通行业经历了体制上的变革，从新中国成立至20世纪80年代初，医药领域的生产和流通一直实行计划经济体制，采取计划生产和计划配送，医药流通环节全部由政府和国有企业控制。改革开放以后，医药市场逐渐放开，原有计划体制逐步向市场经济转型，特别是从1999年开始，医药商业市场向民营企业开放，以九州通为代表的民营医药商业企业迅速加入到市场竞争中，并试图探索一种适应市场经济体制下的新经营模式。

由于我国药品终端消费量70%以上是通过医院所属的药房供给患者，而在“医药不分”的体制下，医院在药品采购和销售中具有绝对的话语权，所欠药品供应商的账期也较长。同时，“以药补医”“固定加价率（一般是15%）”等机制会鼓励医院倾向于选择高价药品，而不愿意选择低价药品，这种“以药补医”机制使得医药商业企业与医院的药品交易成为一种“高进、高出”的经营模式，即面向二级及以上医疗机构为主的传统经营模式。该模式回款期较长、资金使用效率较低等弱点为新经营模式的产生创造了条件。

（二）行业发展及市场化竞争背景

随着我国经济的快速发展，人民卫生保健服务水平逐步提高，医药市场规模得到快速增长，医药产业及医药流通行业进入高速增长期。由于我国医药流通企业数量多（1.39 万家），行业竞争日趋激烈，业务模式市场化程度高且具有现代物流技术与信息技术等核心竞争力的企业将依托自身品牌、渠道、资金和管理等优势迅速崛起。

九州通自成立第一家子公司以来，即将现代物流技术和信息技术的开发应用能力放在打造企业核心竞争力的首位。公司提高了医药物流的作业效率，降低了差错率，进而大幅度地降低了医药物流成本，为“低成本、高效率”的新经营模式的创立提供了技术条件。

（三）行业市场供求状况及九州通寻求差异化竞争的需要

我国医药流通行业因受惠于多项社会经济因素（如我国经济的持续快速增长，庞大的人口基数及老龄化趋势，人民生活水平的提高、健康意识的增强，以及我国政府的积极支持）而出现市场供求不断增长的良好局面。巨大的市场需求倒逼市场开创一种“快进、快出”“低成本、高效率”的市场化分销模式，以满足巨大的增量市场。

为了顺应市场需求，在竞争激烈的医药流通市场占有一席之地，寻求差异化竞争优势，九州通开始寻找不同的目标市场，并在经营品种、资金周转、客户服务等方面进行重新定位，率先开创了与“高进、高出”传统经营模式有别的，以市场分销为主的医药流通经营模式。

三　九州通经营模式特点及主要做法

（一）九州通经营模式的主要特点

“九州通模式”主要以下游分销商、药店、民营医院和诊所等市场化客户

为主要销售对象，提供药品销售及配送服务，特点是毛利率较低、费用较少、库存周转速度较快和账期较短。该模式最大的创新之处主要包括市场化的价格形成机制、丰富的经营品种、快捷的配送速度和宽域的服务半径、快速的资金周转速度及良好的客户服务体系五个方面。

与传统经营模式相比，“九州通模式”的特点主要体现在以下五个方面，具体如表4所示。

表4 九州通模式的特点

经营模式比较	九州通模式	传统经营模式
目标市场不同	市场以基层医疗机构（二级以下医院、社区诊所等）、药店及下游分销商为主	市场以中高端医疗机构（二级以上医院）为主
经营品种不同	经营品种以日常用药（普药）为主，非处方药（OTC产品）占较大比例	经营品种以处方药为主，处方药占较大比重
价格形成机制不同	在不超过国家最高限价下，市场竞争充分，价格由市场供求关系决定。“物美价廉”的市场规则发挥作用	在不超过国家最高限价下，通过固定的15%加价制度，对于同一品种，市场需求者偏好价高品种。“物美价廉”的市场规则失效
资金周转速度不同	资金周转速度较快，公司下游客户的账期通常在一个星期内；销量大的客户账期限制在一个月以内；少量规模大、信誉好的客户允许账期超过一个月。公司的平均回款周期一般为1～2周	资金周转速度较慢，中高端医院在药品购销市场中地位较为强势，账期较长，一般为3～6个月以上
客户服务体系不同	除下游分销商外，其他客户具有分散、少批量、多批次、个性化的不同需求，因此需要公司提供差异化、精细化、高频率的物流配送服务	由于主要客户为中高端医院，客户较为集中，需求量大，配送服务的差异化较小

（二）九州通经营模式的特色做法

1. 选择差异化的目标市场，打造市场化的价格形成机制

九州通的客户对象是市场化的主体，无论是上游供应商或是下游客户，完全是依据市场化的原则进行经销活动。公司拥有全国性的销售及配送网络，在十几年的时间内，先后在湖北、北京、上海、广东、浙江等22个省级行政区投资设立了省级医药物流中心，同时向下延伸并兴建了31家地市级物流中心、近400个办事处。九州通覆盖了中国大部分的行政区域的全国性网络越来越受

到各药品生产企业的青睐，行业地位得以不断提升，加之公司多年来在药品生产企业中形成的商业信誉，往往可以获得药品生产厂家有别于其他同类分销商的优惠政策。九州通面对下游市场化的主体，采取灵活的销售定价策略，根据不同品种、不同客户、不同区域、不同季节等市场情况，差别加价，并且将从上游客户争取的优惠政策让渡给下游客户，从而使得九州通始终在市场竞争中保持优势。这种市场化的价格形成机制有别于医院药品销售的非市场化价格形成机制。

表 5　物流中心分布情况

单位：个

区　域	省级医药物流中心	地市级医药物流中心	备注
华中区域	湖北（武汉）、河南（郑州）	湖北荆州、襄阳、恩施、应城、宜昌、十堰、李时珍、罗田，河南商丘、三门峡、信阳	13
华北区域	北京、内蒙古（呼和浩特）、天津、山西（太原）	赤峰	5
华东区域	上海、江苏（南京）、山东（济南）、福建（福州）、江西（南昌）、浙江（杭州）、安徽（合肥）	江苏淮安，山东青岛、临沂，浙江温州，福建厦门，安徽芜湖	13
华南区域	广东（中山）、广西（南宁）	广州、深圳、湛江、阳江	6
西南区域	重庆、四川（成都）	重庆万州，四川绵阳、遂宁	5
西北区域	新疆（乌鲁木齐）、甘肃（兰州）	新疆伊犁、喀什、阿克苏、库尔勒、奎屯	7
东北区域	辽宁（沈阳）、黑龙江、吉林（通化）	吉林长春	4
合　计	22	31	53

2. 经营丰富的品种结构，满足客户的一站式采购需求

九州通与 5600 多家上游供货商保持了良好的合作关系，同时与超过 70000 家下游客户建立了稳定的业务关系。公司除了经营药品之外，还经营保健品、中药饮片、医疗器械、计生用品等产品，经营的品种品规达 16 万余个，成为行业内企业中经营品种最齐全的企业之一。这些众多的经营品种是公司多年来业务经营、开拓与积累的结果，为公司未来业务的发展和拓展奠定了良好

的基础，同时，在同类企业中也具有明显的优势，既可以满足现时下游客户群体个性化、多样化、一站式采购的需求，又可以有效地节约客户的采购成本和采购时间，为公司与客户建立稳定的业务关系创造了良好条件。

3. 持续优化物流配送系统和信息网络，提供快捷的配送速度和宽域的服务半径

九州通早在2001年就开始进行现代医药物流流程以及相关物流技术、信息技术的研究，并与国内外先进的物流集成商进行技术交流，探索将国内外先进的物流技术与中国医药物流的具体国情相结合的物流模式，以持续优化物流配送系统和信息网络。

公司利用强大的物流配送系统和信息网络系统，可以有效而快捷地处理客户订单，并及时地向下游客户提供配送服务。公司根据客户配送距离的差异，划分为不同的供应圈，利用运输管理系统，优化配送线路，以达到方便快捷配送的目的。九州通以及下属子公司的服务半径不限于所在地的城市，有效配送范围为200公里，对于超过200公里范围的客户，也可以在24小时内送达。这与仅服务于本地客户的公司的服务半径有很大的不同。

九州通的现代医药物流系统和信息管理系统，可以满足客户多批次、多品规、小批量、物流量大的要求，在保持较低的物流成本和具有很高的运行效率的条件下，服务的客户群体范围大大增加，业务的范围进一步拓宽，并成为九州通的核心竞争力。

基于在现代医药物流技术和信息技术运用方面所取得的成绩，九州通于2008年荣获“中国物流改革开放30年旗帜企业”称号，是全国1万多家医药商业企业中唯一获此殊荣的企业；于2010年和2012年连续两届荣获“5A物流企业”殊荣；并于2012年荣获“中国十佳物流企业”称号。

4. 重视下游客户的差异化资信管理，保证相对快速的资金周转速度

九州通对下游客户实行信用等级的差别管理。公司下游一般客户的账期通常在2个星期内；销量大的客户账期限制在1个月以内；少量规模大、信誉好的客户允许账期超过1个月。同时，公司最近几年加大了对二级及以上中高端医疗机构的开拓力度，因该等医疗机构在药品流通链条上的优势地位，其应收账款账期相应较长。即使公司的平均回款周期受该等医疗机构的影响较以往有所增长，但仍明显低于同行业公司应收账款的回收期。

5. 满足客户的个性化需求，提升的客户服务质量

公司根据客户的不同需求，提供良好的、差异化的服务。公司除了保证及时为客户提供配送服务外，还利用网站与客户进行及时的行业信息交流、药品质量信息沟通以及开展“点对点”的个性化服务等。与此同时，公司在客户密集地区或者市场较大的地区设立了办事处，专人分片、分户地不断跟踪客户的服务信息，上门收集客户的商品信息，满足客户各种需求。

四　九州通经营模式的行业突破与可持续动因

（一）九州通经营模式的行业与社会价值

九州通凭借率先开创的市场分销商业模式迅速成长，从 2000 年第一家子公司湖北九州通医药有限公司正式成立起，在短短几年内，从一家名不见经传的地方企业，迅速攀升至中国医药商业企业第三的位置，并连续多年居于中国医药商业企业前列、中国民营医药商业企业第一位；公司业务范围快速扩张至全国，并以武汉为中心，在北京、上海、广东、新疆、郑州等大中城市成立下属子公司，从而形成连锁优势以降低医药供应链成本，提高客户服务水平。

“九州通模式”这种灵活的经营模式成为同行纷纷效仿的对象，积极推动了医药物流行业的健康发展，被认为是中国医药商业史上一项重大突破。由于该模式是在国家政策市场化及市场高度竞争的背景下产生的，支持模式运营的各项核心竞争力，如业务运营流程、销售采购模式、质量管理体系、物流信息技术等都代表了行业的发展方向，成为行业的标杆。

该模式产生了重大的社会价值，公司严格控制成本，坚持让利于客户和患者的经营理念，市场化的价格形成机制充分发挥作用。九州通通过规模采购方式降低采购成本，实行低成本购进、低成本经营、平价销售，把药品送到城市药店、民营医院、私人诊所、边远山区、乡村卫生室，让老百姓购药既方便又便宜。

（二）九州通经营模式可持续发展的动因

1. 灵活的体制、机制及市场化经营模式，符合改革的方向与发展趋势

作为全国最大的民营医药流通企业，九州通具有机制灵活、决策高效的竞争优势。九州通的核心管理成员以及业务骨干持有公司股份，他们的个人利益与公司利益紧紧联系在一起，且民营企业在设定股权激励机制方面具有国有或者国有控股企业无可比拟的灵活性和便捷性，这不仅可以更加激发公司的现职人员对公司事业发展的认同感，而且还可以更加方便地吸纳外部高级人才加盟公司。公司现有骨干人员和核心人员大多数都参与了公司的早期创业，与公司一起在艰苦的创业过程中成长，忠诚度高、业务经验丰富。他们既是公司的创业者，又是公司的职业经理人，个人利益与公司利益一致，团队事业认同感强、决策快捷，协同步调一致，能充分发挥集团的整体优势。

九州通现行的业务领域是一个充分竞争的市场领域，主要客户对象为基层医疗机构、药店、分销商等。这一领域的特点是竞争激烈、完全市场化，只有那些“服务好、价格低、质量优”的商业流通企业才能在竞争中获得先机并脱颖而出，也只有那些“低成本、高效率”的企业才具有充分的市场竞争优势。九州通在这一充分市场化领域开创的市场化经营模式获得了快速发展和市场的认同。

九州通目前正在加大对二级及以上医院等高端医疗机构的开发力度，逐步进入该市场领域，随着中国医药卫生体制改革的不断推进，“医药分开”体制的逐步建立，“以药补医”机制的逐步废除，特别是随着公立医疗机构逐步试行“按病种收费”，药品成为医疗机构的一种成本开支，而不是一个单独加价收费的种类时，“物美价廉”的市场机制就会在医疗机构的药品采购中发挥作用，快捷便利的服务优势就会得到医疗机构的广泛认同。由此，九州通的市场化经营模式就会体现出明显的竞争优势，符合中国医药流通体制的改革方向及发展趋势，也保证了该模式的持久生命力。

2. 高度集中的集团化管控体系，保证经营模式的低成本、高效率运作

九州通在全国设立的子公司或物流中心，主要为集团下属的全资子公司，子公司的利益与集团利益是完全一致的，集团的利益也完全体现在子公司的利益

之中，各子公司之间的利益也是一致的。集团设立的各管理机构主要为各个下属企业提供战略指导、政策支持、资金保障、业务协调、业绩考核、人员调配、信息交流等服务，并对下属企业进行严格的监督、检查、审计和监察等。

九州通与下属企业之间在经营管理、业务开展、财务核算和人员安排等方面实行无缝连接，实行高度统一和集中管控，而不是一种简单的财务报表合并和品种资源输送。九州通实行的全国统一管控体系，可以最大限度地发挥集团优势，形成一致的经营政策，也能大大降低集团化条件下的公司管理成本，减少不必要的内耗，提高工作效率，保证了该模式的长期低成本运作优势。

3. 高效专业的资本化运作，为经营模式的持续性提供了资金支持

由于医药商业流通企业的经营模式主要是通过向上游医药生产企业采购药品，再向下游的医疗机构、分销商和药店等销售，在日常经营中需要大量的资金支持，属于资金密集型企业。同时，随着业务规模的不断扩大，医药流通企业的应收账款和存货规模可能持续保持在较高水平，进而对资金形成一定的占用。此外，医药商业流通企业需要投入相应的流动资金建设仓储、物流设施和购置运输设备和配备信息系统，才能完成日常的经营活动。

2010 年 10 月 9 日，经中国证券监督管理委员会证监许可〔2010〕1354 号文批准，公司采用网下向询价对象询价配售与网上向社会公众投资者定价发行相结合的方式，公开发行人民币普通股 15000 万股，成功募集资金总额为 1950000000 元，扣除发行费用 56826742. 17 元，实际募集资金净额为 1893173257. 83 元，顺利完成了国内资本平台的搭建，资金实力显著增强。

2012 年 10 月，九州通顺利发行了总额为 16 亿元的长期公司债券，并多次滚动发行 1 年期短期融资券，大大改善了公司的财务结构，提高了资金使用效率，降低了公司财务成本。

2014 年 2 月 18 日，经中国证券监督管理委员会证监许可〔2014〕212 号文核准，公司非公开发行人民币普通股 189100815 股。发行价格为每股人民币 11. 01 元，可募集资金总额为人民币 2081999973. 15 元。扣除保荐及承销费、审计及验资费、律师费、信息披露费、股权登记费、印花税等发行费用合计人民币 20115558. 76 元后，募集资金净额为人民币 2061884414. 39 元，其中增加股本人民币 189100815. 00 元，增加资本公积人民币 1872783599. 39 元。

九州通成功发行上市及多次高效专业的资本市场再融资，为经营模式的持续性提供了有力的资金支持。

4. 成熟的战略定期规划机制，为经营模式下的业务开展方向提供了战略支持

九州通具有成熟的战略规划机制，公司在上市前即引入正略钧策咨询公司全面梳理集团战略，明确提出了集团的企业理念、业务组合战略和与战略规划配套的集团管控方案。经历 3 年来的时间验证，2010 年集团整体战略促进了集团快速发展，所形成的业务组合和事业部运营机制经受住了市场的考验，基本实现了战略规划的目标，使集团能以明确的市场定位和策略在激烈的竞争中占据行业领航者的地位。

随着集团战略业务逐步走向成熟，新业务和新经营模式的探索深入推进，公司群规模不断扩大，集团正面临迎接行业格局变革、业务组合战略调整、明确新时期战略实现路径以及集团管控幅度增大等新挑战，因此九州通在 2013 年底再次梳理集团战略，制定集团新三年战略规划，为公司未来业务开展明确了方向，这种成熟的战略规划机制为经营模式下的业务执行提供了战略指导支持。

5. 原生态的“家文化”体系，为经营模式的先进性提供了精神支持

企业文化是企业的灵魂，是推动企业发展的不竭动力。企业文化对内是一种凝聚力，对外是一种辐射力。九州通经过多年的发展形成了以创造共同事业的文化、主人翁文化、平台文化、服务文化、学校文化、团队文化、家规文化等为主要内涵的原生态“家”文化体系，提倡“勤俭节约”“团结友爱”“互帮共进”等理念。公司通过对企业形象的设计和企业精神的培养，建立企业文化，将员工的思想和行为统一于九州通发展的远景目标和共同价值观，激发员工工作的积极性和创造性；同时坚持“责任心、危机感、执行力”的核心价值观，不断进行文化整合，利用“家”文化纽带增强集团的凝聚力、向心力和竞争力，充分发挥企业文化在增强企业核心竞争力中的重要促进作用。

九州通结合自身行业特征，将客户服务贯穿于企业经营和管理的始终，持续提升员工素质和规范企业形象，九州通在全集团持续开展了“服务从微笑开始”“每天进步一点”“金牌保姆计划”“我是公司主人翁”等大型年度主题活动。这些活动的广泛开展，提高了九州通的行业服务水平，规范了员工的行为，增强了企业的核心竞争力，促进了企业的可持续发展，为经营模式的先进性提供了精神支持。

五　九州通经营模式的创新发展

（一）九州通经营模式带动管理模式及服务模式的变革

1. 市场化经营模式带动集团化管理模式的创新

九州通经营模式对公司各业务环节提出了较高的要求：对采购与销售环节的定价能力，成本、费用控制能力，物流配送能力提出了较高要求；随着该模式的不断优化与创新，带动了公司集团化管理模式的创新。

公司自2008年开始试行“采购集中和财务集中”的“两集中”管理模式，在行业内引起了很大的反响。公司在集团高度集中管控的条件下，利用全国的服务体系，为上游客户提供采购和结算的一站式服务，使上游客户避免到九州通分散于全国各地的下属公司进行业务对接、财务结算以及政策协调，从而大大降低了客户的交易成本。这一管理模式是在市场化经营模式带动下的变革与创新。

2. 市场化经营模式带动公司服务模式向全产业链服务转变

随着新医改配套措施的贯彻落实和市场竞争的加剧，行业毛利率会进一步向市场化方向靠近，传统的商业购销模式面临巨大挑战。依靠市场化经营模式的核心竞争力，创新业务与服务模式、推广信息技术在企业管理上的应用、开展供应链管理，已成为药品流通企业增强核心竞争力的关键。

九州通积极探索向医疗机构和生产企业提供现代医药物流增值服务，已形成面向医药物流企业的“物流规划与集成的整体解决方案”、面向医药企业的“供应链整合与整体解决方案”以及面向医院及区域医疗管理机构的“医院供应链协同解决方案与医疗卫生信息管理系统”等三大产品线。在行业内产生了良好的示范效应，得到了更多企业的学习与效仿，并不断丰富和深化服务内容，建立与上游供应商和下游客户的新型合作关系，有效整合资源，实现互利

共赢，从而带动药品流通行业从商业购销模式向全产业链服务模式转变。

2011 年，九州通成为商务部首批医药物流延伸示范工程，并在全国医药流通行业大力推广。公司自主构建的“院内统一配送”“智能化药库改造”和“中心药库外延”三大医药物流外延服务模式，得到了行业与社会的广泛认可。

（二）九州通经营模式的电子商务化探索

九州通的电子商务化探索一直伴随着“九州通模式”的创新与发展，公司早在 2000 年就创办了 B2B 电商网站“九州通医药网”（现更名为“九州通医药电子商务交易平台”），是行业中最早开展电子商务交易业务的企业之一。公司现已取得《中华人民共和国电信与信息服务业务经营许可证》、《中华人民共和国互联网药品信息服务资格证书》、《互联网药品交易服务资格证书》（B2B 模式）和《中华人民共和国互联网药品交易服务资格证书》（B2C 模式），成为行业中少数具有合法提供医药信息和开展网上药品交易资质的企业之一，也是少数同时具有“B2B 模式”和“B2C 模式”互联网药品交易服务资格的企业之一。鉴于九州通在电子商务方面所取得的突出成绩，第九届中国国际电子商务大会授予九州通“电子商务应用成功典范”“优秀企业会员”两项大奖，九州通电子商务模式被评为“典型应用案例”收录于中国电子商务案例汇编集。

九州通医药电子商务（B2C）线上业务平台“好药师网上药店”自上线以来，业务发展快速增长，2012 年全年实现销售收入 7638.94 万元，月均销售增长幅度约 20%，同时已建立北京、成都、上海、广东、武汉 5 个区域的 B2C 仓储分拣基地。除此之外，公司还在天猫、1 号店、库巴、当当、亚马逊等电商网站开设网上药店进行销售，其药品销售均有不错的表现。

公司未来战略规划报告已将医药电子商务业务提升为公司的战略业务，确定了电子商务的大健康平台战略方向，明确了发展思路、战略目标及各项战略举措，九州通的医药电子商务将对现有经营模式产生颠覆式影响，相信未来会创造出一种更加快捷、方便、市场化的经营模式。

附　　录

Appendix

B.15

医药流通统计数据及报表

表 1　2011～2013 年药品流通行业销售统计

单位：亿元

年份	2011	2012	2013
销售额	9426	11174	13036

表 2　2013 年药品流通行业区域总销售排序

单位：万元，%

序号	地　区	销售总额	药品类销售占比	中成药类销售占比	中药材类销售占比
1	北　京	11928112	72. 69	13. 32	2. 60
2	上　海	11012246	75. 86	10. 79	4. 97
3	广　东	10376783	70. 21	19. 60	4. 45
4	江　苏	10022113	81. 55	12. 73	1. 83
5	浙　江	9266777	76. 04	15. 13	4. 02
6	安　徽	9181328	68. 14	17. 82	6. 66

续表

序号	地　区	销售总额	药品类销售占比	中成药类销售占比	中药材类销售占比
7	山　东	7250771	78. 55	16. 26	1. 58
8	重　庆	5713150	69. 77	17. 79	8. 49
9	天　津	4795571	49. 51	29. 45	0. 55
10	四　川	4714374	72. 29	10. 52	7. 80
11	湖　北	4672031	67. 69	22. 06	1. 19
12	河　北	4590799	75. 01	15. 89	3. 76
13	河　南	4344582	81. 01	10. 83	3. 56
14	云　南	4295784	80. 21	9. 95	1. 43
15	湖　南	4257587	69. 93	13. 64	4. 79
16	辽　宁	2827289	77. 99	18. 03	1. 30
17	山　西	2532807	76. 38	17. 62	2. 01
18	陕　西	2530998	60. 68	16. 94	6. 73
19	福　建	2472873	84. 04	8. 53	3. 02
20	黑龙江	2132261	84. 06	4. 75	1. 24
21	江　西	1955333	69. 60	21. 81	1. 89
22	吉　林	1905219	85. 75	9. 56	0. 53
23	广　西	1902500	72. 01	18. 27	1. 58
24	海　南	1379460	88. 77	6. 44	0. 38
25	贵　州	1177416	73. 16	17. 88	1. 60
26	新　疆	1049177	76. 35	20. 00	0. 15
27	甘　肃	884584	71. 55	11. 55	11. 36
28	内蒙古	598937	84. 48	8. 76	1. 61
29	宁　夏	256262	73. 83	19. 00	0. 88
30	西　藏	242938	100. 00	0. 00	0. 00
31	青　海	87770	74. 05	17. 80	3. 01
全国总计		130357832	73. 82	15. 23	3. 61

资料来源：商务部药品流通行业统计系统。

表 3　2010～2012 年药品流通行业企业数量统计

单位：家

年份	2010	2011	2012
批发企业数量	13500	13900	16300
零售连锁企业数量	2310	2607	3107
零售单体药店	262000	277100	271100

注：2013 年药品流通企业数量尚未公布。

资料来源：国家食品药品监督管理总局。

表 4　2013 年药品流通行业区域企业数量统计

单位：家

项　　目	企业数量		
	企业总数	其中:批发企业数	其中:零售企业数
北　　京	5797	293	5504
天　　津	3048	198	2850
河　　北	15227	821	14406
山　　西	9782	436	9346
内 蒙 古	11327	189	11138
辽　　宁	17042	351	16691
吉　　林	13771	410	13361
黑 龙 江	11255	498	10757
上　　海	3503	128	3375
安　　徽	12102	579	11523
福　　建	9271	478	8793
江　　西	461	261	200
山　　东	22240	726	21514
河　　南	17862	323	17539
湖　　南	4077	395	3682
广　　西	7263	400	6863
海　　南	2917	376	2541
四　　川	7630	1104	6526
贵　　州	233	177	56
陕　　西	8080	989	7091
甘　　肃	6974	451	6523
新　　疆	8048	259	7789
合　　计	197910	9842	188068

资料来源：商务部药品流通行业统计系统。

表5　2013年药品流通行业区域零售企业门店及医保定点门店数量统计

单位：家，%

项　目	企业数		门店数					医保定点门店数	医保门店占比
	零售企业总数	其中:连锁企业数	门店总数	门店同比增长	上年同期	其中:单体门店数	其中:连锁门店数		
北　京	5504	41	5463	2.09	5351	4364	1099	97	1.78
天　津	2850	35	3569	6.22	3360	2819	750	278	7.79
河　北	14406	672	13228	10.82	11936	11263	1965	7801	58.97
山　西	9346	48	9345	1.01	9252	6895	2450	—	—
内蒙古	11138	56	10568	0.77	10487	9287	1281	2851	26.98
辽　宁	16691	183	16691	9.81	15200	10606	6085	2130	12.76
吉　林	13361	72	13289	-9.92	14752	11279	2010	4307	32.41
黑龙江	10757	162	18626	15.76	16090	10595	8031	5230	28.08
上　海	3375	43	3375	-0.68	3398	511	2864	490	14.52
安　徽	11523	94	13029	-6.89	13993	11429	1600	6500	49.89
福　建	8793	72	8721	0.75	8656	7163	1558	3222	36.95
江　西	200	80	9492	16.80	8127	7400	2092	1092	11.50
山　东	21514	520	32553	6.68	30515	20994	11559	8859	27.21
河　南	17539	171	17539	0.27	17491	10122	7417	5026	28.66
湖　南	3682	57	18710	4.39	17924	14950	3760	5228	27.94
广　西	6863	181	15548	2.69	15140	6852	8696	2140	13.76
海　南	2541	13	3167	12.34	2819	2528	639	60	1.89
四　川	6526	322	42261	1.48	41645	6204	36057	—	—
贵　州	56	56	10128	-4.97	10658	7403	2725	6702	66.17
陕　西	7091	56	9262	10.90	8352	7035	2227	5683	61.36
甘　肃	6523	41	6164	2.82	5995	4728	1436	2307	37.43
新　疆	7789	2083	7789	—	—	5706	2083	—	—
合　计	188068	5058	288517	6.41	271141	180133	108384	70003	24.26

资料来源：商务部药品流通行业统计系统。

表 6　2013 年典型药品零售企业门店及医保定点门店数量统计

单位：家，平方米

序号	企业名称	门店数			营业面积
		总数	直营店	医保定点门店	
1	重庆桐君阁大药房连锁有限责任公司	8306	1306	2518	621000
2	湖北同济堂药房有限公司	4833	229	4833	362475
3	云南鸿翔一心堂药业(集团)股份有限公司	2389	2389	1616	325119
4	中国北京同仁堂(集团)有限责任公司	2159	2159	266	232483
5	四川太极大药房连锁有限公司	2110	113	1258	150707
6	国药控股国大药房有限公司	2087	1693	1126	294684
7	云南东骏药业有限公司	1851	397	936	472005
8	北京同仁堂健康药品经营有限公司	1737	1737	26	30311
9	成都百信药业连锁有限责任公司	1640	10	1200	94600
10	重庆桐君阁股份有限公司	1306	1306	1289	126000
11	大参林医药集团股份有限公司	1278	1278	709	128847
12	云南健之佳健康连锁店股份有限公司	1024	1024	648	190000
13	辽宁成大方圆医药连锁有限公司	885	716	763	190000
14	绵阳太极大药房连锁有限责任公司	788	58	47	39477
15	益丰大药房连锁股份有限公司	660	660	375	104249
16	江西黄庆仁栈华氏大药房有限公司	605	605	—	36580
17	四川南充鹤鸣堂药品经营有限公司	523	—	387	25000
18	上海复美益星大药房连锁有限公司	491	76	50	41273
19	深圳市南北药行连锁有限公司	489	2	37	31624
20	绵阳天源堂医药连锁有限公司	437	5	75	18703
21	济南漱玉平民大药房有限公司	431	431	95	41376
22	深圳中联大药房控股有限公司	425	—	209	32267
23	南京医药股份有限公司	413	260	192	36114
24	北京同仁堂商业投资集团有限公司	409	409	236	191782
25	山东立健医药城连锁有限公司	405	405	280	50000
26	南京国药医药有限公司	404	251	192	36114
27	吉林大药房药业股份有限公司	368	368	265	55267
28	四川太星药业有限公司	360	10	20	18000
29	广西一心医药集团有限责任公司	338	21	50	31221
30	哈尔滨人民同泰医药连锁店	326	326	322	69994
31	天津天士力医药营销集团有限公司	324	249	241	30964
32	北京金象大药房医药连锁有限责任公司	318	126	4	9760
33	山东燕喜堂医药连锁有限公司	313	313	275	32000

续表

序号	企业名称	门店数			营业面积
		总数	直营店	医保定点门店	
34	吉林省益和大药房有限公司	304	304	240	47520
35	上海雷允上药品连锁经营有限公司	301	12	34	20710
36	西安怡康医药连锁有限责任公司	297	297	297	38430
37	四川南充科伦医药贸易有限公司	291	1	—	—
38	广西福中堂药业有限公司	268	4	80	4200
39	河南张仲景大药房股份有限公司	261	261	216	35600
40	山东省医药集团有限公司	256	196	149	20490
41	赤峰雷蒙大药房连锁有限公司	230	61	230	15153
42	重庆医药工业有限责任公司	215	2	215	1500
43	江西萍乡市昌盛大药房连锁有限公司	212	170	66	27044
44	上海华氏大药房有限公司	207	206	66	26255
45	东北制药集团供销有限公司	200	147	190	31000
46	云南恩红(集团)有限公司	200	200	168	11150
47	中山市中智大药房连锁有限公司	196	196	72	21439
48	上海国大药房连锁有限公司	193	94	38	23526
49	襄阳天济大药房连锁有限责任公司	190	190	168	24000
50	甘肃德生堂大药房连锁经营有限公司	184	184	153	42633
51	重庆市万和药房连锁有限公司	182	182	137	20760
52	日照真诚大药房有限公司	163	128	87	9780
53	金华市太和堂医药连锁有限公司	158	26	—	—
54	好药师大药房连锁有限公司	152	33	102	14500
55	四川德仁堂药业连锁有限公司	152	152	135	19760
56	云南白药大药房有限公司	146	146	131	23880
57	重庆鑫斛药房连锁有限公司	145	88	116	12951
58	石家庄新兴药房连锁有限公司	143	143	74	18133
59	河北华佗药房医药连锁有限公司	142	142	142	20000
60	赤峰人川大药房连锁有限公司	129	129	122	14627
61	北京嘉事堂连锁药店有限责任公司	124	124	6	19855
62	贵州福安康医药连锁有限公司	123	42	64	—
63	江苏大众医药连锁有限公司	121	121	81	13000
64	湖北中联大药房连锁有限公司	119	119	84	12625
65	山西亨通医药批发有限公司	117	10	97	7450
66	柳州桂中大药房连锁有限责任公司	117	117	40	16223
67	泸州圣杰药业有限公司	113	113	89	17963

续表

序号	企业名称	门店数			营业面积
		总数	直营店	医保定点门店	
68	章丘健民医药有限公司	112	98	23	6225
69	廊坊市一笑堂医药零售连锁有限公司	108	108	59	13256
70	山西荣华大药房连锁有限公司	106	106	51	15885
71	福建惠好四海医药连锁有限责任公司	105	105	66	12644
72	金华市九德堂医药连锁有限公司	102	11	12	8173
73	上海益丰大药房有限公司	101	101	6	14000
74	浙江华通医药连锁有限公司	100	90	58	9389
75	河北神威大药房连锁有限公司	99	99	72	16271
76	浙江天天好大药房连锁有限公司	99	99	0	19302
77	武汉东明药房连锁有限公司	99	15	85	11385
78	昆明福林堂药业有限公司	98	98	90	12150
79	山东潍坊海王星辰民康连锁药店有限公司	97	97	87	6000
80	济宁新华鲁抗大药房有限公司	96	79	82	8201
81	宁夏国大药房连锁有限公司	95	95	95	11920
82	德州颐寿医药连锁有限公司	94	3	84	6140
83	浙江瑞人堂医药连锁有限公司	91	91	15	11012
84	贵州一树连锁药业有限公司	90	90	79	23062
85	山西长城药品零售连锁有限公司	86	86	42	5630
86	云南龙马药业有限公司	85	85	84	12087
87	青岛国风大药房连锁有限公司	83	83	83	8300
88	菏泽牡丹大药房连锁有限公司	79	79	65	5470
89	上海养和堂药业连锁经营有限公司	78	78	18	11096
90	广西一致药店连锁有限公司	78	70	41	8262
91	内蒙古成大方圆医药连锁有限公司	77	77	72	9171
92	金华市老百姓医药连锁有限公司	75	8	30	—
93	宁波市正源大药房有限公司	72	33	22	5400
94	常德市九芝堂医药有限公司	71	47	67	9884
95	山西仁和大药房连锁有限公司	70	70	44	15253
96	浙江震元医药连锁有限公司	70	66	58	12685
97	郑州仟禧堂医药有限责任公司	69	26	47	7021
98	北京同仁堂连锁药店有限责任公司	68	68	11	20327
99	陕西众信医药超市有限公司	68	68	58	11670
100	黑龙江泰华医药连锁销售有限公司	67	67	33	5000
101	山东利民大药店连锁有限公司	67	67	67	10677

续表

序号	企业名称	门店数			营业面积
		总数	直营店	医保定点门店	
102	海南养天和大药房连锁经营有限公司	67	67	—	5360
103	苏州礼安医药连锁总店有限公司	65	—	43	5998
104	武汉马应龙大药房连锁有限公司	65	65	54	9750
105	国药控股浙江有限公司	64	24	37	3253
106	福建国大药房连锁有限公司	63	63	42	6041
107	长治市昂生大药房零售连锁有限公司	62	15	14	6300
108	上海余天成药业连锁有限公司	61	61	19	7807
109	宁波四明大药房有限责任公司	61	60	30	4270
110	山东益寿堂药业有限公司	61	61	46	5300
111	贵州一品医药连锁公司	61	61	57	6800
112	老百姓大药房连锁(天津)有限公司	60	60	8	27003
113	淄博众生医药有限公司	60	60	8	6000
114	上海医药嘉定大药房连锁有限公司	59	59	10	1988
115	浙江华联医药连锁有限公司	59	59	54	5680
116	哈尔滨宝丰医药连锁有限公司	56	56	55	4940
117	怀化怀仁大药房连锁有限公司	56	56	56	8750
118	贵州吉大夫医药连锁公司	55	55	—	2750
119	四川杏林医药连锁有限责任公司	54	46	46	10596
120	华润昆山医药有限公司	50	49	45	9370
121	浙江大德药业集团浙江医药公司	50	21	17	3100
122	青岛祥泰药庄连锁有限公司	50	50	42	3256
123	甘肃同济药业有限责任公司	50	50	50	10000
124	昆山双鹤同德堂连锁大药房有限责任公司	49	49	45	9370
125	国药河北乐仁堂医药连锁有限公司	48	—	37	10169
126	杭州萧山医药有限公司	48	40	7	3994
127	杭州九洲大药房连锁有限公司	48	48	46	21800
128	武汉普安医药有限公司	48	48	37	6052
129	娄底市康一馨街大药房零售连锁有限公司	48	48	48	3840
130	贵州芝林大药房零售连锁有限公司	47	41	47	2585
131	黄石新医药有限公司	47	15	47	4800
132	上海雷允上北区药业股份有限公司	46	36	10	3680
133	苏州雷允上国药连锁总店有限公司	46	44	38	5422
134	国药控股镇江有限公司	46	46	13	8516
135	安徽丰原大药房连锁有限公司	45	45	19	7345

续表

序号	企业名称	门店数			营业面积
		总数	直营店	医保定点门店	
136	上海南汇华泰药店连锁总店	44	44	17	3926
137	上海一德大药房连锁经营有限公司	44	38	11	7086
138	攀枝花市敬仁堂医药连锁有限责任公司	44	44	32	7500
139	四川雅安康盛中药材有限责任公司	44	3	8	3500
140	开封市百氏康医药连锁有限公司	43	43	36	6734
141	上海汇丰大药房有限公司	42	42	11	5145
142	云南省玉溪医药有限责任公司	42	42	25	4338
143	甘肃河西三州武威医药连锁有限责任公司	40	40	10	2000
144	德阳市德园堂零售连锁药业有限公司	39	37	39	2340
145	恩施市元昌医药有限责任公司	38	5	6	3040
146	四川海棠医药有限公司	38	38	38	5800
147	西安双鹤大药房连锁有限责任公司	38	9	31	6000
148	上海童涵春堂药业连锁经营有限公司	37	31	11	8760
149	上海得一大药房有限公司	37	37	10	3400
150	上海第一医药股份有限公司	36	36	16	5475
151	上虞市医药有限责任公司	35	35	25	6456
152	上海联华复星药房连锁经营有限公司	34	34	3	2424
153	金华市尖峰大药房连锁有限公司	34	34	6	5856
154	阳泉市吉祥大药房医药连锁有限责任公司	33	—	5	4950
155	吉林省合兴健康药房连锁有限责任公司	33	30	25	2651
156	上海药房连锁有限公司	33	33	5	3000
157	上海云湖医药连锁经营有限公司	33	33	14	2568
158	遂川县医药公司	33	—	17	2280
159	东营益生堂药业连锁有限公司	33	33	31	950
160	贵州华氏大药房延安连锁有限公司	33	33	33	2972
161	陕西医药控股集团派昂医药有限责任公司	33	33	24	3505
162	北京医保全新大药房连锁有限责任公司	32	24	1	4823
163	广西南宁朝阳大药房连锁有限责任公司	31	18	15	6290
164	北京医保中洋大药房有限公司	30	30	—	5078
165	湖北天和堂医药有限公司(仙桃)	30	30	30	—
166	福州回春医药连锁有限公司	29	29	27	3532
167	广州健民医药连锁有限公司	29	29	21	5376
168	北京永安复星医药股份有限公司	28	28	4	6900
169	山西临汾竹林大药房连锁有限公司	28	28	24	3241

续表

序号	企业名称	门店数			营业面积
		总数	直营店	医保定点门店	
170	呼伦贝尔市同致药业有限责任公司	28	28	28	2644
171	江苏仁济医药连锁有限公司	28	28	25	2005
172	嵊州市易心堂大药房有限公司	28	28	19	4570
173	江西开心人大药房连锁有限公司	28	28	26	5467
174	吉林省中东医药有限公司	27	27	26	6298
175	北京永安堂医药连锁有限责任公司	26	26	3	5760
176	北京京卫元华医药科技有限公司	26	26	2	3120
177	广西玉林市至真药业连锁有限责任公司	26	26	24	989
178	上海雷允上西区药品零售有限公司	25	25	6	2867
179	国药控股国大药房内蒙古有限公司	24	24	24	6238
180	河北圣诺新特药连锁有限公司	23	23	14	3000
181	江西青春康源大药房连锁有限公司	23	23	18	4200
182	临安市医药药材有限公司	22	21	7	1560
183	陕西康健医药连锁有限公司	21	21	12	2300
184	成都九鼎药房连锁有限责任公司	20	20	20	3371
185	东辽县医药药材有限责任公司	19	19	19	3000
186	常州人寿天医药连锁有限公司	19	19	14	6800
187	浙江英特药业有限责任公司	19	17	8	1732
188	江西汇仁集团医药科研营销有限公司	19	19	17	4291
189	贵州赤水黔北医药有限公司	19	19	18	1140
190	北京市京隆堂医药有限公司	17	17	—	3996
191	葫芦岛市医药有限责任公司	17	17	17	3681
192	金湖县医药有限公司	17	17	14	840
193	四川遂宁市全泰堂药业有限公司	16	16	16	3210
194	阿拉善盟医药有限责任公司	15	15	15	1100
195	晋中市天诚药房有限责任公司	13	13	12	2225
196	贵州省医药(集团)和平药房连锁有限公司	13	13	12	878
197	上海金石大药房有限公司	12	12	2	2704
198	东营市医药公司	12	10	6	3600
199	石药集团河北中诚医药有限公司	10	10	8	1002
200	广州市金长风药业有限公司	10	—	10	520

注：仅提取门店总数在10家以上的企业。

资料来源：商务部药品流通行业统计系统。

表 7　2013 年药品流通行业批发企业主营业务收入前 100 位排序

单位：万元

序号	企业名称	主营业务收入
1	中国医药集团总公司	18660406
2	华润医药商业集团有限公司	7354395
3	上海医药集团股份有限公司	7100239
4	九州通医药集团有限公司	3334667
5	广州医药有限公司	2464551
6	重庆医药(集团)股份有限公司	2095114
7	南京医药股份有限公司	1868931
8	华东医药股份有限公司	1668175
9	四川科伦医药贸易有限公司	1476244
10	中国医药健康产业股份有限公司	1253710
11	浙江英特药业有限责任公司	1233491
12	天津天士力医药营销集团有限公司	1121538
13	云南省医药有限公司	957200
14	康德乐(上海)医药有限公司	827819
15	中国北京同仁堂(集团)有限责任公司	760304
16	哈药集团医药有限公司	701501
17	山东海王银河医药有限公司	684439
18	山东瑞康医药股份有限公司	592366
19	鹭燕(福建)药业股份有限公司	554101
20	同济堂医药有限公司	532691
21	天津医药集团太平医药有限公司	529507
22	天津中新药业集团股份有限公司医药公司	517913
23	石药集团河北中诚医药有限公司	511090
24	重庆桐君阁股份有限公司	460925
25	广西柳州医药股份有限公司	454391
26	四川省医药集团有限责任公司	413316
27	东北制药集团供销有限公司	391092
28	陕西医药控股集团派昂医药有限责任公司	371076
29	江苏省医药公司	345142
30	江西汇仁集团医药科研营销有限公司	333679
31	浙江省医药工业有限公司	333075
32	江西南华医药有限公司	321493
33	重庆长圣医药有限公司	319274
34	常州药业股份有限公司	315000
35	武汉人福医药有限公司	304857

续表

序号	企业名称	主营业务收入
36	云南东骏药业有限公司	300402
37	广州中山医医药有限公司	292649
38	陕西华远医药集团有限公司	288608
39	嘉事堂药业股份有限公司	255107
40	汕头市创美药业有限公司	250074
41	修正药业集团营销有限公司	249363
42	湖南博瑞新特药有限公司	234001
43	山东瑞中医药有限公司	228719
44	安徽省医药(集团)股份有限公司	225233
45	河北东盛英华医药有限公司	221874
46	罗欣医药集团有限公司	215318
47	山东省医药集团有限公司	213384
48	辽宁省医药对外贸易公司	212517
49	北京美康永正医药有限公司	206646
50	浙江震元股份有限公司	200048
51	回音必集团有限公司	194988
52	礼来贸易有限公司	194023
53	江苏先声药业有限公司	183704
54	浙江珍诚医药在线股份有限公司	181756
55	连云港康缘医药商业有限公司	179915
56	浙江来益医药有限公司	175812
57	河南省康信医药有限公司	172659
58	重庆科渝药品经营有限责任公司	172137
59	浙江嘉信医药股份有限公司	168410
60	上海康健进出口有限公司	162666
61	南京华东医药有限责任公司	160293
62	青岛百洋医药科技有限公司	159866
63	康德乐(中国)医药有限公司	157609
64	福建省福州市惠好药业有限公司	155049
65	昆明制药集团医药商业有限公司	154538
66	广东广弘医药有限公司	153943
67	西安藻露堂药业集团有限责任公司	151338
68	陕西华信医药有限公司	150826
69	江苏省润天生化医药有限公司	149935
70	山东康诺盛世医药有限公司	146159
71	上海外高桥医药分销中心有限公司	144212

续表

序号	企业名称	主营业务收入
72	兰州西城药业有限责任公司	144067
73	杭州凯仑医药股份有限公司	143250
74	西藏神威药业有限公司	141320
75	江苏恩华和润医药有限公司	137717
76	合肥康丽药业有限责任公司	135141
77	吉林省天和医药科技有限公司	132448
78	海南天祥药业有限公司	131558
79	海尔施生物医药股份有限公司	128227
80	浙江华通医药股份有限公司	124038
81	上海市医药保健品进出口公司	121581
82	山东康惠医药有限公司	120895
83	宁波市鄞州医药药材有限公司	116050
84	苏州恒祥进出口有限公司	114682
85	贵州康心医药有限公司	114381
86	常熟建发医药有限公司	114272
87	江苏澳洋医药物流有限公司	113217
88	成都市蓉锦医药贸易有限公司	110738
89	山西亚宝医药经销有限公司	109894
90	上海虹桥药业有限公司	108263
91	海南鲁海医药有限公司	108257
92	山东新华医药贸易有限公司	107425
93	山西康美徕医药有限公司	106545
94	福建中鹭医药有限公司	106187
95	四川本草堂药业有限公司	104209
96	贵州科开医药有限公司	103812
97	深圳中联广深医药(集团)股份有限公司	101372
98	合肥市迪迈医药有限公司	100519
99	兰州强生医药有限责任公司	96788
100	上海复星药业有限公司	96749
合计		71621095

资料来源：商务部药品流通行业统计系统。

表 8　2013 年药品流通行业零售企业销售总额前 100 位排序

单位：万元

序号	企业名称	销售总额
1	国药控股国大药房有限公司	570305
2	中国北京同仁堂(集团)有限责任公司	553017
3	重庆桐君阁大药房连锁有限责任公司	504613
4	云南鸿翔一心堂药业(集团)股份有限公司	383452
5	大参林医药集团股份有限公司	342488
6	辽宁成大方圆医药连锁有限公司	312062
7	深圳市海王星辰医药有限公司	311628
8	湖北同济堂药房有限公司	294226
9	上海华氏大药房有限公司	274320
10	益丰大药房连锁股份有限公司	211095
11	云南健之佳健康连锁店股份有限公司	167005
12	成都百信药业连锁有限责任公司	158952
13	哈尔滨人民同泰医药连锁店	113368
14	南京国药医药有限公司	106656
15	济南漱玉平民大药房有限公司	106111
16	江苏大众医药连锁有限公司	103371
17	深圳中联大药房控股有限公司	82706
18	四川太极大药房连锁有限公司	80778
19	吉林大药房药业股份有限公司	79508
20	甘肃德生堂大药房连锁经营有限公司	77425
21	北京金象大药房医药连锁有限责任公司	76836
22	上海第一医药股份有限公司	74562
23	沈阳东北大药房连锁有限公司	73219
24	河南张仲景大药房股份有限公司	65692
25	杭州九洲大药房连锁有限公司	65423
26	北京医保全新大药房有限责任公司	62127
27	江西黄庆仁栈华氏大药房有限公司	61500
28	先声再康江苏药业有限公司	59544
29	云南东骏药业有限公司	59234
30	上海复美益星大药房连锁有限公司	57496
31	山东燕喜堂医药连锁有限公司	54850
32	江西萍乡市昌盛大药房连锁有限公司	53195
33	河北华佗药房医药连锁有限公司	53000
34	贵州一树连锁药业有限公司	51228
35	湖南千金大药房连锁有限公司	47000

续表

序号	企业名称	销售总额
36	云南白药大药房有限公司	43752
37	襄阳天济大药房连锁有限责任公司	42647
38	山东立健医药城连锁有限公司	41226
39	苏州礼安医药连锁总店有限公司	39431
40	江西昌盛大药房有限公司	39000
41	常州市恒泰医药连锁有限公司	38334
42	西安怡康医药连锁有限责任公司	38252
43	石家庄新兴药房连锁有限公司	38214
44	浙江震元医药连锁有限公司	37627
45	深圳市友和医药大药房连锁有限公司	37030
46	广州采芝林药业连锁店	36226
47	吉林省益和大药房有限公司	35928
48	重庆鑫斛药房连锁有限公司	35011
49	柳州桂中大药房连锁有限责任公司	34548
50	重庆市万和药房连锁有限公司	34427
51	廊坊市一笑堂医药零售连锁有限公司	33349
52	中山市中智大药房连锁有限公司	31896
53	广州健民医药连锁有限公司	30960
54	广东国药医药连锁企业有限公司	30299
55	山东利民大药店连锁有限公司	29720
56	上海余天成药业连锁有限公司	28727
57	赤峰人川大药房连锁有限公司	28079
58	浙江天天好大药房连锁有限公司	26582
59	海南广安堂药品超市连锁经营有限公司	26282
60	河北神威大药房连锁有限公司	25818
61	上海养和堂药业连锁经营有限公司	25742
62	宁波四明大药房有限责任公司	25507
63	安徽丰原大药房连锁有限公司	25463
64	宜兴市天健医药连锁有限公司	24806
65	上海童涵春堂药业连锁经营有限公司	24672
66	新疆康泰东方医药连锁有限公司	24307
67	陕西众信医药超市有限公司	24141
68	四川杏林医药连锁有限责任公司	23960
69	武汉东明药房连锁有限公司	22102
70	北京京卫元华医药科技有限公司	21869
71	上海药房连锁有限公司	21625

续表

序号	企业名称	销售总额
72	山西荣华大药房连锁有限公司	21513
73	怀化怀仁大药房连锁有限公司	21505
74	贵州芝林大药房零售连锁有限公司	21117
75	浙江瑞人堂医药连锁有限公司	20338
76	无锡山禾集团健康参药连锁有限公司	20300
77	哈尔滨宝丰医药连锁有限公司	20245
78	福建惠好四海医药连锁有限责任公司	19991
79	泸州圣杰药业有限公司	19259
80	呼伦贝尔市同致药业有限责任公司	19222
81	上海医药嘉定大药房连锁有限公司	19182
82	四川德仁堂药业连锁有限公司	18865
83	江西开心人大药房连锁有限公司	18777
84	湖北中联大药房连锁有限公司	18480
85	浙江华通医药连锁有限公司	18391
86	赤峰雷蒙大药房连锁有限公司	16949
87	常州人寿天医药连锁有限公司	16684
88	济宁新华鲁抗大药房有限公司	16666
89	南京金陵大药房有限责任公司	16600
90	昆山双鹤同德堂连锁大药房有限责任公司	16407
91	黑龙江泰华医药连锁销售有限公司	16197
92	葫芦岛市医药有限责任公司	15732
93	广西一致药店连锁有限公司	15431
94	浙江华联医药连锁有限公司	15080
95	广西一心医药集团有限责任公司	15001
96	北京嘉事堂连锁药店有限责任公司	14921
97	北京永安复星医药股份有限公司	14823
98	上海一德大药房连锁经营有限公司	13765
99	武汉普安医药有限公司	13343
100	上海南汇华泰药店连锁总店	13173
合计		7383508

资料来源：商务部药品流通行业统计系统，部分取自中国医药商业协会。

表 9　2013 年药品销售总额前 100 位零售企业门店统计

单位：家，%

序号	企业名称	门店总数	直营门店数量	直营门店占比	加盟店数量	加盟店占比
1	国药控股国大药房有限公司	2087	1693	81	394	19
2	中国北京同仁堂(集团)有限责任公司	2159	2159	100	0	0
3	重庆桐君阁大药房连锁有限责任公司	8306	1306	16	7000	84
4	云南鸿翔一心堂药业(集团)股份有限公司	2389	2389	100	0	0
5	大参林医药集团股份有限公司	1278	1278	100	0	0
6	辽宁成大方圆医药连锁有限公司	885	716	81	169	19
7	深圳市海王星辰医药有限公司	2066	2066	100	0	0
8	湖北同济堂药房有限公司	4833	229	5	4604	95
9	上海华氏大药房有限公司	207	206	100	1	0
10	益丰大药房连锁股份有限公司	660	660	100	0	0
11	云南健之佳健康连锁店股份有限公司	1024	1024	100	0	0
12	成都百信药业连锁有限责任公司	1640	10	1	1630	99
13	哈尔滨人民同泰医药连锁店	326	326	100	0	0
14	南京国药医药有限公司	404	251	62	153	38
15	济南漱玉平民大药房有限公司	431	431	100	0	0
16	江苏大众医药连锁有限公司	121	121	100	0	0
17	深圳中联大药房控股有限公司	425	425	100	0	0
18	四川太极大药房连锁有限公司	2110	113	5	1997	95
19	吉林大药房药业股份有限公司	368	368	100	0	0
20	甘肃德生堂大药房连锁经营有限公司	184	184	100	0	0
21	北京金象大药房医药连锁有限责任公司	318	126	40	192	60
22	上海第一医药股份有限公司	36	36	100	0	0
23	沈阳东北大药房连锁有限公司	200	147	74	53	27
24	河南张仲景大药房股份有限公司	261	261	100	0	0
25	杭州九洲大药房连锁有限公司	48	48	100	0	0
26	北京医保全新大药房有限责任公司	32	24	75	8	25
27	江西黄庆仁栈华氏大药房有限公司	605	605	100	0	0
28	先声再康江苏药业有限公司	176	173	98	3	2
29	云南东骏药业有限公司	1851	397	21	1454	79
30	上海复美益星大药房连锁有限公司	491	76	15	415	85
31	山东燕喜堂医药连锁有限公司	313	313	100	0	0
32	江西萍乡市昌盛大药房连锁有限公司	212	170	80	42	20
33	河北华佗药房医药连锁有限公司	142	142	100	0	0
34	贵州一树连锁药业有限公司	90	90	100	0	0

续表

序号	企业名称	门店总数	直营门店数量	直营门店占比	加盟店数量	加盟店占比
35	湖南千金大药房连锁有限公司	377	185	49	192	51
36	云南白药大药房有限公司	146	146	100	0	0
37	襄阳天济大药房连锁有限责任公司	190	190	100	0	0
38	山东立健医药城连锁有限公司	405	405	100	0	0
39	苏州礼安医药连锁总店有限公司	65	65	100	0	0
40	江西昌盛大药房有限公司	428	300	70	128	30
41	常州市恒泰医药连锁有限公司	97	97	100	0	0
42	西安怡康医药连锁有限责任公司	297	297	100	0	0
43	石家庄新兴药房连锁有限公司	143	143	100	0	0
44	浙江震元医药连锁有限公司	70	66	94	4	6
45	深圳市友和医药大药房连锁有限公司	49	49	100	0	0
46	广州采芝林药业连锁店	50	35	70	15	30
47	吉林省益和大药房有限公司	304	304	100	0	0
48	重庆鑫斛药房连锁有限公司	145	88	61	57	39
49	柳州桂中大药房连锁有限责任公司	117	117	100	0	0
50	重庆市万和药房连锁有限公司	182	182	100	0	0
51	廊坊市一笑堂医药零售连锁有限公司	108	108	100	0	0
52	中山市中智大药房连锁有限公司	196	196	100	0	0
53	广州健民医药连锁有限公司	29	29	100	0	0
54	广东国药医药连锁企业有限公司	726	726	100	0	0
55	山东利民大药店连锁有限公司	67	67	100	0	0
56	上海余天成药业连锁有限公司	61	61	100	0	0
57	赤峰人川大药房连锁有限公司	129	129	100	0	0
58	浙江天天好大药房连锁有限公司	99	99	100	0	0
59	海南广安堂药品超市连锁经营有限公司	50	50	100	0	0
60	河北神威大药房连锁有限公司	99	99	100	0	0
61	上海养和堂药业连锁经营有限公司	78	78	100	0	0
62	宁波四明大药房有限责任公司	61	60	98	1	2
63	安徽丰原大药房连锁有限公司	45	45	100	0	0
64	宜兴市天健医药连锁有限公司	89	85	96	4	4
65	上海童涵春堂药业连锁经营有限公司	37	31	84	6	16
66	新疆康泰东方医药连锁有限公司	26	26	100	0	0
67	陕西众信医药超市有限公司	68	68	100	0	0
68	四川杏林医药连锁有限责任公司	54	46	85	8	15
69	武汉东明药房连锁有限公司	99	15	15	84	85

续表

序号	企业名称	门店总数	直营门店数量	直营门店占比	加盟店数量	加盟店占比
70	北京京卫元华医药科技有限公司	26	26	100	0	0
71	上海药房连锁有限公司	33	33	100	0	0
72	山西荣华大药房连锁有限公司	106	106	100	0	0
73	怀化怀仁大药房连锁有限公司	56	56	100	0	0
74	贵州芝林大药房零售连锁有限公司	47	41	87	6	13
75	浙江瑞人堂医药连锁有限公司	91	91	100	0	0
76	无锡山禾集团健康参药连锁有限公司	60	60	100	0	0
77	哈尔滨宝丰医药连锁有限公司	56	56	100	0	0
78	福建惠好四海医药连锁有限责任公司	105	105	100	0	0
79	泸州圣杰药业有限公司	113	113	100	0	0
80	呼伦贝尔市同致药业有限责任公司	28	28	100	0	0
81	上海医药嘉定大药房连锁有限公司	59	59	100	0	0
82	四川德仁堂药业连锁有限公司	152	152	100	0	0
83	江西开心人大药房连锁有限公司	28	28	100	0	0
84	湖北中联大药房连锁有限公司	119	119	100	0	0
85	浙江华通医药连锁有限公司	100	90	90	10	10
86	赤峰雷蒙大药房连锁有限公司	230	61	27	169	73
87	常州人寿天医药连锁有限公司	19	19	100	0	0
88	济宁新华鲁抗大药房有限公司	96	79	82	17	18
89	南京金陵大药房有限责任公司	38	38	100	0	0
90	昆山双鹤同德堂连锁大药房有限责任公司	49	49	100	0	0
91	黑龙江泰华医药连锁销售有限公司	67	67	100	0	0
92	葫芦岛市医药有限责任公司	17	17	100	0	0
93	广西一致药店连锁有限公司	78	70	90	8	10
94	浙江华联医药连锁有限公司	59	59	100	0	0
95	广西一心医药集团有限责任公司	338	21	6	317	94
96	北京嘉事堂连锁药店有限责任公司	124	124	100	0	0
97	北京永安复星医药股份有限公司	28	28	100	0	0
98	上海一德大药房连锁经营有限公司	44	38	86	6	14
99	武汉普安医药有限公司	48	48	100	0	0
100	上海南汇华泰药店连锁总店	44	44	100	0	0
合　　计		44322	25175	57	19147	43

资料来源：商务部药品流通行业统计系统。

表 10　2013 年药品流通企业物流仓储面积前 100 位排序

单位：平方米，个，辆

序号	企业名称	仓储面积	自有配送中心数量	自有配送车辆数
1	九州通医药集团有限公司	1060000	50	1088
2	中国医药集团总公司	761106	145	1362
3	四川科伦医药贸易有限公司	142400	65	620
4	重庆桐君阁股份有限公司	128337	13	144
5	重庆医药(集团)股份有限公司	124542	31	186
6	吉林省天和医药科技有限公司	80000	1	19
7	天津天士力医药营销集团有限公司	80000	5	55
8	广东大参林连锁药店有限公司	73700	3	51
9	河南省康信医药有限公司	60000	1	18
10	武汉人福医药有限公司	58012	15	107
11	石药集团河北中诚医药有限公司	55340	6	129
12	江西汇仁集团医药科研营销有限公司	54500	7	50
13	四川南充鹤鸣堂药品经营有限公司	53333	3	12
14	华润新龙(北京)医药有限公司	53287	1	31
15	鹭燕(福建)药业股份有限公司	52166	12	82
16	华润湖南医药有限公司	51000	14	24
17	华东医药股份有限公司	50500	2	43
18	山东瑞康医药股份有限公司	50431	13	83
19	浙江英特药业有限责任公司	50000	1	50
20	华润医药商业集团有限公司	47236	4	54
21	贵州康心医药有限公司	46889	1	38
22	云南昊邦医药销售有限公司	45000	1	12
23	嘉事堂药业股份有限公司	42921	1	16
24	合肥康丽药业有限责任公司	42346	12	82
25	天津中新药业集团股份有限公司医药公司	42200	20	78
26	云南东骏药业有限公司	42000	10	130
27	上海医药分销控股有限公司	41800	4	120
28	陕西医药控股集团派昂医药有限责任公司	38049	1	62
29	上海华宇药业有限公司	37930	2	14
30	山东海王银河医药有限公司	36000	16	54
31	广州医药有限公司	35000	2	74
32	徐州医药股份有限公司	32000	1	12
33	江苏省医药公司	30000	1	27
34	浙江珍诚医药在线股份有限公司	30000	1	26

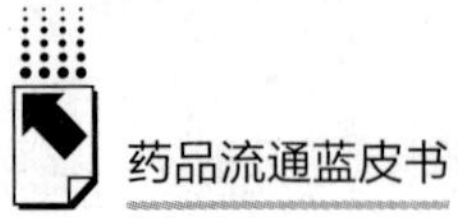

续表

序号	企业名称	仓储面积	自有配送中心数量	自有配送车辆数
35	北京科园信海医药经营有限公司	29917	1	60
36	哈药集团医药有限公司	29800	1	76
37	中国北京同仁堂(集团)有限责任公司	29312	9	37
38	浙江华通医药股份有限公司	27295	1	11
39	华润辽宁医药有限公司	27000	1	58
40	上海雷允上药业有限公司	25000	1	33
41	安徽华源医药股份有限公司	25000	1	59
42	广西柳州医药股份有限公司	25000	1	58
43	同济堂医药有限公司	25000	1	65
44	安徽省医药(集团)股份有限公司	24000	1	33
45	华润吉林康乃尔医药有限公司	23478	2	25
46	浙江震元股份有限公司	23400	1	2
47	四川省医药集团有限责任公司	22000	1	33
48	天津医药集团太平医药有限公司	20000	1	15
49	青岛天合医药集团股份有限公司	20000	9	84
50	江苏大众医药连锁有限公司	20000	1	19
51	浙江嘉信医药股份有限公司	20000	1	14
52	兰州强生医药有限责任公司	20000	1	45
53	上海浦东新区医药药材有限公司	20000	1	11
54	云南省医药有限公司	20000	1	40
55	长春永新迪瑞药业有限公司	20000	1	21
56	厦门宏仁医药有限公司	19500	2	19
57	山东瑞中医药有限公司	19327	2	40
58	福建同春药业股份有限公司	19150	7	25
59	成都百信药业连锁有限责任公司	19000	3	49
60	西安京西双鹤医药贸易有限公司	19000	1	6
61	盐城百科药业有限公司	17400	1	19
62	东北制药集团供销有限公司	17286	1	36
63	达州市天泰药业集团有限公司	17000	1	32
64	云南佳能达医药有限公司	16800	1	58
65	合肥市迪迈医药有限公司	16000	1	25
66	广东振东泰捷医药物流有限公司	16000	1	35
67	华润牡丹江天利医药有限公司	16000	1	10
68	华润河南医药有限公司	15778	1	18
69	江苏澳洋医药物流有限公司	15640	2	28

续表

序号	企业名称	仓储面积	自有配送中心数量	自有配送车辆数
70	山东康诺盛世医药有限公司	15181	1	23
71	云南同丰医药有限公司	15000	1	38
72	汕头市创美药业有限公司	15000	1	70
73	兰州西城药业有限责任公司	15000	7	50
74	上海复星药业有限公司	15000	1	28
75	四川天寿药业有限公司	15000	2	30
76	南京国药医药有限公司	15000	6	0
77	山东康惠医药有限公司	14120	1	40
78	山东省医药集团有限公司	14081	6	18
79	淄博众生医药有限公司	14000	2	17
80	华润苏州礼安医药有限公司	14000	1	26
81	赤峰雷蒙药品经销有限公司	14000	1	0
82	吉林省北药医药股份有限公司	13799	1	13
83	宁波市镇海医药药材有限责任公司	13400	1	4
84	张家口华佗医药经营有限公司	13333	1	30
85	上海永裕医药有限公司	13301	2	0
86	连云港康缘医药商业有限公司	13300	1	15
87	上虞市医药有限责任公司	13200	1	7
88	湖北百惠医药有限公司	13000	1	16
89	陕西华远医药集团有限公司	13000	1	53
90	广州中山医医药有限公司	12578	1	10
91	日照医药集团	12446	3	14
92	湖南博瑞新特药有限公司	12100	1	48
93	云南双鹤医药有限公司	12000	3	16
94	四川太星药业有限公司	12000	1	18
95	河北东盛英华医药有限公司	12000	0	0
96	世一堂百川医药商贸有限公司	12000	1	55
97	湖北华立正源医药有限公司	12000	1	5
98	四川本草堂药业有限公司	12000	1	28
99	江西上饶医药股份有限公司	12000	1	10
100	常熟建发医药有限公司	11286	1	8
合　计		4782233	581	6842

注：由于华润医药商业集团有限公司未提供集团汇总口径数据，故其子公司体现在排序中。
资料来源：商务部药品流通行业统计系统。

表11　2013年区域药品流通批发企业主营业务收入前50位排序

序号	企业名称	序号	企业名称
北京		35	北京市海森医药进出口有限公司
1	中国医药集团总公司	36	北京金鑫然医药有限责任公司
2	华润医药商业集团有限公司	37	康阳先锋(北京)生物医药有限公司
3	北京科园信海医药经营有限公司	38	北京市亚华医药有限公司
4	中国医药健康产业股份有限公司	39	北京同仁堂药材有限责任公司
5	国药集团药业股份有限公司	40	北京康明济生医药有限公司
6	中国北京同仁堂(集团)有限责任公司	41	北京华源仁济医药有限公司
7	国药控股北京有限公司	42	北京西单医药有限责任公司
8	北京同仁堂商业投资集团有限公司	43	北京世仁堂医药有限公司
9	北京九州通医药有限公司	44	北京国力康医药有限公司
10	国药控股北京天星普信生物医药有限公司	45	北京广安医药联合中心
11	北京同仁堂健康药品经营有限公司	46	北京鹤鸣堂医药有限责任公司
12	国药控股北京华鸿有限公司	47	北京安捷利尔医药销售中心
13	华润普仁鸿(北京)医药有限公司	48	国药药材股份有限公司
14	嘉事堂药业股份有限公司	49	北京恒创佳益医药有限公司
15	中国药材公司	50	北京国康兄弟医药有限公司
16	北京美康永正医药有限公司	天津	
17	华润新龙(北京)医药有限公司	1	天津天士力医药营销集团有限公司
18	北京双鹤药业经营有限责任公司	2	国药控股天津有限公司
19	康德乐(中国)医药有限公司	3	天津医药集团太平医药有限公司
20	北京上药爱心伟业医药有限公司	4	天津中新药业集团股份有限公司医药公司
21	华润国康(北京)医药有限公司	5	国药控股(天津)东方博康医药有限公司
22	北京恒生海康医药有限公司	6	国药控股天津北方医药有限公司
23	北京金象复星医药股份有限公司	7	天津联合医药有限公司
24	红惠医药有限公司	8	天津北药大通医药有限公司
25	北京安和康医药有限公司	9	天津世纪滨海生物医药有限公司
26	北京悦康源通医药有限公司	10	天津市康瑞达医药有限公司
27	北京燃烽医药有限责任公司	河北	
28	北京恒和康建医药有限公司	1	国药乐仁堂医药有限公司
29	国药健坤(北京)医药有限责任公司	2	石药集团河北中诚医药有限公司
30	北京凯宏鑫医药有限责任公司	3	河北东盛英华医药有限公司
31	北京丰瑞龙翔医药有限公司	4	张家口华佗医药经营有限公司
32	北京万维医药有限公司	5	河北智同医药有限公司
33	海南四环医药有限公司	山西	
34	北京宝泽康医药有限责任公司	1	国药集团山西有限公司

续表

序号	企业名称	序号	企业名称
2	国药控股山西有限公司	5	辽宁九州通医药有限公司
3	山西亚宝医药经销有限公司	6	辽宁万隆医药有限公司
4	山西康美徕医药有限公司	7	国药控股大连有限公司
5	山西临汾医药药材有限公司	8	沈阳金贸医药集团有限公司
6	运城城区药材公司	9	大连中大药业有限公司
7	山西亨通医药批发有限公司	10	沈阳医药贸易大厦有限责任公司
8	山西振东医药有限公司	11	辽宁北药百草医药有限公司
9	国药控股山西长治有限公司	12	辽宁天一药业有限责任公司
10	山西通盛集团医药物流有限公司	13	沈阳会通医药有限公司
11	山西正坤药业有限责任公司	14	本溪市医药总公司
12	山西安盛源药业有限公司	15	海城市福缘堂药业有限责任公司
13	晋中市新都药业有限公司	16	大连金虎药业有限公司
14	山西福康源药业有限公司	17	辽宁生物制品有限公司
15	山西省长治医药有限公司	18	大连辽东医药有限公司
16	阳泉市咱家医药物流有限责任公司	19	沈阳奥昌医药有限公司
17	长治市昂生医药物流有限公司	吉林	
18	山西省阳泉市医药药材公司	1	修正药业集团营销有限公司
19	长治市潞城市民康药业有限公司	2	国药控股吉林有限公司
20	山西信成药业有限公司朔州分公司	3	吉林省天和医药科技有限公司
内蒙古		4	华润吉林医药有限公司
1	国药控股内蒙古有限公司	5	吉林省友邦药业有限公司
2	内蒙古九州通医药有限公司	6	吉林省北方医药有限责任公司
3	赤峰雷蒙药品经销有限公司	7	华润吉林康乃尔医药有限公司
4	赤峰颈复康药业有限公司	8	吉林省东龙医药物流配送有限公司
5	包头市医药有限责任公司	9	长春市长恒药业有限公司
6	内蒙古天和医药有限责任公司	10	通化同德堂医药药材有限公司
7	内蒙古凯蒙药品经销有限责任公司	11	吉林省北药医药股份有限公司
8	赤峰丹龙医药有限公司	12	吉林省三精医药有限责任公司
9	内蒙古大金九药业有限责任公司	13	吉林亚泰万联医药有限公司
10	呼和浩特京丰药业有限责任公司	14	吉林省博宁医药有限公司
11	内蒙古医药有限责任公司	15	康美新开河(吉林)药业有限公司
辽宁		16	吉林省吉林市医药有限责任公司
1	国药控股沈阳有限公司	17	长春永新迪瑞药业有限公司
2	东北制药集团供销有限公司	18	东辽县医药药材有限责任公司
3	华润辽宁医药有限公司	19	延边高丽医药有限公司
4	辽宁省医药对外贸易公司	20	吉林省辉南长龙药品经销有限责任公司

续表

序号	企业名称	序号	企业名称
21	敦化市药品经销有限责任公司	29	上海沪甬医药有限公司
22	松原市神光医药有限公司	30	上海龙威医药有限公司
23	吉林亚泰华氏医药有限公司	31	上海南汇药材医药总公司
黑龙江		32	上海浦东新区医药药材有限公司
1	哈药集团医药有限公司	33	上海市药材有限公司
2	华润牡丹江天利医药有限公司	34	上海余天成医药有限公司
3	绥化市医药有限公司	35	上海海欣医药股份有限公司
上海		36	上海金山医药药材公司
1	上海医药分销控股有限公司	37	上海医药嘉定药业有限公司
2	上海永裕医药有限公司	38	上海药房股份有限公司
3	上海雷允上药业有限公司	39	上海新世纪药业有限公司
4	上海九州通医药有限公司	40	上海金石医药药材有限公司
5	上海康健进出口有限公司	41	上海古华药业(集团)有限公司
6	上海外高桥医药分销中心有限公司	42	上海医工院医药有限公司
7	上海市医药保健品进出口公司	43	上海雷允上药品连锁经营有限公司
8	上海虹桥药业有限公司	44	上海汇仁医药有限公司
9	国药集团化学试剂有限公司	45	上海得一医药有限公司
10	上海复星药业有限公司	46	上海云湖医药药材股份有限公司
11	上海申威医药有限公司	47	上海市农工商长征医药有限公司
12	上海华宇药业有限公司	48	上海康恩贝医药有限公司
13	上海信谊医药有限公司	49	上海闵行区药材医药公司
14	上海罗达医药公司	50	上海常富药业有限公司
15	上海新先锋华康医药有限公司	江苏	
16	上海童涵春堂药业股份有限公司	1	南京医药股份有限公司
17	上海东虹医药有限公司	2	华润苏州礼安医药有限公司
18	华润国康(上海)医药有限公司	3	江苏省医药公司
19	上海海吉雅医药有限公司	4	常州药业股份有限公司
20	上海信谊联合医药药材有限公司	5	国药控股常州有限公司
21	上海雷允上药业西区有限公司	6	礼来贸易有限公司
22	上海信谊天一药业有限公司	7	江苏先声药业有限公司
23	上海第一医药股份有限公司	8	连云港康缘医药商业有限公司
24	上海雷允上北区药业股份有限公司	9	上药山禾无锡医药股份有限公司
25	上海中西三维医药有限公司	10	南京华东医药有限责任公司
26	上海新时代药业有限公司	11	江苏省润天生化医药有限公司
27	上海美罗医药有限公司	12	南通市医药经销有限公司
28	上海汇丰医药药材有限公司	13	华润昆山医药有限公司

续表

序号	企业名称	序号	企业名称
14	国药控股无锡有限公司	5	国药控股浙江有限公司
15	江苏恩华和润医药有限公司	6	国药控股温州有限公司
16	徐州医药股份有限公司	7	浙江震元股份有限公司
17	苏州恒祥进出口有限公司	8	回音必集团有限公司
18	常熟建发医药有限公司	9	浙江珍诚医药在线股份有限公司
19	江苏澳洋医药物流有限公司	10	浙江来益医药有限公司
20	江苏柯菲平医药股份有限公司	11	浙江嘉信医药股份有限公司
21	国药控股镇江有限公司	12	温州华东惠仁医药有限公司
22	南通苏中医药物流有限公司	13	杭州凯仑医药股份有限公司
23	江苏大众医药连锁有限公司	14	台州上药医药有限公司
24	南通礼安医药有限公司	15	海尔施生物医药股份有限公司
25	南通华氏佳源医药有限公司	16	浙江华通医药股份有限公司
26	南京同济堂医药有限公司	17	华润衢州医药有限公司
27	南京市银达医药有限公司	18	宁波市鄞州医药药材有限公司
28	张家港市百禾医药有限公司	19	温州市英特药业有限公司
29	扬州医药集团广宁医药有限公司	20	杭州萧山医药有限公司
30	苏州天顺医药有限公司	21	宁波英特药业有限公司（慈溪市医药药材有限公司）
31	江苏淮阴医药有限公司		
32	江苏科诚医药有限公司	22	浙江英诺珐医药有限公司
33	无锡东方药业有限公司	23	浙江大德药业集团浙江医药公司
34	江苏华美医药有限责任公司	24	浙江华圣医药有限公司
35	南京三精医药有限公司	25	浙江宝瑞医药有限公司
36	常熟市医药工业供销有限公司	26	金华市医药有限公司
37	宿迁市医药有限公司	27	建德市医药药材有限公司
38	江苏同济医药有限公司	28	浙江省新昌县医药药材有限公司
39	江苏百瑞医药有限公司	29	温州新特医药有限公司
40	洪泽县医药有限责任公司	30	温州时代医药有限公司
41	南京市江宁医药总公司	31	东阳市医药药材有限公司
42	南京新澳康医药有限公司	32	浙江大宇医药有限公司
43	丰县医药总公司	33	浙江温州医药商业集团有限公司
44	金湖县医药有限公司	34	浙江省诸暨市医药药材有限公司
浙江		35	国药控股湖州有限公司
1	华东医药股份有限公司	36	国药控股金华有限公司
2	浙江英特药业有限责任公司	37	宁波市镇海医药药材有限责任公司
3	宁波医药股份有限公司	38	浙江海派医药有限公司
4	浙江省医药工业有限公司	39	舟山存德医药有限公司

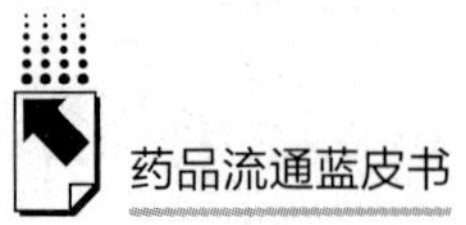

续表

序号	企业名称	序号	企业名称
40	临安市医药药材有限公司	25	淮南新欣医药有限公司
41	浙江省东阳市方圆医药有限公司	26	安徽省医药工业有限公司
42	嘉兴英特医药有限公司	27	安徽省阜阳众诚药业有限责任公司
43	海盐县医药有限公司	28	安徽慈广福药业有限公司
44	宁波新城医药有限公司	29	安徽省宣城市医药有限公司
45	浙江普洛康裕医药药材有限公司	30	界首市医药有限责任公司
46	绍兴震元医药经营有限责任公司	31	安徽省圣安医药有限公司
47	浦江县医药药材有限公司	32	安徽延生药业有限公司
48	浙江省余姚市医药药材有限公司	33	安徽利生药品有限公司
49	浙江省嵊州市医药药材总公司	34	安徽丰原医药营销有限公司
50	金华市太和堂医药连锁有限公司	35	安徽鑫特宝医药科技发展有限公司
安徽		36	安徽九州通医药有限公司
1	安徽华源医药股份有限公司	37	安徽天禾药业有限责任公司
2	南京医药合肥天星有限公司	38	安徽瑞泰药业有限公司
3	安徽省医药(集团)股份有限公司	39	安徽东升医药物流有限公司
4	合肥曼迪新药业有限责任公司	40	南京医药合肥天润有限公司
5	安徽阜阳医药采供站有限责任公司	41	安徽省安天医药有限公司
6	安徽省亳州市药材总公司	42	安徽省本诚医药有限公司
7	安徽阜阳新特药业有限责任公司	43	安徽同润堂医药有限公司
8	合肥康丽药业有限责任公司	44	安徽宁远医药有限公司
9	国药控股安徽有限公司	45	国药控股六安有限公司
10	安徽华宁医药物流有限公司	46	蚌埠明日欣医药有限公司
11	安徽国安医药有限责任公司	47	安徽信力康医药科技有限公司
12	合肥亿帆生物有限公司	48	合肥新安医药营销有限公司
13	合肥市迪迈医药有限公司	49	安徽国立医药集团有限公司
14	安徽省阜阳市康泰药业有限责任公司	50	安徽省安通医药进出口有限公司
15	安徽省阜阳市医药有限公司	福建	
16	安徽立方药业有限公司	1	鹭燕(福建)药业股份有限公司
17	安徽阜阳医药集团有限公司	2	国药控股福建有限公司
18	安徽广印堂中药股份有限公司	3	福建同春药业股份有限公司
19	安徽东方民生药业有限公司	4	福建省福州市惠好药业有限公司
20	安徽省国泰医药有限公司	5	福建九州通医药有限公司
21	安徽省红业医药有限公司	6	福建中鹭医药有限公司
22	上海市医药股份有限公司安庆公司	7	厦门宏仁医药有限公司
23	芜湖双鹤医药有限责任公司	8	片仔癀(漳州)医药有限公司
24	安徽圣诺医药有限公司	9	福建新力量医药有限公司

续表

序号	企业名称	序号	企业名称
10	福建省惠明医药有限公司	15	淄博众生医药有限公司
11	福建东南医药有限公司	16	山东聊城利民药业集团有限公司
12	福建广药洁达医药有限公司	17	菏泽牡丹医药有限责任公司
13	厦门中鹭医药有限公司	18	山东正大医药有限公司
14	厦门钜翔医药有限公司	19	山东省德州泰康药业有限公司
15	厦门绿金谷国际健康产业股份有限公司	20	威海市天福医药有限公司
16	北京同仁堂福建药业连锁有限公司	21	东营市医药公司
17	福建惠好药业有限公司	22	日照医药集团
18	福建鸿越医药有限公司	23	山东省莱芜市医药公司
19	厦门卫健医药有限公司	24	国药控股聊城有限公司
20	国药控股怀德居医药(厦门)有限公司	25	山东滨州圣慷药业有限公司
江西		26	山东容大医药有限公司
1	江西汇仁集团医药科研营销有限公司	河南	
2	江西南华医药有限公司	1	国药控股河南股份有限公司
3	江西仁翔药业有限公司	2	河南九州通医药有限公司
4	江西康成药业有限公司	3	华润河南医药有限公司
5	江西上饶医药股份有限公司	4	河南省医药有限公司
6	江西华晨医药科技有限公司	5	河南省康信医药有限公司
7	江西天顺医药有限公司	6	世一堂百川医药商贸有限公司
8	江西饶信医药有限公司	7	民生药业集团河南德尔康药业有限公司
9	遂川县医药公司	8	商丘新先锋药业有限公司
山东		9	河南省博济光明医药有限公司
1	山东海王银河医药有限公司	10	河南省新华药业有限公司
2	山东瑞康医药股份有限公司	11	三门峡华为药品有限责任公司
3	华润山东医药有限公司	湖北	
4	国药控股山东有限公司	1	九州通医药集团有限公司
5	山东瑞中医药有限公司	2	国药控股湖北有限公司
6	山东九州通医药有限公司	3	新龙药业集团
7	罗欣医药集团有限公司	4	同济堂医药有限公司
8	山东省医药集团有限公司	5	武汉人福医药有限公司
9	青岛百洋医药科技有限公司	6	南京医药湖北有限公司
10	山东康诺盛世医药有限公司	7	湖北格林药业有限公司
11	山东康惠医药有限公司	8	湖北康欣医药有限公司
12	山东新华医药贸易有限公司	9	湖北百惠医药有限公司
13	青岛上药国风医药有限公司	10	华润湖北金马医药有限公司
14	青岛天合医药集团股份有限公司	11	武汉医药集团股份有限公司

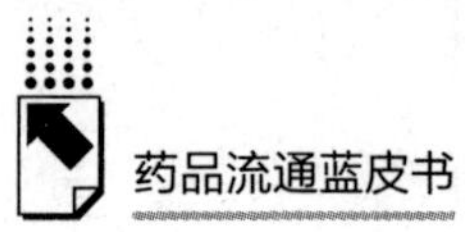

续表

序号	企业名称	序号	企业名称
12	湖北华立正源医药有限公司	4	汕头市创美药业有限公司
13	湖北独活药业股份有限公司	5	广东广弘医药有限公司
14	黄冈市卫尔康医药有限公司	6	深圳中联广深医药(集团)股份有限公司
15	宜昌市康鑫医药经销有限公司	7	惠州市卫康中西药业有限公司
16	武汉东明药房连锁有限公司	8	广东振东泰捷医药物流有限公司
17	宜昌市瑞康医药有限责任公司	9	珠海安生医药有限公司
18	湖北孝感中药材有限公司	10	广东省医药集团有限公司
19	湖北中融达医药有限公司(仙桃)	11	广东龙康医药有限公司
20	宜昌市康正药业贸易有限责任公司	12	广东济源堂药业有限公司
21	恩施自治州恒信药业有限责任公司	13	深圳市健华医药有限公司
22	鄂州吴都医药有限公司	14	广州市金长风药业有限公司
23	新龙药业集团恩施有限公司	广西	
24	湖北迪奥医药有限公司	1	广西柳州医药股份有限公司
25	湖北宁康医药有限公司(咸宁)	2	国药控股广西有限公司
26	宜昌万和医药有限责任公司	3	广西柳州百草堂药业有限公司
27	湖北聚隆药业有限公司(荆门)	4	广西桂玉医药有限责任公司
28	孝感市孝南中药材公司	5	广西梧州市杰迅医药有限公司
湖南		6	广西福中堂药业有限公司
1	国药控股湖南有限公司	海南	
2	华润湖南医药有限公司	1	海南天祥药业有限公司
3	湖南博瑞新特药有限公司	2	海南鲁海医药有限公司
4	湖南天士力民生药业有限公司	3	海南纳德信药业有限公司
5	湖南千金医药股份有限公司	4	海南广药晨菲医药有限公司
6	怀化龙源药业有限责任公司	5	神威药业(海南)有限公司
7	邵阳药业有限公司	6	国药控股海南有限公司
8	湖南德海医药有限公司	7	海南力强医药有限公司
9	邵阳九福药业有限公司	8	海南德义堂药业有限公司
10	衡阳市同德祥医药有限公司	9	洋浦京泰药业有限公司
11	衡阳瑞源药业有限公司	10	海南华健药业有限公司
12	湖南长锋医药有限公司	11	上海延安医药洋浦有限公司
13	湖南新汇医药有限公司	12	国药控股海南鸿益有限公司
14	安化县医药总公司	13	海南裕康药业有限公司
广东		14	海南凯健医药有限公司
1	广州医药有限公司	15	上药科园信海医药有限公司
2	广东九州通医药有限公司	16	海南臣邦药业有限公司
3	广州中山医医药有限公司	17	海南平康药业有限公司

续表

序号	企业名称	序号	企业名称
18	海南康众药业有限公司	3	重庆长圣医药有限公司
19	海南丁一药业有限公司	4	重庆科渝药品经营有限责任公司
20	海南中大药业有限公司	5	重庆九州通医药有限公司
21	海南全星药业有限公司	6	国药控股重庆有限公司
22	海南东鑫药业有限公司	7	重庆医药工业有限责任公司
23	海南海神药业集团股份有限公司	8	重庆恩康医药有限公司
24	海南华拓诺康药业有限公司	四川	
25	海南振誉药业有限公司	1	四川科伦医药贸易有限公司
26	海南世诚医药有限公司	2	四川省医药集团有限责任公司
27	海南裕鑫昌药业有限公司	3	国药集团西南医药有限公司
28	海南福尔医药有限公司	4	成都市蓉锦医药贸易有限公司
29	海南博生元医药有限公司	5	四川九州通科创医药有限公司
30	海南飞利药业有限公司	6	四川本草堂药业有限公司
31	海南国丹药业有限公司	7	四川绵阳科伦医药贸易有限公司
32	海南新通用药业有限公司	8	成都禾创药业有限公司
33	海南中玉医药有限公司	9	四川南充科伦医药贸易有限公司
34	海南康涞医药有限公司	10	四川省南充药业(集团)有限公司
35	海南京卫药业有限公司	11	达州市天泰药业集团有限公司
36	海南全康医药有限公司	12	四川海棠医药有限公司
37	海南创成药业有限公司	13	四川天寿药业有限公司
38	海南天瑞药业有限公司	14	泸州宝光医药有限公司
39	海南盛南药业有限公司	15	四川遂宁市全泰堂药业有限公司
40	海南创优医药有限公司	16	成都蓉风药械有限公司
41	海南同心浩药业有限公司	17	自贡市医药有限公司
42	海南健林医药有限公司	18	四川太星药业有限公司
43	海南聚仁药业有限公司	19	泸州本草堂医药有限公司
44	海南国康医药开发有限公司	20	四川知仁医药有限责任公司
45	海南天虹医药有限公司	21	和平泰康资阳药业有限责任公司
46	海南奥尔康医药有限公司	22	四川雅安康盛中药材有限责任公司
47	海南新龙南医药科技开发有限公司	23	重庆医药自贡有限责任公司
48	海南优莱特医药有限公司	24	成都中新药业自贡有限公司
49	海南神力宝药业有限公司	25	凉山洲西部医药有限责任公司
50	海南健友药业有限公司	26	四川南充鹤鸣堂药品经营有限公司
重庆		贵州	
1	重庆医药(集团)股份有限公司	1	贵州省医药(集团)有限责任公司
2	重庆桐君阁股份有限公司	2	贵州康心医药有限公司

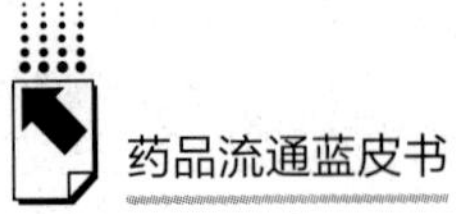

续表

序号	企业名称
3	贵州科开医药有限公司
4	国药控股贵州公司
5	贵州互强药业有限公司
6	贵州腾济医药有限公司
7	贵阳市医药有限公司
8	贵州意通医药有限责任公司
9	贵州科渝奇鼎药品有限公司
10	黔西南州天地药业贸易有限公司
11	贵州强生医药有限公司
12	贵州中鑫医药有限公司
13	贵州光正医药销售有限公司
14	贵州省黔中医药有限公司
15	贵州鼎圣药业有限公司
16	贵州民生药业有限公司
17	贵州斯瑞医药有限责任公司
18	贵州东南药业有限公司
19	贵州和谐医药有限责任公司
20	贵州慈惠医药有限公司
21	贵州省药材公司
22	贵州大明医药实业有限责任公司(毕节)
23	贵州弘一医药有限责任公司
24	贵州紫凡药品有限公司
25	贵州省毕节市医药有限公司
26	贵州容大康医药有限公司
27	扬子江药业集团贵州医药有限公司
28	黔南州华康医药有限责任公司
29	遵义医药有限公司
30	六盘水济生药业有限公司
31	贵州泰忆药品有限公司
32	贵州希尔康医药有限公司
33	贵州铜仁梵天药业有限公司
34	贵州吉康药业有限公司
35	毕节大众医药有限公司(原贵州圣康堂医药经营有限公司)
36	贵州家诚医药销售有限公司
37	贵州华圣医药工业有限公司
云南	
1	云南省医药有限公司
2	云南东骏药业有限公司
3	昆明制药集团医药商业有限公司
4	国药控股云南有限公司
5	云南同丰医药有限公司
6	云南省久泰药业有限公司
7	云南东昌医药股份有限公司
8	昆明滇虹药业销售有限公司
9	云南佳能达医药有限公司
10	云南昊邦医药销售有限公司
11	云南嘉德瑞克药业有限公司
12	云南省玉溪医药有限责任公司
13	云南新世纪药业有限公司
14	云南恩红(集团)有限公司
15	昆明云中药业有限责任公司
16	昆明积大药品销售有限公司
17	昆明贝克诺顿药品销售有限公司
18	昆明东南亚药业有限公司
19	云南济生药业有限公司
20	云南腾药药品经营有限公司
21	云南名扬药品销售有限公司
22	云南怡江医药有限公司
23	云南龙马药业有限公司
24	云南通盛医药有限公司
25	昭通市雄风药业有限公司

续表

序号	企业名称	序号	企业名称
26	昆明圣火医药有限公司	3	国药控股陕西有限公司
27	云南省药品科技开发经营有限公司	4	西安藻露堂药业集团有限责任公司
28	云南双鹤医药有限公司	5	陕西华信医药有限公司
29	云南省开远三发医药经贸公司	6	陕西广药康健医药有限公司
30	云南绿野生物医药有限公司	7	陕西怡康医药有限责任公司
31	云南吉鸿麟医药器械有限公司	8	西安双鹤医药股份有限公司
32	云南省保山市医药有限责任公司	9	华润西安医药有限公司
33	云南新生命药业有限公司	10	西安京西双鹤医药贸易有限公司
34	云南康禾医药有限公司	11	渭南医药集团有限责任公司
35	云南通用药业有限公司	12	陕西省汉中市药材总公司
36	云南省疾病预防控制中心技术开发服务中心	13	咸阳市医药总公司
		甘肃	
37	云南省建水县兴达医药有限公司	1	兰州西城药业有限责任公司
38	红河州佳宇药业有限公司	2	兰州强生医药有限责任公司
39	云南旭灵医药有限公司	3	国药控股甘肃有限公司
40	云南大唐汉方药业有限公司	4	甘肃同济药业有限责任公司
41	云南博泰药业有限公司	5	甘肃莱美医药投资有限责任公司
42	云南金辉药业有限公司	6	甘肃平凉国泰药业有限责任公司
43	云南杰康药业有限公司	7	天水西城药业有限责任公司
44	云南药品第三方物流有限公司	8	甘肃普禾医药有限责任公司
45	昆明三汇通医药有限公司	9	礼县春天药业有限责任公司
46	云南腾瑞医药有限公司	青海	
47	昆明天福堂药业有限公司	1	青海省富康医药集团有限责任公司
48	昆明红伙药业有限公司	2	青海省新绿洲医药集团有限公司
49	云南泰康医药经济发展有限公司	3	青海力升药业有限公司
50	云南康美佳药业有限公司	4	青海心达药业有限公司
西藏		宁夏	
1	西藏康健医药销售有限公司	1	国药控股宁夏有限公司
2	西藏神威药业有限公司	2	宁夏华源耀康医药有限公司
3	西藏天圣医药贸易有限公司	3	闽宁医药有限公司
陕西		4	宁夏众欣联合方泽医药有限公司
1	陕西医药控股集团派昂医药有限责任公司	新疆	
2	陕西华远医药集团有限公司	1	国药集团新疆新特药业有限公司

注：区域排序不足50位的地区以已上报直报企业位列。

资料来源：商务部药品流通行业统计系统，部分取自中国医药商业协会。

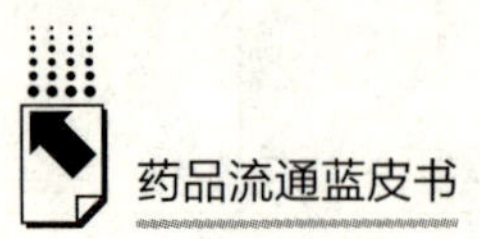

表12　2013年区域药品流通零售企业主营业务收入前50位排序

序号	企业名称
	北京
1	北京同仁堂连锁药店有限责任公司
2	北京金象大药房医药连锁有限责任公司
3	北京永安堂医药连锁有限责任公司
4	北京京卫元华医药科技有限公司
5	北京同仁堂崇文门药店有限责任公司
6	北京医保全新大药房连锁有限责任公司
7	北京永安复星医药股份有限公司
8	北京嘉事堂连锁药店有限责任公司
9	北京同仁堂参茸有限责任公司
10	北京同仁堂南三环中路药店有限公司
11	北京市顺义医药药材公司
12	北京怡然堂药店
13	北京市京隆堂医药有限公司
14	北京王府井医药商店有限责任公司
15	北京安康百利医药有限公司
16	北京医保中洋大药房有限公司
17	北京昌药医药连锁经营有限公司
18	北京市济安堂药店
19	健康新概念大药房
20	北京市东方清辰医药商厦
21	北京牡丹苑金象大药房
22	北京宝树堂药品经营有限公司
23	北京百信仁康大药房有限公司
	天津
1	老百姓大药房连锁(天津)有限公司
	河北
1	河北华佗药房医药连锁有限公司
2	廊坊市一笑堂医药零售连锁有限公司
3	石家庄新兴药房连锁有限公司
4	国药河北乐仁堂医药连锁有限公司
5	河北神威大药房连锁有限公司
6	河北圣诺新特药连锁有限公司
	山西
1	山西益源大药房连锁有限责任公司
2	山西荣华大药房连锁有限公司
3	山西长城药品零售连锁有限公司
4	山西临汾竹林大药房连锁有限公司
5	阳泉市吉祥大药房医药连锁有限责任公司
6	山西仁和大药房连锁有限公司
7	晋中市天诚药房有限责任公司
8	灵石县药业有限责任公司
9	长治市昂生大药房零售连锁有限公司
10	祁县阳光医药有限公司
	内蒙古
1	赤峰人川大药房连锁有限公司
2	呼伦贝尔市同致药业有限责任公司
3	国药控股国大药房内蒙古有限公司
4	赤峰雷蒙大药房连锁有限公司
5	内蒙古成大方圆医药连锁有限公司
6	内蒙古万民药房连锁有限公司
7	包头市神农医药保健品有限责任公司
8	阿拉善盟医药有限责任公司
	辽宁
1	辽宁成大方圆医药连锁有限公司
2	葫芦岛市医药有限责任公司
	吉林
1	吉林大药房药业股份有限公司
2	吉林省益和大药房有限公司
3	吉林省中东医药有限公司
4	吉林省合兴健康药房连锁有限责任公司
5	吉林省吉深医药实业有限公司
	黑龙江
1	哈尔滨人民同泰医药连锁店
2	黑龙江泰华医药连锁销售有限公司
3	黑龙江泰华医药集团有限公司
4	哈尔滨宝丰医药连锁有限公司
5	大庆医药有限责任公司
	上海
1	国药控股国大药房有限公司
2	上海华氏大药房有限公司
3	上海复美益星大药房连锁有限公司

续表

序号	企业名称	序号	企业名称
4	上海国大药房连锁有限公司	14	浙江省诸暨市人民药店医药连锁公司
5	上海益丰大药房有限公司	15	义乌市三溪堂国药馆有限公司
6	上海余天成药业连锁有限公司	16	金华市老百姓医药连锁有限公司
7	上海养和堂药业连锁经营有限公司	安徽	
8	上海童涵春堂药业连锁经营有限公司	1	安徽丰原大药房连锁有限公司
9	上海汇丰大药房有限公司	2	安徽百姓缘大药房连锁有限公司
10	上海药房连锁有限公司	3	合肥大药房连锁有限公司
11	上海医药嘉定大药房连锁有限公司	4	南京医药合肥天星药品零售连锁有限公司
12	上海一德大药房连锁经营有限公司	5	滁州市百姓缘药品零售连锁有限公司
13	上海南汇华泰药店连锁总店	6	安徽元初药房连锁有限公司
14	上海得一大药房有限公司	7	黄山市徽州医药有限责任公司
15	上海云湖医药连锁经营有限公司	8	黄山众和医药有限公司
16	上海雷允上西区药品零售有限公司	9	安徽省蚌埠绿十字医药连锁有限公司
17	上海联华复星药房连锁经营有限公司	10	安徽老百姓大药房连锁有限公司
18	上海金石大药房有限公司	11	安徽国胜大药房连锁有限公司
江苏		12	淮南大众医药连锁有限公司
1	南京国药医药有限公司	13	芜湖中山大药房连锁有限公司
2	苏州礼安医药连锁总店有限公司	14	合肥立方药房连锁有限公司
3	常州人寿天医药连锁有限公司	15	黄山花园药业有限公司
4	昆山双鹤同德堂连锁大药房有限责任公司	16	安庆华氏大药房有限公司
5	苏州雷允上国药连锁总店有限公司	17	淮南新诚大药房零售连锁有限公司
6	江苏仁济医药连锁有限公司	18	宁国市康宁医药零售连锁有限公司
浙江		19	合肥为民大药房连锁有限公司
1	浙江大生医药有限公司	20	马鞍山市川洋大药房连锁有限公司
2	杭州九洲大药房连锁有限公司	21	安徽九天医药有限公司
3	上虞市医药有限责任公司	22	安徽省天长市千秋医药有限责任公司千秋大药房连锁店
4	浙江震元医药连锁有限公司		
5	浙江天天好大药房连锁有限公司	23	安徽市民大药房连锁有限公司
6	宁波四明大药房有限责任公司	24	安徽省春源大药房有限公司
7	浙江瑞人堂医药连锁有限公司	25	舒城博利大药房连锁总店
8	浙江华通医药连锁有限公司	26	安徽广济大药房连锁有限公司
9	浙江华联医药连锁有限公司	27	巢湖市三九百姓连锁有限公司
10	嵊州市易心堂大药房有限公司	28	淮北市养生堂药业有限责任公司
11	宁波彩虹大药房有限公司	29	祁门县医药有限责任公司
12	金华市九德堂医药连锁有限公司	30	安徽丰原大药房有限公司合肥分公司
13	金华市尖峰大药房连锁有限公司	31	安徽国大药房连锁有限公司

续表

序号	企业名称	序号	企业名称
32	丰原大药房马鞍山连锁店	9	东营益生堂药业连锁有限公司
33	淮北医药有限公司医药大厦	10	德州颐寿医药连锁有限公司
34	安徽省阜阳中心大药房(零售)连锁有限公司	11	菏泽牡丹大药房连锁有限公司
35	合肥格宁大药房连锁有限公司	12	山东益寿堂药业有限公司
36	安庆大药房医药贸易有限责任公司	13	山东潍坊海王星辰民康连锁药店有限公司
37	六安市申华大药房(连锁)有限公司	14	章丘健民医药有限公司
38	安徽丰原大药房有限公司铜陵分公司	河南	
39	亳州市盖福祥大药房连锁有限公司	1	河南张仲景大药房股份有限公司
40	安徽四方百信大药房连锁有限公司	2	开封市百氏康医药连锁有限公司
41	蚌埠大众连锁有限责任公司	3	郑州仟禧堂医药有限责任公司
42	安徽省绿十字医药连锁有限公司	4	河南大药房连锁经营有限公司
43	池州市百草堂大药房有限责任公司	湖北	
44	芜湖回音必医药零售连锁有限公司	1	湖北同济堂药房有限公司
45	安徽省国泰第一医药有限责任公司	2	襄阳天济大药房连锁有限责任公司
46	安徽远帆大药房连锁有限公司	3	湖北中联大药房连锁有限公司
47	泾县江南药店连锁有限公司	4	武汉普安医药有限公司
48	阜阳市聚缘堂药品零售连锁有限公司	5	武汉马应龙大药房连锁有限公司
49	潜山县百信大药房连锁有限公司	6	黄石新医药有限公司
福建		7	湖北天和堂医药有限公司(仙桃)
1	福建惠好四海医药连锁有限责任公司	8	好药师大药房连锁有限公司
2	福建国大药房连锁有限公司	9	恩施市元昌医药有限责任公司
3	福州回春医药连锁有限公司	湖南	
江西		1	益丰大药房连锁股份有限公司
1	江西黄庆仁栈华氏大药房有限公司	2	怀化怀仁大药房连锁有限公司
2	江西萍乡市昌盛大药房连锁有限公司	3	湖南国大民生堂药房连锁有限公司
3	江西开心人大药房连锁有限公司	4	常德市九芝堂医药有限公司
4	江西青春康源大药房连锁有限公司	5	娄底市康一馨街大药房零售连锁有限公司
山东		广东	
1	济南漱玉平民大药房有限公司	1	大参林医药集团股份有限公司
2	山东燕喜堂医药连锁有限公司	2	深圳中联大药房控股有限公司
3	山东立健医药城连锁有限公司	3	广州健民医药连锁有限公司
4	济宁新华鲁抗大药房有限公司	4	广东国药医药连锁企业有限公司
5	山东利民大药店连锁有限公司	5	中山市中智大药房连锁有限公司
6	青岛祥泰药庄连锁有限公司	6	深圳市南北药行连锁有限公司
7	青岛国风大药房连锁有限公司	广西	
8	日照真诚大药房有限公司	1	柳州桂中大药房连锁有限责任公司

续表

序号	企业名称	序号	企业名称
2	广西一心医药集团有限责任公司	贵州	
3	广西一致药店连锁有限公司	1	贵州一树连锁药业有限公司
4	广西南宁朝阳大药房连锁有限责任公司	2	贵州芝林大药房零售连锁有限公司
5	广西玉林市至真药业连锁有限责任公司	3	贵州一品医药连锁公司
海南		4	贵州吉大夫医药连锁公司
1	海南广安堂药品超市连锁经营有限公司	5	贵州华氏大药房延安连锁有限公司
2	海南养天和大药房连锁经营有限公司	6	贵州省医药(集团)和平药房连锁有限公司
3	海南广安大药堂连锁经营有限公司	7	贵州赤水黔北医药有限公司
4	海南寿南山医药有限公司	8	贵州福安康医药连锁有限公司
重庆		云南	
1	重庆桐君阁大药房连锁有限责任公司	1	云南鸿翔一心堂药业(集团)股份有限公司
2	重庆市万和药房连锁有限公司	2	云南健之佳健康连锁店股份有限公司
3	重庆鑫斛药房连锁有限公司	3	云南白药大药房有限公司
四川		4	昆明福林堂药业有限公司
1	成都百信药业连锁有限责任公司	5	云南文山七丹药业股份有限公司
2	四川杏林医药连锁有限责任公司	陕西	
3	四川德仁堂药业连锁有限公司	1	西安怡康医药连锁有限责任公司
4	泸州圣杰药业有限公司	2	陕西众信医药超市有限公司
5	四川太极大药房连锁有限公司	3	西安双鹤大药房连锁有限责任公司
6	绵阳太极大药房连锁有限责任公司	4	陕西康健医药连锁有限公司
7	攀枝花市敬仁堂医药连锁有限责任公司	甘肃	
8	成都九鼎药房连锁有限责任公司	1	甘肃德生堂大药房连锁经营有限公司
9	绵阳天源堂医药连锁有限公司	2	甘肃河西三州武威医药连锁有限责任公司
10	德阳市德园堂零售连锁药业有限公司	宁夏	
11	四川康贝大药房连锁有限公司	1	宁夏国大药房连锁有限公司
12	阿坝州壤塘县民族贸易医药有限责任公司		

注：区域排序不足50位的地区以已上报直报企业位列。

资料来源：商务部药品流通行业统计系统，部分取自中国医药商业协会。

表13　2013年具有互联网药品交易服务资格证书的药品流通企业名单

B2A	
企业名称	证书编号
1. 北京汉宁恒丰医药科技股份有限公司	国 A20130004
2. 北京鹤麒医药电子商务有限公司	国 A20080001
3. 北京先锋环宇电子商务有限责任公司	国 A20070001
4. 海南卫虹医药电子商务有限公司	国 A20060002

续表

B2A	
企业名称	证书编号
5. 合肥快易捷医药电子商务有限公司	国 A20070002
6. 河北慧眼医药科技有限公司	国 A20130003
7. 江西金利达电子商务有限公司	国 A20130001
8. 民生医药配送中心有限公司	国 A20090001
9. 上海伊邦医药信息科技有限公司	国 A20110001
10. 中国通用医药电子商务有限公司	国 A20060001
11. 重庆药品交易所股份有限公司	国 A20130002

B2B	
企业名称	证书编号
1. 安徽华源医药股份有限公司	皖 B20090001
2. 安徽立方药业有限公司	皖 B20080001
3. 北京九州通医药有限公司	京 B20130002
4. 成都拜欧药业有限公司	川 B20110002
5. 成都一零一医药有限公司	川 B20130001
6. 澄江县正飞中药材有限责任公司	滇 B20110003
7. 东莞市新文医药有限公司	粤 B20110001
8. 甘肃惠森药业发展有限公司	甘 B20110001
9. 广东百氏福药业有限公司	粤 B20090001
10. 广东二天堂药业有限公司	粤 B20120001
11. 广东康泽药业有限公司	粤 B20130002
12. 广东康之家药业有限公司	粤 B20130001
13. 广州医药有限公司	粤 B20110002
14. 国药控股广州有限公司	粤 B20120002
15. 国药控股河南股份有限公司	豫 B20120001
16. 河南九州通医药有限公司	豫 B20090001
17. 湖南商康医药电子商务有限公司	湘 B20110001
18. 湖南时代阳光医药健康产业有限公司	湘 B20130001
19. 华东医药股份有限公司	浙 B20110002
20. 华润河南医药有限公司	豫 B20110001
21. 江苏澳洋医药物流有限公司	苏 B20130002
22. 江苏康之捷医药有限公司	苏 B20120002
23. 江苏柯菲平医药股份有限公司	苏 B20130003
24. 江苏可一医药有限公司	苏 B20090001
25. 江苏阳生生物工程有限公司	苏 B20120003
26. 江西开心人医药物流有限公司	赣 B20110001

续表

B2B	
企业名称	证书编号
27. 九州通医药集团股份有限公司	鄂 B20110001
28. 康美药业股份有限公司	粤 B20110003
29. 昆明鑫源堂医药有限公司	滇 B20110002
30. 南京聚力医药科技有限公司	苏 B20120004
31. 青岛百洋医药科技有限公司	鲁 B20130001
32. 山东大舜医药物流有限公司	鲁 B20100002
33. 山东瑞康医药股份有限公司	鲁 B20100001
34. 上海复迅医疗器械有限公司	沪 B20130001
35. 四川合纵医药有限责任公司	川 B20130002
36. 四川科伦医药贸易有限公司	川 B20100001
37. 四川省医药股份有限公司	川 B20110001
38. 无锡市凯顺医疗器械制造有限公司	苏 B20120001
39. 徐州淮海药业有限公司	苏 B20100001
40. 徐州医药股份有限公司	苏 B20130001
41. 云南东骏药业有限公司	滇 B20120001
42. 云南东融滇西中药材物流经营有限公司	滇 B20120002
43. 云南佳能达医药有限公司	滇 B20120003
44. 云南省医药有限公司	滇 B20110001
45. 长治市昂生医药物流有限公司	晋 C20100002
46. 浙江海派医药有限公司	浙 B20130003
47. 浙江鸿汇医药物流有限公司	浙 B20110001
48. 浙江康恩贝医药销售有限公司	浙 B20130001
49. 浙江为诚医药股份有限公司	浙 B20130002
50. 浙江英特药业有限责任公司	浙 B20100001
51. 郑州中原医疗器械城股份有限公司	豫 B20090002

B2C	
企业名称	证书编号
1. 益丰大药房连锁股份有限公司	湘 C20110001
2. 辽宁成大方圆医药连锁有限公司	辽 C20130001
3. 云南健之佳健康连锁店股份有限公司	滇 C20110001
4. 安徽百秀大药房连锁有限公司	皖 C20130001
5. 安徽立方连锁药房有限公司	皖 C20110001
6. 安徽省天健国药堂健康服务有限公司	皖 C20100001
7. 北京德开医药科技有限公司	京 C20130001
8. 北京德威治医药连锁有限责任公司	京 C20100002

续表

B2C	
企业名称	证书编号
9. 北京福瑞宏达大药房有限公司	京 C20130002
10. 北京好药师大药房连锁有限公司	京 C20090001
11. 北京嘉事堂连锁药店有限责任公司	京 C20100001
12. 北京金象大药房医药连锁有限责任公司	京 C20110003
13. 北京同仁堂广州药业连锁有限公司	粤 C20130008
14. 北京养生堂药店有限公司	京 C20110002
15. 北京医保中洋大药房有限公司	京 C20090002
16. 常州市恒泰医药连锁有限公司	苏 C20130001
17. 大连市阳光大药房医药连锁有限公司	辽 C20130002
18. 东莞市汇店通医药有限公司	粤 C20110008
19. 福州逸仙医药连锁有限公司	闽 C20130004
20. 阜阳市聚缘堂药品零售连锁有限公司	皖 C20130002
21. 甘肃德生堂大药房连锁经营有限公司	甘 C20120001
22. 广东爱心大药房连锁有限公司	粤 C20130013
23. 广东宝家康药业有限公司	粤 C20130003
24. 广东本草药业连锁有限公司	粤 C20130001
25. 广东大参林连锁药店有限公司	粤 C20130002
26. 广东健客医药有限公司	粤 C20090001
27. 广东金康药房连锁有限公司	粤 C20130004
28. 广东康爱多连锁药店有限公司	粤 C20110001
29. 广东康泽药业连锁有限公司	粤 C20130007
30. 广东康之家医药连锁有限公司	粤 C20110004
31. 广东壹号大药房连锁有限公司	粤 C20100001
32. 广州百济新特药业连锁有限公司	粤 C20110003
33. 广州二天堂大药房连锁有限公司	粤 C20110006
34. 广州华安医药连锁有限公司	粤 C20130009
35. 广州集和堂大药房连锁有限公司	粤 C20130010
36. 广州健民医药连锁有限公司	粤 C20100002
37. 广州林芝参药业连锁有限公司	粤 C20130018
38. 广州平民大药房连锁有限公司	粤 C20130014
39. 广州七乐康药业连锁有限公司	粤 C20100005
40. 广州市宝芝林大药房连锁有限公司	粤 C20130012
41. 广州中医药大学大药房养和医药连锁有限公司	粤 C20100003
42. 贵州吉大夫药房连锁有限公司	黔 C20110001
43. 贵州省医药(集团)意通兴业大药房连锁有限公司	黔 C20130001

续表

B2C	
企业名称	证书编号
44. 国药河北乐仁堂医药连锁有限公司	冀 C20130001
45. 哈尔滨人民同泰医药连锁店	黑 C20110001
46. 海南广安堂药品超市连锁经营有限公司	琼 C20130001
47. 海南永敬堂药业连锁经营有限公司	琼 C20130002
48. 海南源安隆药品超市连锁有限公司	琼 C20130003
49. 杭州东仁堂医药零售连锁有限公司	浙 C20130010
50. 杭州华东武林大药房有限公司	浙 C20130009
51. 杭州九洲大药房连锁有限公司	浙 C20100001
52. 杭州益万家药房连锁有限公司	浙 C20130004
53. 河北华佗药房医药连锁有限公司	冀 C20110001
54. 河北神威大药房连锁有限公司	冀 C20130002
55. 黑龙江省金天集团金天慈济医药连锁有限公司	黑 C20130002
56. 湖北中联大药房连锁有限公司	鄂 C20130001
57. 湖南千金大药房连锁有限公司	湘 C20130003
58. 怀化怀仁大药房连锁有限公司	湘 C20130001
59. 济南漱玉平民大药房有限公司	鲁 C20120002
60. 济宁新华鲁抗大药房有限公司	鲁 C20110001
61. 江苏百佳惠瑞丰大药房连锁有限公司	苏 C20130008
62. 江苏普泽大药房连锁有限公司	苏 C20130003
63. 江苏一可医药连锁有限公司	苏 C20130005
64. 江西赣药大药房连锁有限公司	赣 C20130001
65. 江西金盛大药房连锁有限公司	赣 C20110001
66. 江西开心人大药房连锁有限公司	赣 C20090001
67. 金华市老百姓医药连锁有限公司	浙 C20130002
68. 老百姓大药房连锁股份有限公司	湘 C20130002
69. 连云港康济大药房连锁有限公司	苏 C20130004
70. 辽宁博康天天好大药房连锁有限公司	辽 C20130003
71. 辽宁盛生堂药房连锁有限公司	辽 C20100001
72. 柳州桂中大药房连锁有限责任公司	桂 C20130001
73. 南京金陵大药房有限责任公司	苏 C20130006
74. 宁波彩虹大药房有限公司	浙 C20120001
75. 宁波四明大药房有限责任公司	浙 C20110001
76. 青岛百洋健康药房连锁有限公司	鲁 C20120003
77. 青岛利群药品经营有限公司	鲁 C20100001
78. 清远市海马王药业有限公司	粤 C20130011

续表

B2C	
企业名称	证书编号
79. 厦门鹭燕大药房有限公司	闽 C20130002
80. 山东东阿阿胶健康管理连锁有限公司	鲁 C20120001
81. 山东立健医药城连锁有限公司	鲁 C20130005
82. 山东燕喜堂医药连锁有限公司	鲁 C20130001
83. 山西荣华大药房连锁有限公司	晋 C20120001
84. 上海得一大药房连锁有限公司	沪 C20130004
85. 上海复美益星大药房连锁有限公司	沪 C20130001
86. 上海华氏大药房有限公司	沪 C20130003
87. 上海雷允上北区药品零售有限公司	沪 C20130005
88. 上海市第一医药商店连锁经营有限公司	沪 C20130002
89. 上海药房连锁有限公司	沪 C20110001
90. 上海医药嘉定大药房连锁有限公司	沪 C20090001
91. 韶关市乡亲药房连锁有限公司	粤 C20110007
92. 深圳市都市大药房连锁有限公司	粤 C20130017
93. 深圳市海王星辰健康药房连锁有限公司	粤 C20100004
94. 深圳市万泽医药连锁有限公司	粤 C20120001
95. 深圳市文华医药有限公司	粤 C20130015
96. 深圳市亚洲大药房连锁有限公司	粤 C20110002
97. 深圳市一德堂医药连锁有限公司	粤 C20110005
98. 深圳市中联大药房有限公司	粤 C20120002
99. 深圳市众生堂药房有限公司	粤 C20130016
100. 石家庄新兴药房连锁有限公司	冀 C20090001
101. 四川拜欧大药房连锁有限公司	川 C20130001
102. 四川德仁堂药业连锁有限公司	川 C20130002
103. 四川好医生连锁药房有限公司	川 C20130005
104. 四川回春堂药业连锁有限公司	川 C20130003
105. 四川仁博药房连锁有限公司	川 C20100001
106. 四川昇和医药连锁有限公司	川 C20120001
107. 四川省巴中怡和药业连锁有限责任公司	川 C20130004
108. 四川省华安堂药业零售连锁有限公司	川 C20130006
109. 泰州市隆泰源医药连锁有限公司	苏 C20130009
110. 天津瑞澄大药房连锁有限公司	津 C20130001
111. 天津天士力大药房连锁有限公司	津 C20090001
112. 桐庐好邻居大药房连锁有限公司	浙 C20130006
113. 温州叶同仁医药连锁有限公司	浙 C20130001

续表

B2C	
企业名称	证书编号
114. 温州张和堂医药连锁有限公司	浙 C20130008
115. 无锡汇华强盛医药连锁有限公司	苏 C20130002
116. 无锡星洲百姓人家药店连锁有限公司	苏 C20130007
117. 武汉马应龙大药房连锁有限公司	鄂 C20100001
118. 先声再康江苏药业有限公司	苏 C20110001
119. 徐州恩华统一医药连锁销售有限公司	苏 C20120004
120. 烟台中医世家医药连锁有限公司	鲁 C20130002
121. 伊春市平安百姓医药连锁有限责任公司	黑 C20130001
122. 云南白药大药房有限公司	滇 C20120002
123. 云南白药集团股份有限公司	滇 C20130001
124. 云南鸿翔一心堂药业(集团)股份有限公司	滇 C20120001
125. 章丘市健民医药有限公司	鲁 C20130003
126. 长治市昂生大药房零售连锁有限公司	晋 C20100001
127. 浙江瑞人堂医药连锁有限公司	浙 C20130011
128. 浙江同一大药房有限公司	浙 C20130012
129. 浙江云开亚美大药房连锁有限公司	浙 C20130003
130. 浙江长红大药房连锁有限公司	浙 C20130005
131. 镇江存仁堂医药连锁有限责任公司	苏 C20120003
132. 中山市中智大药房连锁有限公司	粤 C20130005
133. 重庆加加林医疗器械连锁有限公司	渝 C20130002
134. 重庆江岸大药房连锁有限公司	渝 C20090001
135. 重庆市万和药房连锁有限公司	渝 C20130003
136. 重庆桐君阁大药房连锁有限责任公司	渝 C20130001
137. 淄博众康医药连锁有限公司	鲁 C20130004

资料来源：国家食品药品监督管理总局官方网站，统计截止日期 2013 年 12 月 31 日。

Abstract

Pharmaceutical distribution industry as an important part of connecting medicine production and terminal consumption, has experienced different development stages with the development and changes of China's economic system. This paper analyses the development status, the existing problems and reasons of medicine supply industry since the new medical reform. The pharmaceutical distribution industry developed rapidly, the scale became stronger, new patterns of drug circulation was emerging. But there is also certain problem, for instance, the drug distribution model of current public hospitals, the low chaining rate of social pharmacy. This is not only related with the medicine circulation industry itself, but also related to the current health care system. In this paper, we analysis the cause of medicine circulation industry problems, and puts forward the corresponding policy suggestions.

With further promote the new medical reform, the number of medical institutions, resources, and total health spending was increasing nationwide. Pharmaceutical market slowdown in 2013, which reflected in the circulation and use of medical. The report examined China's pharmaceutical commercial enterprises operating conditions, summarizes the development direction of pharmaceutical commercial enterprises. Retail pharmacies, the pressure to survive under the new health care reform increased, but the number was still increasing. Medical institutions, pharmaceutical proportion of hospitals and primary business has declined, but is still at the heart of hospital revenue.

Pharmaceuticale-commerce and distribution market, in recent years, are important pharmaceutical distribution business models. Our authorities have officially confirmed the legitimacy of the Internet and drug transaction, and the initial construction of the regulatory framework of the Internet and drug transaction. Listed companies in the pharmaceutical distribution industry in order to cope with the slowdown in 2013 and continued gross margin and decreased the grim situation, continued to adjust and try, including strategic positioning adjustment, develop new business, exploring new models, and trying the E-commerce.

Development of the pharmaceutical distribution industry is inseparable with national policy. In the international point of view, the major developed pharmaceutical distribution industry structures were converging. Aspects of health care reform, there were lower drug prices, gradually straighten out the price of medical services and so a lot of work. Analysis found that the implementation of the pharmaceutical sub-sector in economically developed areas, is good to the parties, including the patient, medical institutions and doctors. Finally, the report analyzed the development of social health insurance problems and put forward policy recommendations.

Development of the pharmaceutical distribution industry is composed by pharmaceutical distribution companies. In the final of this report there were three cases as a share, and also statistics.

Keywords: Pharmaceutical Distribution Industry; Pharmaceutical Market; Health Care Reform

Contents

𝔹 I General Report

Abstract: Pharmaceutical distribution industry as an important part of connecting medicine production and terminal consumption, has experienced different development stages with the development and changes of China's economic system. This paper analyses the development status, the existing problems and reasons of medicine supply industry since the new medical reform. The pharmaceutical distribution industry developed rapidly, the scale became stronger, new patterns of drug circulation was emerging. But there is also certain problem, for instance, the drug distribution model of current public hospitals, the low chaining rate of social pharmacy. This is not only related with the medicine circulation industry itself, but also related to the current health care system. In this paper, we analysis the cause of medicine circulation industry problems, and puts forward the corresponding policy suggestions.

Keywords: Pharmacuetical Supply; Problems; Policy Suggestions

𝔹 II Market Development Reports

Abstract: Basing on the data of typical pharmaceutical distributors, this report examines operation of China's pharmaceutical distributors during 2010 to 2013, including management, solvency and profitability. Meanwhile, this report makes predictions on the development of pharmaceutical business through inputs of enterprises.

Keywords: Management; Solvency; Profitability

Abstract: General sales scale in pharmaceutical retail market growth in 2013 was slowing, Pharmaceutical retail enterprises, on average, gained lower margins. At the same time, capital market valuation was higher, mergers and reorganization were actifed. Pharmaceutical retail network trading services and innovative service were developing rapidly.

Keywords: Pharmaceutical; Retail; Mergers and Reorganization

Abstract: Since 2008, the number of medical institutions in our country increased, as well as the resources and the total health expenses, The hospital drugs market annual growth was 22% in 2012, slowed to 8% in 2013. Provinces presented different features in the growth. In the meantime, pharmaceutical business proportion was still in the core position of the hospital income.

Keywords: Medical Institutions; Health Expenses; Province Characteristics; Drug Income

Ⅲ Model of Development Reports

Abstract: This article reviewed the history of the Internet drug e－commerce laws and regulations, appraised the effect of regulatory policy, and summarized and the trend of legislation the regulation development.

Keywords: Medicine; Electronic Commerce; Regulation

Abstract: The data of listed companies is an important index of industry development. From 15 pharmaceutical distribution companies'2013 annual report, we analyze their revenue, profit and operation ability in this article.

Keywords: the Listed Company; Pharmaceutical Distribution; Operation Ability

Ⅳ Comprehensive Reports

Abstract: this chapter will study drug circulation market characteristics and pricing mechanisms in the United States, United Kingdom, Japanese, German, France . The results showed that: the main developed countries' pharmaceutical distribution market structure converged, price control degree and different differed,

conclusion as follows: for Beijing, Shanghai and other economically developed regions, they can implement pharmaceutical separation, the medical institutions and some secondary hospital outpatient pharmacy business can tranfer to the social pharmacy. This is good for all parties, including patients and medical institutions and doctors.

Keywords: The Reform of Health Care; Pharmaceutical Separation; The Pharmaceutical Retail Chain Enterprises

Abstract: This paper reviewed the development course of China's social medical insurance system. By theoretical analysis, seven of the health problems were pointed out, which came from the development of society and policy recommendations.

Keywords: the Reform of Health Care; Social Medical Insurance; Payment Mechanism

B V Case Study

B VI Appendix

中国皮书网

www.pishu.cn

发布皮书研创资讯，传播皮书精彩内容

引领皮书出版潮流，打造皮书服务平台

栏目设置：

- □ 资讯：皮书动态、皮书观点、皮书数据、 皮书报道、 皮书新书发布会、电子期刊
- □ 标准：皮书评价、皮书研究、皮书规范、皮书专家、编撰团队
- □ 服务：最新皮书、皮书书目、重点推荐、在线购书
- □ 链接：皮书数据库、皮书博客、皮书微博、出版社首页、在线书城
- □ 搜索：资讯、图书、研究动态
- □ 互动：皮书论坛

中国皮书网依托皮书系列“权威、前沿、原创”的优质内容资源，通过文字、图片、音频、视频等多种元素，在皮书研创者、使用者之间搭建了一个成果展示、资源共享的互动平台。

自2005年12月正式上线以来，中国皮书网的IP访问量、PV浏览量与日俱增，受到海内外研究者、公务人员、商务人士以及专业读者的广泛关注。

2008年、2011年中国皮书网均在全国新闻出版业网站荣誉评选中获得“最具商业价值网站”称号。

2012年，中国皮书网在全国新闻出版业网站系列荣誉评选中获得“出版业网站百强”称号。

权威报告 热点资讯 海量资源

当代中国与世界发展的高端智库平台

皮书数据库 www.pishu.com.cn

皮书数据库是专业的人文社会科学综合学术资源总库，以大型连续性图书——皮书系列为基础，整合国内外相关资讯构建而成。该数据库包含七大子库，涵盖两百多个主题，囊括了近十几年间中国与世界经济社会发展报告，覆盖经济、社会、政治、文化、教育、国际问题等多个领域。

皮书数据库以篇章为基本单位，方便用户对皮书内容的阅读需求。用户可进行全文检索，也可对文献题目、内容提要、作者名称、作者单位、关键字等基本信息进行检索，还可对检索到的篇章再作二次筛选，进行在线阅读或下载阅读。智能多维度导航，可使用户根据自己熟知的分类标准进行分类导航筛选，使查找和检索更高效、便捷。

权威的研究报告、独特的调研数据、前沿的热点资讯，皮书数据库已发展成为国内最具影响力的关于中国与世界现实问题研究的成果库和资讯库。

皮书俱乐部会员服务指南

1. 谁能成为皮书俱乐部成员？

- 皮书作者自动成为俱乐部会员
- 购买了皮书产品（纸质皮书、电子书）的个人用户

2. 会员可以享受的增值服务

- 加入皮书俱乐部，免费获赠该纸质图书的电子书
- 免费获赠皮书数据库100元充值卡
- 免费定期获赠皮书电子期刊
- 优先参与各类皮书学术活动
- 优先享受皮书产品的最新优惠

社会科学文献出版社 SOCIAL SCIENCES ACADEMIC PRESS (CHINA) 皮书系列
卡号：197933469284
密码：

3. 如何享受增值服务？

（1）加入皮书俱乐部，获赠该书的电子书

第1步 登录我社官网（www.ssap.com.cn），注册账号；

第2步 登录并进入“会员中心”—“皮书俱乐部”，提交加入皮书俱乐部申请；

第3步 审核通过后，自动进入俱乐部服务环节，填写相关购书信息即可自动兑换相应电子书。

（2）免费获赠皮书数据库100元充值卡

100元充值卡只能在皮书数据库中充值和使用

第1步 刮开附赠充值的涂层（左下）；

第2步 登录皮书数据库网站（www.pishu.com.cn），注册账号；

第3步 登录并进入“会员中心”—“在线充值”—“充值卡充值”，充值成功后即可使用。

4. 声明

解释权归社会科学文献出版社所有

皮书俱乐部会员可享受社会科学文献出版社其他相关免费增值服务，有任何疑问，均可与我们联系

联系电话：010-59367227 企业QQ：800045692 邮箱：pishuclub@ssap.cn

欢迎登录社会科学文献出版社官网（www.ssap.com.cn）和中国皮书网（www.pishu.cn）了解更多信息

社会科学文献出版社

皮书系列

“皮书”起源于十七、十八世纪的英国，主要指官方或社会组织正式发表的重要文件或报告，多以“白皮书”命名。在中国，“皮书”这一概念被社会广泛接受，并被成功运作、发展成为一种全新的出版形态，则源于中国社会科学院社会科学文献出版社。

皮书是对中国与世界发展状况和热点问题进行年度监测，以专业的角度、专家的视野和实证研究方法，针对某一领域或区域现状与发展态势展开分析和预测，具备权威性、前沿性、原创性、实证性、时效性等特点的连续性公开出版物，由一系列权威研究报告组成。皮书系列是社会科学文献出版社编辑出版的蓝皮书、绿皮书、黄皮书等的统称。

皮书系列的作者以中国社会科学院、著名高校、地方社会科学院的研究人员为主，多为国内一流研究机构的权威专家学者，他们的看法和观点代表了学界对中国与世界的现实和未来最高水平的解读与分析。

自 20 世纪 90 年代末推出以《经济蓝皮书》为开端的皮书系列以来，社会科学文献出版社至今已累计出版皮书千余部，内容涵盖经济、社会、政法、文化传媒、行业、地方发展、国际形势等领域。皮书系列已成为社会科学文献出版社的著名图书品牌和中国社会科学院的知名学术品牌。

皮书系列在数字出版和国际出版方面成就斐然。皮书数据库被评为“2008~2009 年度数字出版知名品牌”;《经济蓝皮书》《社会蓝皮书》等十几种皮书每年还由国外知名学术出版机构出版英文版、俄文版、韩文版和日文版，面向全球发行。

2011 年，皮书系列正式列入“十二五”国家重点出版规划项目；2012 年，部分重点皮书列入中国社会科学院承担的国家哲学社会科学创新工程项目；2014 年，35 种院外皮书使用“中国社会科学院创新工程学术出版项目”标识。

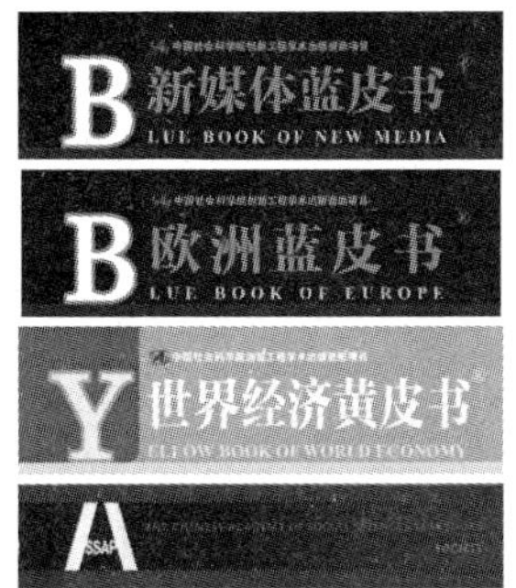

法律声明

社长致辞

我们是图书出版者，更是人文社会科学内容资源供应商；

我们背靠中国社会科学院，面向中国与世界人文社会科学界，坚持为人文社会科学的繁荣与发展服务；

我们精心打造权威信息资源整合平台，坚持为中国经济与社会的繁荣与发展提供决策咨询服务；

我们以读者定位自身，立志让爱书人读到好书，让求知者获得知识；

我们精心编辑、设计每一本好书以形成品牌张力，以优秀的品牌形象服务读者，开拓市场；

我们始终坚持"创社科经典，出传世文献"的经营理念，坚持"权威、前沿、原创"的产品特色；

我们"以人为本"，提倡阳光下创业，员工与企业共享发展之成果；

我们立足于现实，认真对待我们的优势、劣势，我们更着眼于未来，以不断的学习与创新适应不断变化的世界，以不断的努力提升自己的实力；

我们愿与社会各界友好合作，共享人文社会科学发展之成果，共同推动中国学术出版乃至内容产业的繁荣与发展。

社会科学文献出版社社长

中国社会学会秘书长

谢寿光

2014年1月

“皮书”起源于十七、十八世纪的英国，主要指官方或社会组织正式发表的重要文件或报告，多以“白皮书”命名。在中国，“皮书”这一概念被社会广泛接受，并被成功运作、发展成为一种全新的出版形态，则源于中国社会科学院社会科学文献出版社。

皮书是对中国与世界发展状况和热点问题进行年度监测，以专家和学术的视角，针对某一领域或区域现状与发展态势展开分析和预测，具备权威性、前沿性、原创性、实证性、时效性等特点的连续性公开出版物，由一系列权威研究报告组成。皮书系列是社会科学文献出版社编辑出版的蓝皮书、绿皮书、黄皮书等的统称。

皮书系列的作者以中国社会科学院、著名高校、地方社会科学院的研究人员为主，多为国内一流研究机构的权威专家学者，他们的看法和观点代表了学界对中国与世界的现实和未来最高水平的解读与分析。

自 20 世纪 90 年代末推出以经济蓝皮书为开端的皮书系列以来，至今已出版皮书近 1000 余部，内容涵盖经济、社会、政法、文化传媒、行业、地方发展、国际形势等领域。皮书系列已成为社会科学文献出版社的著名图书品牌和中国社会科学院的知名学术品牌。

皮书系列在数字出版和国际出版方面成就斐然。皮书数据库被评为“2008~2009 年度数字出版知名品牌”；经济蓝皮书、社会蓝皮书等十几种皮书每年还由国外知名学术出版机构出版英文版、俄文版、韩文版和日文版，面向全球发行。

2011 年，皮书系列正式列入“十二五”国家重点出版规划项目，一年一度的皮书年会升格由中国社会科学院主办；2012 年，部分重点皮书列入中国社会科学院承担的国家哲学社会科学创新工程项目。

经　济　类

经济类皮书涵盖宏观经济、城市经济、大区域经济，
提供权威、前沿的分析与预测

经济蓝皮书

2014 年中国经济形势分析与预测

李　扬 / 主编　　2013 年 12 月出版　　定价 :69.00 元

◆　本书课题为“总理基金项目”，由著名经济学家李扬领衔，联合数十家科研机构、国家部委和高等院校的专家共同撰写，对 2013 年中国宏观及微观经济形势，特别是全球金融危机及其对中国经济的影响进行了深入分析，并且提出了 2014 年经济走势的预测。

世界经济黄皮书

2014 年世界经济形势分析与预测

王洛林　张宇燕 / 主编　　2014 年 1 月出版　　定价 :69.00 元

◆　2013 年的世界经济仍旧行进在坎坷复苏的道路上。发达经济体经济复苏继续巩固，美国和日本经济进入低速增长通道，欧元区结束衰退并呈复苏迹象。本书展望 2014 年世界经济，预计全球经济增长仍将维持在中低速的水平上。

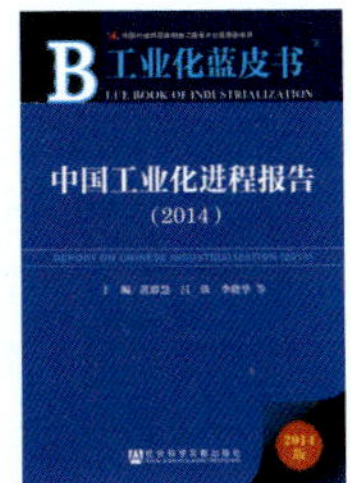

工业化蓝皮书

中国工业化进程报告（2014）

黄群慧 吕　铁 李晓华 等 / 著　2014 年 11 月出版　估价 :89.00 元

◆　中国的工业化是事关中华民族复兴的伟大事业，分析跟踪研究中国的工业化进程，无疑具有重大意义。科学评价与客观认识我国的工业化水平，对于我国明确自身发展中的优势和不足，对于经济结构的升级与转型，对于制定经济发展政策，从而提升我国的现代化水平具有重要作用。

金融蓝皮书

中国金融发展报告（2014）

李　扬　王国刚 / 主编　2013 年 12 月出版　　定价 :65.00 元

◆　由中国社会科学院金融研究所组织编写的《中国金融发展报告（2014）》，概括和分析了 2013 年中国金融发展和运行中的各方面情况，研讨和评论了 2013 年发生的主要金融事件。本书由业内专家和青年精英联合编著，有利于读者了解掌握 2013 年中国的金融状况，把握 2014 年中国金融的走势。

城市竞争力蓝皮书

中国城市竞争力报告 No.12

倪鹏飞 / 主编　　2014 年 5 月出版　　定价 :89.00 元

◆　本书由中国社会科学院城市与竞争力研究中心主任倪鹏飞主持编写，汇集了众多研究城市经济问题的专家学者关于城市竞争力研究的最新成果。本报告构建了一套科学的城市竞争力评价指标体系，采用第一手数据材料，对国内重点城市年度竞争力格局变化进行客观分析和综合比较、排名，对研究城市经济及城市竞争力极具参考价值。

中国省域竞争力蓝皮书

“十二五”中期中国省域经济综合竞争力发展报告

李建平　李闽榕　高燕京 / 主编　　2014 年 3 月出版　定价 :198.00 元

◆　本书充分运用数理分析、空间分析、规范分析与实证分析相结合、定性分析与定量分析相结合的方法，建立起比较科学完善、符合中国国情的省域经济综合竞争力指标评价体系及数学模型，对 2011~2012 年中国内地 31 个省、市、区的经济综合竞争力进行全面、深入、科学的总体评价与比较分析。

农村经济绿皮书

中国农村经济形势分析与预测 (2013~2014)

中国社会科学院农村发展研究所　国家统计局农村社会经济调查司 / 著

2014 年 4 月出版　　定价 :69.00 元

◆　本书对 2013 年中国农业和农村经济运行情况进行了系统的分析和评价，对 2014 年中国农业和农村经济发展趋势进行了预测，并提出相应的政策建议，.专题部分将围绕某个重大的理论和现实问题进行多维、深入、细致的分析和探讨。

西部蓝皮书

中国西部发展报告（2014）

姚慧琴　徐璋勇 / 主编　　2014 年 7 月出版　　定价 :89.00 元

◆　本书由西北大学中国西部经济发展研究中心主编，汇集了源自西部本土以及国内研究西部问题的权威专家的第一手资料，对国家实施西部大开发战略进行年度动态跟踪，并对 2014 年西部经济、社会发展态势进行预测和展望。

气候变化绿皮书

应对气候变化报告（2014）

王伟光　郑国光 / 主编　　2014 年 11 月出版　　估价 :79.00 元

◆　本书由社科院城环所和国家气候中心共同组织编写，各篇报告的作者长期从事气候变化科学问题、社会经济影响，以及国际气候制度等领域的研究工作，密切跟踪国际谈判的进程，参与国家应对气候变化相关政策的咨询，有丰富的理论与实践经验。

就业蓝皮书

2014 年中国大学生就业报告

麦可思研究院 / 编著　王伯庆　周凌波 / 主审
2014 年 6 月出版　定价 :98.00 元

◆　本书是迄今为止关于中国应届大学毕业生就业、大学毕业生中期职业发展及高等教育人口流动情况的视野最为宽广、资料最为翔实、分类最为精细的实证调查和定量研究；为我国教育主管部门的教育决策提供了极有价值的参考。

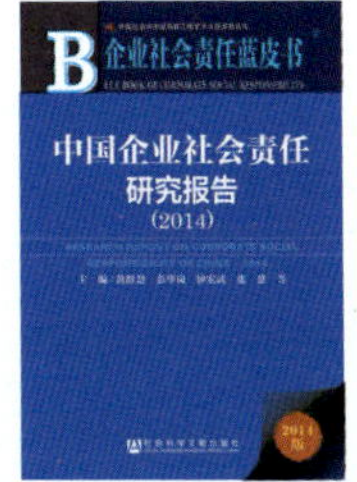

企业社会责任蓝皮书

中国企业社会责任研究报告（2014）

黄群慧　彭华岗　钟宏武　张　蒽 / 编著
2014 年 11 月出版　估价 :69.00 元

◆　本书系中国社会科学院经济学部企业社会责任研究中心组织编写的《企业社会责任蓝皮书》2014 年分册。该书在对企业社会责任进行宏观总体研究的基础上，根据 2013 年企业社会责任及相关背景进行了创新研究，在全国企业中观层面对企业健全社会责任管理体系提供了弥足珍贵的丰富信息。

社会政法类

社会政法类皮书聚焦社会发展领域的热点、难点问题，
提供权威、原创的资讯与视点

社会蓝皮书

2014年中国社会形势分析与预测

李培林　陈光金　张　翼 / 主编　2013 年 12 月出版　定价 :69.00 元

◆　本报告是中国社会科学院“社会形势分析与预测”课题组 2014 年度分析报告，由中国社会科学院社会学研究所组织研究机构专家、高校学者和政府研究人员撰写。对 2013 年中国社会发展的各个方面内容进行了权威解读，同时对 2014 年社会形势发展趋势进行了预测。

法治蓝皮书

中国法治发展报告 No.12（2014）

李　林　田　禾 / 主编　　2014 年 2 月出版　　定价 :98.00 元

◆　本年度法治蓝皮书一如既往秉承关注中国法治发展进程中的焦点问题的特点，回顾总结了 2013 年度中国法治发展取得的成就和存在的不足，并对 2014 年中国法治发展形势进行了预测和展望。

民间组织蓝皮书

中国民间组织报告（2014）

黄晓勇 / 主编　　2014 年 11 月出版　　估价 :69.00 元

◆　本报告是中国社会科学院“民间组织与公共治理研究”课题组推出的第五本民间组织蓝皮书。基于国家权威统计数据、实地调研和广泛搜集的资料，本报告对 2013 年以来我国民间组织的发展现状、热点专题、改革趋势等问题进行了深入研究，并提出了相应的政策建议。

社会保障绿皮书

中国社会保障发展报告（2014）No.6

王延中 / 主编　2014 年 9 月出版　定价 :79.00 元

◆　社会保障是调节收入分配的重要工具，随着社会保障制度的不断建立健全、社会保障覆盖面的不断扩大和社会保障资金的不断增加，社会保障在调节收入分配中的重要性不断提高。本书全面评述了 2013 年以来社会保障制度各个主要领域的发展情况。

环境绿皮书

中国环境发展报告（2014）

刘鉴强 / 主编　2014 年 5 月出版　定价 :79.00 元

◆　本书由民间环保组织“自然之友”组织编写，由特别关注、生态保护、宜居城市、可持续消费以及政策与治理等版块构成，以公共利益的视角记录、审视和思考中国环境状况，呈现 2013 年中国环境与可持续发展领域的全局态势，用深刻的思考、科学的数据分析 2013 年的环境热点事件。

教育蓝皮书

中国教育发展报告（2014）

杨东平 / 主编　2014 年 5 月出版　定价 :79.00 元

◆　本书站在教育前沿，突出教育中的问题，特别是对当前教育改革中出现的教育公平、高校教育结构调整、义务教育均衡发展等问题进行了深入分析，从教育的内在发展谈教育，又从外部条件来谈教育，具有重要的现实意义，对我国的教育体制的改革与发展具有一定的学术价值和参考意义。

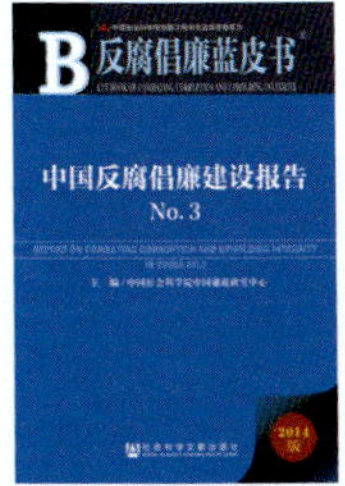

反腐倡廉蓝皮书

中国反腐倡廉建设报告 No.3

李秋芳 / 主编　2014 年 1 月出版　定价 :79.00 元

◆　本书抓住了若干社会热点和焦点问题，全面反映了新时期新阶段中国反腐倡廉面对的严峻局面，以及中国共产党反腐倡廉建设的新实践新成果。根据实地调研、问卷调查和舆情分析，梳理了当下社会普遍关注的与反腐败密切相关的热点问题。

行业报告类

行业报告类皮书立足重点行业、新兴行业领域，
提供及时、前瞻的数据与信息

房地产蓝皮书

中国房地产发展报告 No.11（2014）

魏后凯　李景国 / 主编　　2014 年 5 月出版　　定价 :79.00 元

◆　本书由中国社会科学院城市发展与环境研究所组织编写，秉承客观公正、科学中立的原则，深度解析 2013 年中国房地产发展的形势和存在的主要矛盾，并预测 2014 年及未来 10 年或更长时间的房地产发展大势。观点精辟，数据翔实，对关注房地产市场的各阶层人士极具参考价值。

旅游绿皮书

2013~2014 年中国旅游发展分析与预测

宋　瑞 / 主编　　2013 年 12 月出版　　定价 :79.00 元

◆　如何从全球的视野理性审视中国旅游，如何在世界旅游版图上客观定位中国，如何积极有效地推进中国旅游的世界化，如何制定中国实现世界旅游强国梦想的线路图？本年度开始，《旅游绿皮书》将围绕“世界与中国”这一主题进行系列研究，以期为推进中国旅游的长远发展提供科学参考和智力支持。

信息化蓝皮书

中国信息化形势分析与预测（2014）

周宏仁 / 主编　　2014 年 8 月出版　　定价 :98.00 元

◆　本书在以中国信息化发展的分析和预测为重点的同时，反映了过去一年间中国信息化关注的重点和热点，视野宽阔，观点新颖，内容丰富，数据翔实，对中国信息化的发展有很强的指导性，可读性很强。

企业蓝皮书

中国企业竞争力报告（2014）

金　碚 / 主编　　2014 年 11 月出版　　估价 :89.00 元

◆　中国经济正处于新一轮的经济波动中，如何保持稳健的经营心态和经营方式并进一步求发展，对于企业保持并提升核心竞争力至关重要。本书利用上市公司的财务数据，研究上市公司竞争力变化的最新趋势，探索进一步提升中国企业国际竞争力的有效途径，这无论对实践工作者还是理论研究者都具有重大意义。

食品药品蓝皮书

食品药品安全与监管政策研究报告（2014）

唐民皓 / 主编　　2014 年 11 月出版　　估价 :69.00 元

◆　食品药品安全是当下社会关注的焦点问题之一，如何破解食品药品安全监管重点难点问题是需要以社会合力才能解决的系统工程。本书围绕安全热点问题、监管重点问题和政策焦点问题，注重于对食品药品公共政策和行政监管体制的探索和研究。

流通蓝皮书

中国商业发展报告（2013~2014）

荆林波 / 主编　　2014 年 5 月出版　　定价 :89.00 元

◆　《中国商业发展报告》是中国社会科学院财经战略研究院与香港利丰研究中心合作的成果，并且在 2010 年开始以中英文版同步在全球发行。蓝皮书从关注中国宏观经济出发，突出中国流通业的宏观背景反映了本年度中国流通业发展的状况。

住房绿皮书

中国住房发展报告（2013~2014）

倪鹏飞 / 主编　　2013 年 12 月出版　　定价 :79.00 元

◆　本报告从宏观背景、市场主体、市场体系、公共政策和年度主题五个方面，对中国住宅市场体系做了全面系统的分析、预测与评价，并给出了相关政策建议，并在评述 2012~2013 年住房及相关市场走势的基础上，预测了 2013~2014 年住房及相关市场的发展变化。

国别与地区类

国别与地区类皮书关注全球重点国家与地区，
提供全面、独特的解读与研究

亚太蓝皮书

亚太地区发展报告（2014）

李向阳 / 主编　　2014 年 1 月出版　　定价 :59.00 元

◆　本书是由中国社会科学院亚太与全球战略研究院精心打造的又一品牌皮书，关注时下亚太地区局势发展动向里隐藏的中长趋势，剖析亚太地区政治与安全格局下的区域形势最新动向以及地区关系发展的热点问题，并对 2014 年亚太地区重大动态作出前瞻性的分析与预测。

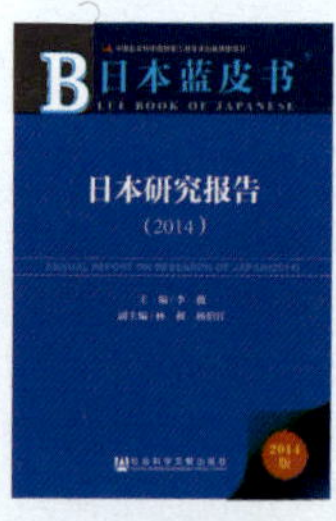

日本蓝皮书

日本研究报告（2014）

李　薇 / 主编　　2014 年 3 月出版　　定价 :69.00 元

◆　本书由中华日本学会、中国社会科学院日本研究所合作推出，是以中国社会科学院日本研究所的研究人员为主完成的研究成果。对 2013 年日本的政治、外交、经济、社会文化作了回顾、分析与展望，并收录了该年度日本大事记。

欧洲蓝皮书

欧洲发展报告 (2013~2014)

周　弘 / 主编　　2014 年 6 月出版　　定价 :89.00 元

◆　本年度的欧洲发展报告，对欧洲经济、政治、社会、外交等方面的形势进行了跟踪介绍与分析。力求反映作为一个整体的欧盟及 30 多个欧洲国家在 2013 年出现的各种变化。

拉美黄皮书

拉丁美洲和加勒比发展报告（2013~2014）

吴白乙 / 主编　2014 年 4 月出版　定价 :89.00 元

◆　本书是中国社会科学院拉丁美洲研究所的第 13 份关于拉丁美洲和加勒比地区发展形势状况的年度报告。 本书对 2013 年拉丁美洲和加勒比地区诸国的政治、经济、社会、外交等方面的发展情况做了系统介绍，对该地区相关国家的热点及焦点问题进行了总结和分析，并在此基础上对该地区各国 2014 年的发展前景做出预测。

澳门蓝皮书

澳门经济社会发展报告（2013~2014）

吴志良　郝雨凡 / 主编　2014 年 4 月出版　定价 :79.00 元

◆　本书集中反映 2013 年本澳各个领域的发展动态，总结评价近年澳门政治、经济、社会的总体变化，同时对 2014 年社会经济情况作初步预测。

日本经济蓝皮书

日本经济与中日经贸关系研究报告（2014）

王洛林　张季风 / 主编　2014 年 5 月出版　定价 :79.00 元

◆　本书对当前日本经济以及中日经济合作的发展动态进行了多角度、全景式的深度分析。本报告回顾并展望了 2013~2014 年度日本宏观经济的运行状况。此外，本报告还收录了大量来自于日本政府权威机构的数据图表，具有极高的参考价值。

美国蓝皮书

美国研究报告（2014）

黄　平　倪　峰 / 主编　2014 年 7 月出版　定价 :89.00 元

◆　本书是由中国社会科学院美国所主持完成的研究成果，它回顾了美国 2013 年的经济、政治形势与外交战略，对 2013 年以来美国内政外交发生的重大事件以及重要政策进行了较为全面的回顾和梳理。

地方发展类

地方发展类皮书关注大陆各省份、经济区域，
提供科学、多元的预判与咨政信息

社会建设蓝皮书

2014年北京社会建设分析报告

宋贵伦　冯　虹 / 主编　2014年7月出版　　定价:79.00元

◆　本书依据社会学理论框架和分析方法，对北京市的人口、就业、分配、社会阶层以及城乡关系等社会学基本问题进行了广泛调研与分析，对广受社会关注的住房、教育、医疗、养老、交通等社会热点问题做出了深刻的了解与剖析，对日益显现的征地搬迁、外籍人口管理、群体性心理障碍等内容进行了有益探讨。

温州蓝皮书

2014年温州经济社会形势分析与预测

潘忠强　王春光　金　浩 / 主编　　2014年4月出版　定价：69.00元

◆　本书是由中共温州市委党校与中国社会科学院社会学研究所合作推出的第七本"温州经济社会形势分析与预测"年度报告，深入全面分析了2013年温州经济、社会、政治、文化发展的主要特点、经验、成效与不足，提出了相应的政策建议。

上海蓝皮书

上海资源环境发展报告（2014）

周冯琦　汤庆合　任文伟 / 著　　2014年1月出版　定价：69.00元

◆　本书在上海所面临资源环境风险的来源、程度、成因、对策等方面作了些有益的探索，希望能对有关部门完善上海的资源环境风险防控工作提供一些有价值的参考，也让普通民众更全面地了解上海资源环境风险及其防控的图景。

广州蓝皮书

2014 年中国广州社会形势分析与预测

张 强　陈怡霓　杨 秦 / 主编　2014 年 5 月出版　定价 :69.00 元

◆　本书由广州大学与广州市委宣传部、广州市人力资源和社会保障局联合主编，汇集了广州科研团体、高等院校和政府部门诸多社会问题研究专家、学者和实际部门工作者的最新研究成果，是关于广州社会运行情况和相关专题分析与预测的重要参考资料。

河南经济蓝皮书

2014 年河南经济形势分析与预测

胡五岳 / 主编　2014 年 3 月出版　定价 :69.00 元

◆　本书由河南省统计局主持编纂。该分析与展望以 2013 年最新年度统计数据为基础，科学研判河南经济发展的脉络轨迹、分析年度运行态势；以客观翔实、权威资料为特征，突出科学性、前瞻性和可操作性，服务于科学决策和科学发展。

陕西蓝皮书

陕西社会发展报告（2014）

任宗哲　石 英　牛 昉 / 主编　2014 年 2 月出版　定价 :65.00 元

◆　本书系统而全面地描述了陕西省 2013 年社会发展各个领域所取得的成就、存在的问题、面临的挑战及其应对思路，为更好地思考 2014 年陕西发展前景、政策指向和工作策略等方面提供了一个较为简洁清晰的参考蓝本。

上海蓝皮书

上海经济发展报告（2014）

沈开艳 / 主编　2014 年 1 月出版　定价 :69.00 元

◆　本书系上海社会科学院系列之一，报告对 2014 年上海经济增长与发展趋势的进行了预测，把握了上海经济发展的脉搏和学术研究的前沿。

广州蓝皮书

广州经济发展报告（2014）

李江涛　朱名宏 / 主编　　2014 年 5 月出版　定价 :69.00 元

◆　本书是由广州市社会科学院主持编写的“广州蓝皮书”系列之一，本报告对广州 2013 年宏观经济运行情况作了深入分析，对 2014 年宏观经济走势进行了合理预测，并在此基础上提出了相应的政策建议。

文 化 传 媒 类

文化传媒类皮书透视文化领域、文化产业，
探索文化大繁荣、大发展的路径

新媒体蓝皮书

中国新媒体发展报告 No.4(2013)

唐绪军 / 主编　　2014 年 6 月出版　　定价 :79.00 元

◆　本书由中国社会科学院新闻与传播研究所和上海大学合作编写，在构建新媒体发展研究基本框架的基础上，全面梳理 2013 年中国新媒体发展现状，发表最前沿的网络媒体深度调查数据和研究成果，并对新媒体发展的未来趋势做出预测。

舆情蓝皮书

中国社会舆情与危机管理报告（2014）

谢耘耕 / 主编　　2014 年 8 月出版　　定价 :98.00 元

◆　本书由上海交通大学舆情研究实验室和危机管理研究中心主编，已被列入教育部人文社会科学研究报告培育项目。本书以新媒体环境下的中国社会为立足点，对 2013 年中国社会舆情、分类舆情等进行了深入系统的研究，并预测了 2014 年社会舆情走势。

经济类

产业蓝皮书
中国产业竞争力报告（2014） No.4
著(编)者:张其仔　2014年11月出版 / 估价:79.00元

长三角蓝皮书
2014年率先基本实现现代化的长三角
著(编)者:刘志彪　2014年11月出版 / 估价:120.00元

城市竞争力蓝皮书
中国城市竞争力报告No.12
著(编)者:倪鹏飞　2014年5月出版 / 定价:89.00元

城市蓝皮书
中国城市发展报告No.7
著(编)者:潘家华 魏后凯　2014年9月出版 / 估价:69.00元

城市群蓝皮书
中国城市群发展指数报告(2014)
著(编)者:刘士林 刘新静　2014年10月出版 / 估价:59.00元

城乡统筹蓝皮书
中国城乡统筹发展报告（2014）
著(编)者:程志强、潘晨光　2014年9月出版 / 估价:59.00元

城乡一体化蓝皮书
中国城乡一体化发展报告（2014）
著(编)者:汝信 付崇兰　2014年11月出版 / 估价:59.00元

城镇化蓝皮书
中国新型城镇化健康发展报告（2014）
著(编)者:张占斌　2014年5月出版 / 定价:79.00元

低碳发展蓝皮书
中国低碳发展报告（2014）
著(编)者:齐晔　2014年3月出版 / 定价:89.00元

低碳经济蓝皮书
中国低碳经济发展报告（2014）
著(编)者:薛进军 赵忠秀　2014年5月出版 / 定价:69.00元

东北蓝皮书
中国东北地区发展报告（2014）
著(编)者:马克　黄文艺　2014年8月出版 / 定价:79.00元

发展和改革蓝皮书
中国经济发展和体制改革报告No.7
著(编)者:邹东涛　2014年11月出版 / 估价:79.00元

工业化蓝皮书
中国工业化进程报告（2014）
著(编)者: 黄群慧 吕铁 李晓华 等
2014年11月出版 / 估价:89.00元

工业设计蓝皮书
中国工业设计发展报告（2014）
著(编)者: 王晓红　于炜　张立群
2014年9月出版 / 估价:98.00元

国际城市蓝皮书
国际城市发展报告（2014）
著(编)者:屠启宇　2014年1月出版 / 定价:69.00元

国家创新蓝皮书
国家创新发展报告（2014）
著(编)者:陈劲　2014年9月出版 / 定价:59.00元

宏观经济蓝皮书
中国经济增长报告（2014）
著(编)者:张平 刘霞辉　2014年10月出版 / 估价:69.00元

金融蓝皮书
中国金融发展报告（2014）
著(编)者:李扬 王国刚　2013年12月出版 / 定价:65.00元

经济蓝皮书
2014年中国经济形势分析与预测
著(编)者:李扬　2013年12月出版 / 定价:69.00元

经济蓝皮书春季号
2014年中国经济前景分析
著(编)者:李扬　2014年5月出版 / 定价:79.00元

经济蓝皮书夏季号
中国经济增长报告（2013~2014）
著(编)者:李扬　2014年7月出版 / 定价:69.00元

经济信息绿皮书
中国与世界经济发展报告（2014）
著(编)者:杜平　2013年12月出版 / 定价:79.00元

就业蓝皮书
2014年中国大学生就业报告
著(编)者:麦可思研究院　2014年6月出版 / 定价:98.00元

流通蓝皮书
中国商业发展报告（2013~2014）
著(编)者:荆林波　2014年5月出版 / 定价:89.00元

民营经济蓝皮书
中国民营经济发展报告No.10（2013～2014）
著(编)者:黄孟复　2014年9月出版 / 估价:69.00元

民营企业蓝皮书
中国民营企业竞争力报告No.7（2014）
著(编)者:刘迎秋　2014年9月出版 / 估价:79.00元

农村绿皮书
中国农村经济形势分析与预测（2013~2014）
著(编)者:中国社会科学院农村发展研究所
国家统计局农村社会经济调查司 著
2014年4月出版 / 定价:69.00元

农业应对气候变化蓝皮书
气候变化对中国农业影响评估报告No.1
著(编)者:矫梅燕　2014年8月出版 / 定价:98.00元

企业公民蓝皮书
中国企业公民报告No.4
著(编)者:邹东涛　2014年11月出版 / 估价:69.00元

企业社会责任蓝皮书
中国企业社会责任研究报告（2014）
著(编)者:黄群慧 彭华岗 钟宏武 等
2014年11月出版 / 估价:59.00元

气候变化绿皮书
应对气候变化报告（2014）
著(编)者:王伟光 郑国光 2014年11月出版 / 估价:79.00元

区域蓝皮书
中国区域经济发展报告（2013~2014）
著(编)者:梁昊光 2014年4月出版 / 定价:79.00元

人口与劳动绿皮书
中国人口与劳动问题报告No.15
著(编)者:蔡昉 2014年11月出版 / 估价:69.00元

生态经济（建设）绿皮书
中国经济（建设）发展报告（2013~2014）
著(编)者:黄浩涛 李周 2014年10月出版 / 估价:69.00元

世界经济黄皮书
2014年世界经济形势分析与预测
著(编)者:王洛林 张宇燕 2014年1月出版 / 定价:69.00元

西北蓝皮书
中国西北发展报告（2014）
著(编)者:张进海 陈冬红 段庆林
2013年12月出版 / 定价:69.00元

西部蓝皮书
中国西部发展报告（2014）
著(编)者:姚慧琴 徐璋勇 2014年7月出版 / 定价:89.00元

新型城镇化蓝皮书
新型城镇化发展报告（2014）
著(编)者:沈体雁 李伟 宋敏 2014年9月出版 / 估价:69.00元

新兴经济体蓝皮书
金砖国家发展报告（2014）
著(编)者:林跃勤 周文 2014年7月出版 / 定价:79.00元

循环经济绿皮书
中国循环经济发展报告（2013~2014）
著(编)者:齐建国 2014年12月出版 / 估价:69.00元

中部竞争力蓝皮书
中国中部经济社会竞争力报告（2014）
著(编)者:教育部人文社会科学重点研究基地
南昌大学中国中部经济社会发展研究中心
2014年11月出版 / 估价:59.00元

中部蓝皮书
中国中部地区发展报告（2014）
著(编)者:朱有志 2014年10月出版 / 估价:59.00元

中国省域竞争力蓝皮书
“十二五”中期中国省域经济综合竞争力发展报告
著(编)者:李建平 李闽榕 高燕京 2014年3月出版 / 定价:198.00元

中三角蓝皮书
长江中游城市群发展报告（2013~2014）
著(编)者:秦尊文 2014年11月出版 / 估价:69.00元

中小城市绿皮书
中国中小城市发展报告（2014）
著(编)者:中国城市经济学会中小城市经济发展委员会
《中国中小城市发展报告》编纂委员会
2014年10月出版 / 估价:98.00元

中原蓝皮书
中原经济区发展报告（2014）
著(编)者:李英杰 2014年6月出版 / 定价:88.00元

社会政法类

殡葬绿皮书
中国殡葬事业发展报告（2014）
著(编)者:朱勇 副主编 李伯森 2014年9月出版 / 估价:59.00元

城市创新蓝皮书
中国城市创新报告（2014）
著(编)者:周天勇 旷建伟 2014年8月出版 / 定价:69.00元

城市管理蓝皮书
中国城市管理报告2014
著(编)者:谭维克 刘林 2014年11月出版 / 估价:98.00元

城市生活质量蓝皮书
中国城市生活质量指数报告（2014）
著(编)者:张平 2014年11月出版 / 估价:59.00元

城市政府能力蓝皮书
中国城市政府公共服务能力评估报告（2014）
著(编)者:何艳玲 2014年11月出版 / 估价:59.00元

创新蓝皮书
创新型国家建设报告（2013~2014）
著(编)者:詹正茂 2014年5月出版 / 定价:69.00元

慈善蓝皮书
中国慈善发展报告（2014）
著(编)者:杨团 2014年5月出版 / 定价:79.00元

法治蓝皮书
中国法治发展报告No.12（2014）
著(编)者:李林 田禾 2014年2月出版 / 定价:98.00元

反腐倡廉蓝皮书
中国反腐倡廉建设报告No.3
著(编)者:李秋芳 2014年1月出版 / 定价:79.00元

非传统安全蓝皮书
中国非传统安全研究报告（2013~2014）
著(编)者:余潇枫 魏志江 2014年6月出版 / 定价:79.00元

妇女发展蓝皮书
福建省妇女发展报告（2014）
著(编)者:刘群英　2014年10月出版 / 估价:58.00元

妇女发展蓝皮书
中国妇女发展报告No.5
著(编)者:王金玲　2014年9月出版 / 定价:148.00元

妇女教育蓝皮书
中国妇女教育发展报告No.3
著(编)者:张李玺　2014年10月出版 / 估价:69.00元

公共服务满意度蓝皮书
中国城市公共服务评价报告（2014）
著(编)者:胡伟　2014年11月出版 / 估价:69.00元

公共服务蓝皮书
中国城市基本公共服务力评价（2014）
著(编)者:侯惠勤 辛向阳 易定宏
2014年10月出版 / 估价:55.00元

公民科学素质蓝皮书
中国公民科学素质报告（2013~2014）
著(编)者:李群　许佳军　2014年3月出版 / 定价:79.00元

公益蓝皮书
中国公益发展报告（2014）
著(编)者:朱健刚　2014年11月出版 / 估价:78.00元

管理蓝皮书
中国管理发展报告（2014）
著(编)者:张晓东　2014年9月出版 / 估价:79.00元

国际人才蓝皮书
中国国际移民报告（2014）
著(编)者:王辉耀　2014年1月出版 / 定价:79.00元

国际人才蓝皮书
中国海归创业发展报告（2014）No.2
著(编)者:王辉耀 路江涌　2014年10月出版 / 估价:69.00元

国际人才蓝皮书
中国留学发展报告（2014） No.3
著(编)者:王辉耀　2014年9月出版 / 估价:59.00元

国际人才蓝皮书
海外华侨华人专业人士报告（2014）
著(编)者:王辉耀　苗绿　2014年8月出版 / 定价:69.00元

国家安全蓝皮书
中国国家安全研究报告（2014）
著(编)者:刘慧　2014年5月出版 / 定价:98.00元

行政改革蓝皮书
中国行政体制改革报告（2013）No.3
著(编)者:魏礼群　2014年3月出版 / 定价:89.00元

华侨华人蓝皮书
华侨华人研究报告（2014）
著(编)者:丘进　2014年11月出版 / 估价:128.00元

环境竞争力绿皮书
中国省域环境竞争力发展报告（2014）
著(编)者:李建平 李闽榕 王金南
2014年12月出版 / 估价:148.00元

环境绿皮书
中国环境发展报告（2014）
著(编)者:刘鉴强　2014年5月出版 / 定价:79.00元

基金会蓝皮书
中国基金会发展报告（2013）
著(编)者:刘忠祥　2014年6月出版 / 定价:69.00元

基本公共服务蓝皮书
中国省级政府基本公共服务发展报告（2014）
著(编)者:孙德超　2014年3月出版 / 定价:69.00元

基金会透明度蓝皮书
中国基金会透明度发展研究报告（2014）
著(编)者:基金会中心网　清华大学廉政与治理研究中心
2014年9月出版 / 定价:78.00元

教师蓝皮书
中国中小学教师发展报告（2014）
著(编)者:曾晓东　2014年11月出版 / 估价:59.00元

教育蓝皮书
中国教育发展报告（2014）
著(编)者:杨东平　2014年5月出版 / 定价:79.00元

科普蓝皮书
中国科普基础设施发展报告（2014）
著(编)者:任福君　2014年6月出版 / 估价:79.00元

劳动保障蓝皮书
中国劳动保障发展报告（2014）
著(编)者:刘燕斌　2014年9月出版 / 估价:89.00元

老龄蓝皮书
中国老龄事业发展报告（2014）
著(编)者:吴玉韶　2014年9月出版 / 估价:59.00元

连片特困区蓝皮书
中国连片特困区发展报告（2014）
著(编)者:丁建军　冷志明　游俊　2014年9月出版 / 估价:79.00元

民间组织蓝皮书
中国民间组织报告（2014）
著(编)者:黄晓勇　2014年11月出版 / 估价:69.00元

民调蓝皮书
中国民生调查报告（2014）
著(编)者:谢耕耘　2014年5月出版 / 定价:128.00元

民族发展蓝皮书
中国民族区域自治发展报告（2014）
著(编)者:郝时远　2014年11月出版 / 估价:98.00元

女性生活蓝皮书
中国女性生活状况报告No.8（2014）
著(编)者:韩湘景　2014年4月出版 / 定价:79.00元

汽车社会蓝皮书
中国汽车社会发展报告（2014）
著(编)者:王俊秀　2014年9月出版 / 估价:59.00元

青年蓝皮书
中国青年发展报告（2014）No.2
著(编)者:廉思　2014年4月出版 / 定价:59.00元

全球环境竞争力绿皮书
全球环境竞争力发展报告（2014）
著(编)者:李建平　李闽榕　王金南　2014年11月出版 / 估价:69.00元

青少年蓝皮书
中国未成年人新媒体运用报告（2014）
著(编)者:李文革　沈杰　季为民　2014年11月出版 / 估价:69.00元

区域人才蓝皮书
中国区域人才竞争力报告No.2
著(编)者:桂昭明 王辉耀　2014年11月出版 / 估价:69.00元

人才蓝皮书
中国人才发展报告（2014）
著(编)者:黄晓勇　潘晨光　2014年8月出版 / 定价:85.00元

人权蓝皮书
中国人权事业发展报告No.4（2014）
著(编)者:李君如　2014年8月出版 / 定价:99.00元

世界人才蓝皮书
全球人才发展报告No.1
著(编)者:孙学玉　张冠梓　2014年11月出版 / 估价:69.00元

社会保障绿皮书
中国社会保障发展报告（2014）No.6
著(编)者:王延中　2014年6月出版 / 定价:79.00元

社会工作蓝皮书
中国社会工作发展报告（2013~2014）
著(编)者:王杰秀　邹文开　2014年11月出版 / 估价:59.00元

社会管理蓝皮书
中国社会管理创新报告No.3
著(编)者:连玉明　2014年11月出版 / 估价:79.00元

社会蓝皮书
2014年中国社会形势分析与预测
著(编)者:李培林　陈光金　张翼 2013年12月出版 / 定价:69.00元

社会体制蓝皮书
中国社会体制改革报告No.2（2014）
著(编)者:龚维斌　2014年4月出版 / 定价:79.00元

社会心态蓝皮书
2014年中国社会心态研究报告
著(编)者:王俊秀 杨宜音　2014年9月出版 / 估价:59.00元

生态城市绿皮书
中国生态城市建设发展报告（2014）
著(编)者:刘科举　孙伟平　胡文臻　2014年6月出版 / 定价:98.00

生态文明绿皮书
中国省域生态文明建设评价报告（ECI 2014）
著(编)者:严耕　2014年9月出版 / 估价:98.00元

世界创新竞争力黄皮书
世界创新竞争力发展报告（2014）
著(编)者:李建平 李闽榕 赵新力　2014年11月出版 / 估价:128.00

水与发展蓝皮书
中国水风险评估报告（2014）
著(编)者:苏杨　2014年11月出版 / 估价:69.00元

土地整治蓝皮书
中国土地整治发展报告No.1
著(编)者:国土资源部土地整治中心　2014年5月出版 / 定价:89.

危机管理蓝皮书
中国危机管理报告（2014）
著(编)者:文学国 范正青　2014年11月出版 / 估价:79.00元

形象危机应对蓝皮书
形象危机应对研究报告（2013~2014）
著(编)者:唐钧　2014年6月出版 / 定价:149.00元

行政改革蓝皮书
中国行政体制改革报告（2013）No.3
著(编)者:魏礼群　2014年3月出版 / 定价:89.00元

医疗卫生绿皮书
中国医疗卫生发展报告No.6（2013~2014）
著(编)者:申宝忠　韩玉珍　2014年4月出版 / 定价:75.00元

政治参与蓝皮书
中国政治参与报告（2014）
著(编)者:房宁　2014年7月出版 / 定价:105.00元

政治发展蓝皮书
中国政治发展报告（2014）
著(编)者:房宁 杨海蛟　2014年5月出版 / 定价:88.00元

宗教蓝皮书
中国宗教报告（2014）
著(编)者:金泽 邱永辉　2014年11月出版 / 估价:59.00元

社会组织蓝皮书
中国社会组织评估报告（2014）
著(编)者:徐家良　2014年9月出版 / 估价:69.00元

政府绩效评估蓝皮书
中国地方政府绩效评估报告（2014）
著(编)者:贠杰　2014年9月出版 / 估价:69.00元

行业报告类

保健蓝皮书
中国保健服务产业发展报告No.2
著(编)者:中国保健协会 中共中央党校
2014年11月出版 / 估价:198.00元

保健蓝皮书
中国保健食品产业发展报告No.2
著(编)者:中国保健协会
中国社会科学院食品药品产业发展与监管研究中心
2014年11月出版 / 估价:198.00元

保健蓝皮书
中国保健用品产业发展报告No.2
著(编)者:中国保健协会 2014年9月出版 / 估价:198.00元

保险蓝皮书
中国保险业竞争力报告（2014）
著(编)者:罗忠敏 2014年9月出版 / 估价:98.00元

餐饮产业蓝皮书
中国餐饮产业发展报告（2014）
著(编)者:邢影 2014年6月出版 / 定价:69.00元

测绘地理信息蓝皮书
中国地理信息产业发展报告（2014）
著(编)者:徐德明 2014年12月出版 / 估价:98.00元

茶业蓝皮书
中国茶产业发展报告 （2014）
著(编)者:杨江帆 李闽榕 2014年9月出版 / 估价:79.00元

产权市场蓝皮书
中国产权市场发展报告（2014）
著(编)者:曹和平 2014年9月出版 / 估价:69.00元

产业安全蓝皮书
中国烟草产业安全报告（2014）
著(编)者:李孟刚 杜秀亭 2014年1月出版 / 定价:69.00元

产业安全蓝皮书
中国出版与传媒安全报告（2014）
著(编)者:北京交通大学中国产业安全研究中心
2014年9月出版 / 估价:59.00元

产业安全蓝皮书
中国医疗产业安全报告（2013~2014）
著(编)者:李孟刚 高献书 2014年1月出版 / 定价:59.00元

产业安全蓝皮书
中国文化产业安全蓝皮书(2014)
著(编)者:北京印刷学院文化产业安全研究院
2014年4月出版 / 定价:69.00元

产业安全蓝皮书
中国出版传媒产业安全报告（2014）
著(编)者:北京印刷学院文化产业安全研究院
2014年4月出版/ 定价:89.00元

典当业蓝皮书
中国典当行业发展报告（2013~2014）
著(编)者:黄育华 王力 张红地
2014年10月出版 / 估价:69.00元

电子商务蓝皮书
中国城市电子商务影响力报告（2014）
著(编)者:荆林波 2014年11月出版 / 估价:69.00元

电子政务蓝皮书
中国电子政务发展报告（2014）
著(编)者:洪毅 王长胜 2014年9月出版 / 估价:59.00元

杜仲产业绿皮书
中国杜仲橡胶资源与产业发展报告（2014）
著(编)者:杜红岩 胡文臻 俞瑞
2014年9月出版 / 估价:99.00元

房地产蓝皮书
中国房地产发展报告No.11（2014）
著(编)者:魏后凯 李景国 2014年5月出版 / 定价:79.00元

服务外包蓝皮书
中国服务外包产业发展报告（2014）
著(编)者:王晓红 刘德军 2014年6月出版 / 定价:89.00元

高端消费蓝皮书
中国高端消费市场研究报告
著(编)者:依绍华 王雪峰 2014年9月出版 / 估价:69.00元

会展蓝皮书
中外会展业动态评估年度报告（2014）
著(编)者:张敏 2014年11月出版 / 估价:68.00元

互联网金融蓝皮书
中国互联网金融发展报告（2014）
著(编)者:芮晓武 刘烈宏 2014年8月出版 / 定价:79.00元

基金会绿皮书
中国基金会发展独立研究报告（2014）
著(编)者:基金会中心网 2014年8月出版 / 定价:88.00元

金融监管蓝皮书
中国金融监管报告（2014）
著(编)者:胡滨 2014年5月出版 / 定价:69.00元

金融蓝皮书
中国商业银行竞争力报告（2014）
著(编)者:王松奇 2014年11月出版 / 估价:79.00元

金融蓝皮书
中国金融发展报告（2014）
著(编)者:李扬 王国刚 2013年12月出版 / 定价:65.00元

金融信息服务蓝皮书
金融信息服务业发展报告（2014）
著(编)者:鲁广锦 2014年11月出版 / 估价:69.00元

抗衰老医学蓝皮书
抗衰老医学发展报告（2014）
著(编)者:罗伯特·高德曼 罗纳德·科莱兹
尼尔·布什 朱敏 金大鹏 郭弋
2014年11月出版 / 估价:69.00元

客车蓝皮书
中国客车产业发展报告（2014）
著(编)者:姚蔚 2014年12月出版 / 估价:69.00元

科学传播蓝皮书
中国科学传播报告（2013~2014）
著(编)者:詹正茂 2014年7月出版 / 定价:69.00元

流通蓝皮书
中国商业发展报告（2013~2014）
著(编)者:荆林波 2014年5月出版 / 定价:89.00元

临空经济蓝皮书
中国临空经济发展报告（2014）
著(编)者:连玉明 2014年9月出版 / 估价:69.00元

旅游安全蓝皮书
中国旅游安全报告（2014）
著(编)者:郑向敏 谢朝武 2014年5月出版 / 定价:98.00元

旅游绿皮书
2013~2014年中国旅游发展分析与预测
著(编)者:宋瑞 2014年9月出版 / 定价:79.00元

民营医院蓝皮书
中国民营医院发展报告（2014）
著(编)者:朱幼棣 2014年10月出版 / 估价:69.00元

闽商蓝皮书
闽商发展报告（2014）
著(编)者:李闽榕 王日根 2014年12月出版 / 估价:69.00元

能源蓝皮书
中国能源发展报告（2014）
著(编)者:崔民选 王军生 陈义和
2014年8月出版 / 定价:79.00元

农产品流通蓝皮书
中国农产品流通产业发展报告（2014）
著(编)者:贾敬敦 王炳南 张玉玺 张鹏毅 陈丽华
2014年9月出版 / 估价:89.00元

期货蓝皮书
中国期货市场发展报告（2014）
著(编)者:荆林波 2014年6月出版 / 估价:98.00元

企业蓝皮书
中国企业竞争力报告（2014）
著(编)者:金碚 2014年11月出版 / 估价:89.00元

汽车安全蓝皮书
中国汽车安全发展报告（2014）
著(编)者:中国汽车技术研究中心
2014年4月出版 / 估价:79.00元

汽车蓝皮书
中国汽车产业发展报告（2014）
著(编)者:国务院发展研究中心产业经济研究部
中国汽车工程学会 大众汽车集团（中国）
2014年7月出版 / 定价:128.00元

清洁能源蓝皮书
国际清洁能源发展报告（2014）
著(编)者:国际清洁能源论坛（澳门）
2014年9月出版 / 估价:89.00元

群众体育蓝皮书
中国群众体育发展报告（2014）
著(编)者:刘国永 杨桦 2014年8月出版 / 定价:69.00元

人力资源蓝皮书
中国人力资源发展报告（2014）
著(编)者:吴江 2014年9月出版 / 估价:69.00元

软件和信息服务业蓝皮书
中国软件和信息服务业发展报告（2014）
著(编)者:洪京一 工业和信息化部电子科学技术情报研究所
2014年11月出版 / 估价:98.00元

商会蓝皮书
中国商会发展报告 No.4（2014）
著(编)者:黄孟复 2014年9月出版 / 估价:59.00元

上市公司蓝皮书
中国上市公司非财务信息披露报告（2014）
著(编)者:钟宏武 张旺 张蒽 等
2014年12月出版 / 估价:59.00元

食品药品蓝皮书
食品药品安全与监管政策研究报告（2014）
著(编)者:唐民皓 2014年11月出版 / 估价:69.00元

世界旅游城市绿皮书
世界旅游城市发展报告（2013）（中英文双语）
著(编)者:周正宇 鲁勇 2014年6月出版 / 定价:88.00元

世界能源蓝皮书
世界能源发展报告（2014）
著(编)者:黄晓勇 2014年6月出版 / 定价:99.00元

私募市场蓝皮书
中国私募股权市场发展报告（2014）
著(编)者:曹和平 2014年9月出版 / 估价:69.00元

体育蓝皮书
中国体育产业发展报告（2014）
著(编)者:阮伟 钟秉枢 2014年7月出版 / 定价:69.00元

体育蓝皮书·公共体育服务
中国公共体育服务发展报告（2014）
著(编)者:戴健 2014年12月出版 / 估价:69.00元

投资蓝皮书
中国企业海外投资发展报告（2013~2014）
著(编)者:陈文晖 薛誉华 2014年9月出版 / 定价:69.00元

物联网蓝皮书
中国物联网发展报告（2014）
著(编)者:龚六堂　2014年9月出版 / 估价:59.00元

西部工业蓝皮书
中国西部工业发展报告（2014）
著(编)者:方行明 刘方健 姜凌等
2014年9月出版 / 估价:69.00元

西部金融蓝皮书
中国西部金融发展报告（2013~2014）
著(编)者:李忠民　2014年8月出版 / 定价:75.00元

新能源汽车蓝皮书
中国新能源汽车产业发展报告（2014）
著(编)者:中国汽车技术研究中心
日产（中国）投资有限公司
东风汽车有限公司
2014年8月出版 / 定价:69.00元

信托蓝皮书
中国信托投资报告（2014）
著(编)者:杨金龙 刘屹　2014年11月出版 / 估价:69.00元

信托市场蓝皮书
中国信托业市场报告（2013~2014）
著(编)者:李旸　2014年1月出版 / 定价:198.00元

信息化蓝皮书
中国信息化形势分析与预测（2014）
著(编)者:周宏仁　2014年8月出版 / 定价:98.00元

信用蓝皮书
中国信用发展报告（2014）
著(编)者:章政 田侃　2014年9月出版 / 估价:69.00元

休闲绿皮书
2014年中国休闲发展报告
著(编)者:刘德谦　唐兵　宋瑞
2014年11月出版 / 估价:59.00元

养老产业蓝皮书
中国养老产业发展报告（2013~2014年）
著(编)者:张车伟　2014年9月出版 / 估价:69.00元

移动互联网蓝皮书
中国移动互联网发展报告（2014）
著(编)者:官建文　2014年6月出版 / 定价:79.00元

医药蓝皮书
中国医药产业园战略发展报告（2013~2014）
著(编)者:裴长洪　房书亭　吴滌心
2014年3月出版 / 定价:89.00元

医药蓝皮书
中国药品市场报告（2014）
著(编)者:程锦锥 朱恒鹏　2014年12月出版 / 估价:79.00元

中国总部经济蓝皮书
中国总部经济发展报告（2013~2014）
著(编)者:赵弘　2014年5月出版 / 定价:79.00元

珠三角流通蓝皮书
珠三角商圈发展研究报告（2014）
著(编)者:王先庆 林至颖　2014年11月出版 / 定价:69.00元

住房绿皮书
中国住房发展报告（2013~2014）
著(编)者:倪鹏飞　2013年12月出版 / 定价:79.00元

资本市场蓝皮书
中国场外交易市场发展报告（2013~2014）
著(编)者:高峦　2014年8月出版 / 定价:79.00元

资产管理蓝皮书
中国资产管理行业发展报告（2014）
著(编)者:郑智　2014年7月出版 / 定价:79.00元

支付清算蓝皮书
中国支付清算发展报告（2014）
著(编)者:杨涛　2014年5月出版 / 定价:45.00元

中国上市公司蓝皮书
中国上市公司发展报告（2014）
著(编)者:许雄斌　张平　2014年9月出版 / 定价:98.00元

文化传媒类

传媒蓝皮书
中国传媒产业发展报告（2014）
著(编)者:崔保国　2014年4月出版 / 定价:98.00元

传媒竞争力蓝皮书
中国传媒国际竞争力研究报告（2014）
著(编)者:李本乾　2014年9月出版 / 估价:69.00元

创意城市蓝皮书
武汉市文化创意产业发展报告（2014）
著(编)者:张京成　黄永林　2014年10月出版 / 估价:69.00元

电视蓝皮书
中国电视产业发展报告（2014）
著(编)者:卢斌　2014年9月出版 / 估价:79.00元

电影蓝皮书
中国电影出版发展报告（2014）
著(编)者:卢斌　2014年9月出版 / 估价:79.00元

动漫蓝皮书
中国动漫产业发展报告（2014）
著(编)者:卢斌　郑玉明　牛兴侦　2014年7月出版 / 定价:79.00元

广电蓝皮书
中国广播电影电视发展报告（2014）
著(编)者: 杨明品　2014年7月出版 / 估价:98.00元

广告主蓝皮书
中国广告主营销传播趋势报告N0.8
著(编)者:中国传媒大学广告主研究所
中国广告主营销传播创新研究课题组
黄升民　杜国清　邵华冬等
2014年11月出版 / 估价:98.00元

国际传播蓝皮书
中国国际传播发展报告（2014）
著(编)者:胡正荣　李继东　姬德强
2014年7月出版 / 定价:89.00元

纪录片蓝皮书
中国纪录片发展报告（2014）
著(编)者:何苏六　2014年10月出版 / 估价:89.00元

两岸文化蓝皮书
两岸文化产业合作发展报告（2014）
著(编)者:胡惠林 李保宗　2014年7月出版 / 定价:79.00元

媒介与女性蓝皮书
中国媒介与女性发展报告（2014）
著(编)者:刘利群　2014年11月出版 / 估价:69.00元

全球传媒蓝皮书
全球传媒产业发展报告（2014）
著(编)者:胡正荣　2014年12月出版 / 估价:79.00元

视听新媒体蓝皮书
中国视听新媒体发展报告（2014）
著(编)者:庞井君　2014年11月出版 / 估价:148.00元

文化创新蓝皮书
中国文化创新报告（2014）No.5
著(编)者:于平　傅才武　2014年4月出版 / 定价:79.00元

文化科技蓝皮书
文化科技融合与创意城市发展报告（2014）
著(编)者:李凤亮　于平　2014年11月出版 / 估价:79.00元

文化蓝皮书
中国文化产业发展报告（2014）
著(编)者:张晓明　王家新　章建刚
2014年4月出版 / 定价:79.00元

文化蓝皮书
中国文化产业供需协调增长测评报（2014）
著(编)者:王亚楠　2014年2月出版 / 定价:79.00元

文化蓝皮书
中国城镇文化消费需求景气评价报告（2014）
著(编)者:王亚南　张晓明　祁述裕
2014年11月出版 / 估价:79.00元

文化蓝皮书
中国公共文化服务发展报告（2014）
著(编)者:于群　李国新　2014年10月出版 / 估价:98.00元

文化蓝皮书
中国文化消费需求景气评价报告（2014）
著(编)者:王亚南 张晓明 祁述裕 郝朴宁
2014年11月出版 / 估价:79.00元

文化蓝皮书
中国乡村文化消费需求景气评价报告（2014）
著(编)者:王亚南　2014年11月出版 / 估价:79.00元

文化蓝皮书
中国中心城市文化消费需求景气评价报告（2014）
著(编)者:王亚南　2014年11月出版 / 估价:79.00元

文化蓝皮书
中国少数民族文化发展报告（2014）
著(编)者:武翠英 张晓明 张学进
2014年11月出版 / 估价:69.00元

文化建设蓝皮书
中国文化发展报告（2013）
著(编)者:江畅　孙伟平　戴茂堂
2014年4月出版 / 定价:138.00元

文化品牌蓝皮书
中国文化品牌发展报告（2014）
著(编)者:欧阳友权　2014年4月出版 / 定价:79.00元

文化遗产蓝皮书
中国文化遗产事业发展报告（2014）
著(编)者:刘世锦　2014年9月出版 / 估价:79.00元

文学蓝皮书
中国文情报告（2013~2014）
著(编)者:白烨　2014年5月出版 / 定价:49.00元

新媒体蓝皮书
中国新媒体发展报告No.5（2014）
著(编)者:唐绪军　2014年6月出版 / 定价:79.00元

移动互联网蓝皮书
中国移动互联网发展报告（2014）
著(编)者:官建文　2014年6月出版 / 定价:79.00元

游戏蓝皮书
中国游戏产业发展报告（2014）
著(编)者:卢斌　2014年9月出版 / 估价:79.00元

舆情蓝皮书
中国社会舆情与危机管理报告（2014）
著(编)者:谢耘耕　2014年8月出版 / 定价:98.00元

粤港澳台文化蓝皮书
粤港澳台文化创意产业发展报告（2014）
著(编)者:丁未　2014年9月出版 / 估价:69.00元

地方发展类

安徽蓝皮书
安徽社会发展报告（2014）
著(编)者:程桦　2014年4月出版 / 定价:79.00元

安徽经济蓝皮书
皖江城市带承接产业转移示范区建设报告（2014）
著(编)者:丁海中　2014年4月出版 / 定价:69.00元

安徽社会建设蓝皮书
安徽社会建设分析报告（2014）
著(编)者:黄家海 王开玉 蔡宪　2014年9月出版 / 估价:69.00元

北京蓝皮书
北京公共服务发展报告（2013~2014）
著(编)者:施昌奎　2014年2月出版 / 定价:69.00元

北京蓝皮书
北京经济发展报告（2013~2014）
著(编)者:杨松　2014年4月出版 / 定价:79.00元

北京蓝皮书
北京社会发展报告（2013~2014）
著(编)者:缪青　2014年5月出版 / 定价:79.00元

北京蓝皮书
北京社会治理发展报告（2013~2014）
著(编)者:殷星辰　2014年4月出版 / 定价:79.00元

北京蓝皮书
中国社区发展报告（2013~2014）
著(编)者:于燕燕　2014年6月出版 / 定价:69.00元

北京蓝皮书
北京文化发展报告（2013~2014）
著(编)者:李建盛　2014年4月出版 / 定价:79.00元

北京旅游绿皮书
北京旅游发展报告（2014）
著(编)者:北京旅游学会　2014年7月出版 / 定价:88.00元

北京律师蓝皮书
北京律师发展报告No.2（2014）
著(编)者:王隽 周塞军　2014年9月出版 / 估价:79.00元

北京人才蓝皮书
北京人才发展报告（2014）
著(编)者:于淼　2014年10月出版 / 估价:89.00元

北京社会心态蓝皮书
北京社会心态分析报告（2013~2014）
著(编)者:北京社会心理研究所
2014年9月出版 / 估价:79.00元

城乡一体化蓝皮书
中国城乡一体化发展报告·北京卷（2014）
著(编)者:张宝秀 黄序　2014年11月出版 / 估价:79.00元

创意城市蓝皮书
北京文化创意产业发展报告（2014）
著(编)者:张京成 王国华　2014年10月出版 / 估价:69.00元

创意城市蓝皮书
重庆创意产业发展报告（2014）
著(编)者:程宁宁　2014年4月出版 / 定价:89.00元

创意城市蓝皮书
青岛文化创意产业发展报告（2013~2014）
著(编)者:马达 张丹妮　2014年6月出版 / 定价:79.00元

创意城市蓝皮书
无锡文化创意产业发展报告（2014）
著(编)者:庄若江 张鸣年　2014年11月出版 / 估价:75.00元

服务业蓝皮书
广东现代服务业发展报告（2014）
著(编)者:祁明 程晓　2014年11月出版 / 估价:69.00元

甘肃蓝皮书
甘肃舆情分析与预测（2014）
著(编)者:陈双梅 郝树声　2014年1月出版 / 定价:69.00元

甘肃蓝皮书
甘肃县域经济综合竞争力报告（2014）
著(编)者:刘进军　2014年1月出版 / 定价:69.00元

甘肃蓝皮书
甘肃县域社会发展评价报告（2014）
著(编)者:魏胜文　2014年9月出版 / 估价:69.00元

甘肃蓝皮书
甘肃经济发展分析与预测（2014）
著(编)者:朱智文 罗哲　2014年1月出版 / 定价:69.00元

甘肃蓝皮书
甘肃社会发展分析与预测（2014）
著(编)者:安文华 包晓霞　2014年1月出版 / 定价:69.00元

甘肃蓝皮书
甘肃文化发展分析与预测（2014）
著(编)者:王福生 周小华　2014年1月出版 / 定价:69.00元

广东蓝皮书
广东省电子商务发展报告（2014）
著(编)者:黄建明 祁明　2014年11月出版 / 估价:69.00元

广东蓝皮书
广东社会工作发展报告（2014）
著(编)者:罗观翠　2014年6月出版 / 定价:89.00元

广东外经贸蓝皮书
广东对外经济贸易发展研究报告（2014）
著(编)者:陈万灵　2014年6月出版 / 定价:79.00元

广西北部湾经济区蓝皮书
广西北部湾经济区开放开发报告（2014）
著(编)者:广西北部湾经济区规划建设管理委员会办公室
广西社会科学院 广西北部湾发展研究院
2014年11月出版 / 估价:69.00元

广州蓝皮书
2014年中国广州经济形势分析与预测
著(编)者:庾建设 沈奎 郭志勇 2014年6月出版 / 定价:79.00元

广州蓝皮书
2014年中国广州社会形势分析与预测
著(编)者:张强 陈怡霓 2014年5月出版 / 定价:69.00元

广州蓝皮书
广州城市国际化发展报告（2014）
著(编)者:朱名宏 2014年9月出版 / 估价:59.00元

广州蓝皮书
广州创新型城市发展报告（2014）
著(编)者:李江涛 2014年7月出版 / 定价:69.00元

广州蓝皮书
广州经济发展报告（2014）
著(编)者:李江涛 朱名宏 2014年5月出版 / 定价:69.00元

广州蓝皮书
广州农村发展报告（2014）
著(编)者:李江涛 汤锦华 2014年8月出版 / 定价:69.00元

广州蓝皮书
广州青年发展报告（2014）
著(编)者:魏国华 张强 2014年9月出版 / 估价:65.00元

广州蓝皮书
广州汽车产业发展报告（2014）
著(编)者:李江涛 2014年10月出版 / 估价:69.00元

广州蓝皮书
广州商贸业发展报告（2014）
著(编)者:李江涛 王旭东 荀振英
2014年6月出版 / 定价:69.00元

广州蓝皮书
广州文化创意产业发展报告（2014）
著(编)者:甘新 2014年8月出版 / 定价:79.00元

广州蓝皮书
中国广州城市建设发展报告（2014）
著(编)者:董皞 冼伟雄 李俊夫
2014年11月出版 / 估价:69.00元

广州蓝皮书
中国广州科技和信息化发展报告（2014）
著(编)者:邹采荣 马正勇 冯元 2014年7月出版 / 定价:79.00元

广州蓝皮书
中国广州文化创意产业发展报告（2014）
著(编)者:甘新 2014年10月出版 / 估价:59.00元

广州蓝皮书
中国广州文化发展报告（2014）
著(编)者:徐俊忠 陆志强 顾涧清
2014年6月出版 / 定价:69.00元

广州蓝皮书
中国广州城市建设与管理发展报告（2014）
著(编)者:董皞 冯伟雄 2014年7月出版 / 定价:69.00元

贵州蓝皮书
贵州法治发展报告（2014）
著(编)者:吴大华 2014年3月出版 / 定价:69.00元

贵州蓝皮书
贵州人才发展报告（2014）
著(编)者:于杰 吴大华 2014年3月出版 / 定价:69.00元

贵州蓝皮书
贵州社会发展报告（2014）
著(编)者:王兴骥 2014年3月出版 / 定价:69.00元

贵州蓝皮书
贵州农村扶贫开发报告（2014）
著(编)者:王朝新 宋明 2014年9月出版 / 估价:69.00元

贵州蓝皮书
贵州文化产业发展报告（2014）
著(编)者:李建国 2014年9月出版 / 估价:69.00元

海淀蓝皮书
海淀区文化和科技融合发展报告（2014）
著(编)者:陈名杰 孟景伟 2014年11月出版 / 估价:75.00元

海峡西岸蓝皮书
海峡西岸经济区发展报告（2014）
著(编)者:福建省人民政府发展研究中心
2014年9月出版 / 估价:85.00元

杭州蓝皮书
杭州妇女发展报告（2014）
著(编)者:魏颖 2014年6月出版 / 定价:75.00元

杭州都市圈蓝皮书
杭州都市圈发展报告（2014）
著(编)者:董祖德 沈翔 2014年5月出版 / 定价:89.00元

河北经济蓝皮书
河北省经济发展报告（2014）
著(编)者:马树强 金浩 张贵 2014年4月出版 / 定价:79.00元

河北蓝皮书
河北经济社会发展报告（2014）
著(编)者:周文夫 2014年1月出版 / 定价:69.00元

河南经济蓝皮书
2014年河南经济形势分析与预测
著(编)者:胡五岳 2014年3月出版 / 定价:69.00元

河南蓝皮书

2014年河南社会形势分析与预测
著(编)者:刘道兴 牛苏林 2014年1月出版 / 定价:69.00元

河南蓝皮书
河南城市发展报告（2014）
著(编)者:谷建全 王建国 2014年1月出版 / 定价:59.00元

河南蓝皮书
河南法治发展报告（2014）
著(编)者:丁同民 闫德民 2014年3月出版 / 定价:69.00元

河南蓝皮书
河南金融发展报告（2014）
著(编)者:喻新安 谷建全 2014年4月出版 / 定价:69.00元

河南蓝皮书
河南经济发展报告（2014）
著(编)者:喻新安 2013年12月出版 / 定价:69.00元

河南蓝皮书
河南文化发展报告（2014）
著(编)者:卫绍生 2014年1月出版 / 定价:69.00元

河南蓝皮书
河南工业发展报告（2014）
著(编)者:龚绍东 2014年1月出版 / 定价:69.00元

河南蓝皮书
河南商务发展报告（2014）
著(编)者:焦锦淼 穆荣国 2014年5月出版 / 定价:88.00元

黑龙江产业蓝皮书
黑龙江产业发展报告（2014）
著(编)者:于渤 2014年10月出版 / 估价:79.00元

黑龙江蓝皮书
黑龙江经济发展报告（2014）
著(编)者:张新颖 2014年1月出版 / 定价:69.00元

黑龙江蓝皮书
黑龙江社会发展报告（2014）
著(编)者:艾书琴 2014年1月出版 / 定价:69.00元

湖南城市蓝皮书
城市社会管理
著(编)者:罗海藩 2014年10月出版 / 估价:59.00元

湖南蓝皮书
2014年湖南产业发展报告
著(编)者:梁志峰 2014年4月出版 / 定价:128.00元

湖南蓝皮书
2014年湖南电子政务发展报告
著(编)者:梁志峰 2014年4月出版 / 定价:128.00元

湖南蓝皮书
2014年湖南法治发展报告
著(编)者:梁志峰 2014年9月出版 / 估价:79.00元

湖南蓝皮书
2014年湖南经济展望
著(编)者:梁志峰 2014年4月出版 / 定价:128.00元

湖南蓝皮书
2014年湖南两型社会发展报告
著(编)者:梁志峰 2014年4月出版 / 定价:128.00元

湖南蓝皮书
2014年湖南社会发展报告
著(编)者:梁志峰 2014年4月出版 / 定价:128.00元

湖南蓝皮书
2014年湖南县域经济社会发展报告
著(编)者:梁志峰 2014年4月出版 / 定价:128.00元

湖南县域绿皮书
湖南县域发展报告No.2
著(编)者:朱有志 袁准 周小毛 2014年11月出版 / 估价:69.00元

沪港蓝皮书
沪港发展报告（2014）
著(编)者:尤安山 2014年9月出版 / 估价:89.00元

吉林蓝皮书
2014年吉林经济社会形势分析与预测
著(编)者:马克 2014年1月出版 / 定价:79.00元

济源蓝皮书
济源经济社会发展报告（2014）
著(编)者:喻新安 2014年4月出版 / 定价:69.00元

江苏法治蓝皮书
江苏法治发展报告No.3（2014）
著(编)者:李力 龚廷泰 2014年11月出版 / 估价:88.00元

京津冀蓝皮书
京津冀发展报告（2014）
著(编)者:文魁 祝尔娟 2014年3月出版 / 定价:79.00元

经济特区蓝皮书
中国经济特区发展报告（2013）
著(编)者:陶一桃 2014年4月出版 / 定价:89.00元

辽宁蓝皮书
2014年辽宁经济社会形势分析与预测
著(编)者:曹晓峰 张晶 2014年1月出版 / 定价:79.00元

流通蓝皮书
湖南省商贸流通产业发展报告No.2
著(编)者:柳思维 2014年10月出版 / 估价:75.00元

内蒙古蓝皮书
内蒙古反腐倡廉建设报告No.1
著(编)者:张志华 无极 2013年12月出版 / 定价:69.00元

浦东新区蓝皮书
上海浦东经济发展报告（2014）
著(编)者:沈开艳 陆沪根 2014年1月出版 / 估价:59.00元

侨乡蓝皮书
中国侨乡发展报告（2014）
著(编)者:郑一省　2014年9月出版 / 估价:69.00元

青海蓝皮书
2014年青海经济社会形势分析与预测
著(编)者:赵宗福　2014年2月出版 / 定价:69.00元

人口与健康蓝皮书
深圳人口与健康发展报告（2014）
著(编)者:陆杰华　江捍平　2014年10月出版 / 估价:98.00元

山东蓝皮书
山东经济形势分析与预测（2014）
著(编)者:张华　唐洲雁　2014年6月出版 / 定价:89.00元

山东蓝皮书
山东社会形势分析与预测（2014）
著(编)者:张华　唐洲雁　2014年6月出版 / 定价:89.00元

山东蓝皮书
山东文化发展报告（2014）
著(编)者:张华　唐洲雁　2014年6月出版 / 定价:98.00元

山西蓝皮书
山西资源型经济转型发展报告（2014）
著(编)者:李志强　2014年5月出版 / 定价:98.00元

陕西蓝皮书
陕西经济发展报告（2014）
著(编)者:任宗哲　石英　裴成荣　2014年2月出版 / 定价:69.00元

陕西蓝皮书
陕西社会发展报告（2014）
著(编)者:任宗哲　石英　牛昉　2014年2月出版 / 定价:65.00元

陕西蓝皮书
陕西文化发展报告（2014）
著(编)者:任宗哲　石英　王长寿　2014年3月出版 / 定价:59.00元

陕西蓝皮书
丝绸之路经济带发展报告（2014）
著(编)者:任宗哲　石英　白宽犁　2014年8月出版 / 定价:79.00元

上海蓝皮书
上海传媒发展报告（2014）
著(编)者:强荧　焦雨虹　2014年1月出版 / 定价:79.00元

上海蓝皮书
上海法治发展报告（2014）
著(编)者:叶青　2014年4月出版 / 定价:69.00元

上海蓝皮书
上海经济发展报告（2014）
著(编)者:沈开艳　2014年1月出版 / 定价:69.00元

上海蓝皮书
上海社会发展报告（2014）
著(编)者:卢汉龙　周海旺　2014年1月出版 / 定价:69.00元

上海蓝皮书
上海文化发展报告（2014）
著(编)者:蒯大申　2014年1月出版 / 定价:69.00元

上海蓝皮书
上海文学发展报告（2014）
著(编)者:陈圣来　2014年1月出版 / 定价:69.00元

上海蓝皮书
上海资源环境发展报告（2014）
著(编)者:周冯琦　汤庆合　任文伟
2014年1月出版 / 定价:69.00元

上饶蓝皮书
上饶发展报告（2013~2014）
著(编)者:朱寅健　2014年3月出版 / 定价:128.00元

社会建设蓝皮书
2014年北京社会建设分析报告
著(编)者:宋贵伦　冯虹　2014年7月出版 / 定价:79.00元

深圳蓝皮书
深圳经济发展报告（2014）
著(编)者:张骁儒　2014年7月出版 / 定价:79.00元

深圳蓝皮书
深圳劳动关系发展报告（2014）
著(编)者:汤庭芬　2014年6月出版 / 定价:75.00元

深圳蓝皮书
深圳社会发展报告（2014）
著(编)者:吴忠　余智晟　2014年11月出版 / 估价:69.00元

深圳蓝皮书
深圳社会建设与发展报告（2014）
著(编)者:叶民辉　张骁儒　2014年7月出版 / 定价:89.00元

四川蓝皮书
四川文化产业发展报告（2014）
著(编)者:侯水平　2014年2月出版 / 定价:69.00元

四川蓝皮书
四川企业社会责任研究报告（2014）
著(编)者:侯水平　盛毅　2014年4月出版 / 定价:79.00元

温州蓝皮书
2014年温州经济社会形势分析与预测
著(编)者:潘忠强　王春光　金浩　2014年4月出版 / 定价:69.00元

温州蓝皮书
浙江温州金融综合改革试验区发展报告（2013~2014
著(编)者:钱水土　王去非　李义超
2014年9月出版 / 估价:69.00元

扬州蓝皮书
扬州经济社会发展报告（2014）
著(编)者:张爱军　2014年9月出版 / 估价:78.00元

义乌蓝皮书
浙江义乌市国际贸易综合改革试验区发展报告（2013~2014）
著(编)者:马淑琴 刘文革 周松强
2014年9月出版 / 估价:69.00元

云南蓝皮书
中国面向西南开放重要桥头堡建设发展报告（2014）
著(编)者:刘绍怀　2014年12月出版 / 估价:69.00元

长株潭城市群蓝皮书
长株潭城市群发展报告（2014）
著(编)者:张萍　2014年10月出版 / 估价:69.00元

郑州蓝皮书
2014年郑州文化发展报告
著(编)者:王哲　2014年11月出版 / 估价:69.00元

国别与地区类

G20国家创新竞争力黄皮书
二十国集团(G20)国家创新竞争力发展报告(2014)
著(编)者:李建平 李闽榕 赵新力
2014年9月出版 / 估价:118.00元

阿拉伯黄皮书
阿拉伯发展报告（2013~2014）
著(编)者:马晓霖　2014年4月出版 / 定价:79.00元

澳门蓝皮书
澳门经济社会发展报告（2013~2014）
著(编)者:吴志良 郝雨凡　2014年4月出版 / 定价:79.00元

北部湾蓝皮书
泛北部湾合作发展报告（2014）
著(编)者:吕余生　2014年11月出版 / 估价:79.00元

大湄公河次区域蓝皮书
大湄公河次区域合作发展报告（2014）
著(编)者:刘稚　2014年11月出版 / 估价:79.00元

大洋洲蓝皮书
大洋洲发展报告（2013~2014）
著(编)者:喻常森　2014年8月出版 / 定价:89.00元

德国蓝皮书
德国发展报告（2014）
著(编)者:郑春荣 伍慧萍 等　2014年6月出版 / 定价:69.00元

东北亚黄皮书
东北亚地区政治与安全报告（2014）
著(编)者:黄凤志 刘雪莲　2014年11月出版 / 估价:69.00元

东盟黄皮书
东盟发展报告（2013）
著(编)者:崔晓麟　2014年5月出版 / 定价:75.00元

东南亚蓝皮书
东南亚地区发展报告（2013~2014）
著(编)者:王勤　2014年4月出版 / 定价:79.00元

俄罗斯黄皮书
俄罗斯发展报告（2014）
著(编)者:李永全　2014年7月出版 / 估价:79.00元

非洲黄皮书
非洲发展报告No.16（2013~2014）
著(编)者:张宏明　2014年7月出版 / 定价:79.00元

国际形势黄皮书
全球政治与安全报告（2014）
著(编)者:李慎明 张宇燕　2014年1月出版 / 定价:69.00元

韩国蓝皮书
韩国发展报告（2014）
著(编)者:牛林杰 刘宝全　2014年11月出版 / 估价:69.00元

加拿大蓝皮书
加拿大发展报告（2014）
著(编)者:仲伟合　2014年4月出版 / 定价:89.00元

柬埔寨蓝皮书
柬埔寨国情报告（2014）
著(编)者:毕世鸿　2014年11月出版 / 估价:79.00元

拉美黄皮书
拉丁美洲和加勒比发展报告（2013~2014）
著(编)者:吴白乙　2014年4月出版 / 定价:89.00元

老挝蓝皮书
老挝国情报告（2014）
著(编)者:卢光盛 方芸 吕星　2014年11月出版 / 估价:79.00元

美国蓝皮书
美国研究报告（2014）
著(编)者:黄平 郑秉文 2014年7月出版 / 定价:89.00元

缅甸蓝皮书
缅甸国情报告（2014）
著(编)者:李晨阳 2014年8月出版 / 定价:79.00元

欧洲蓝皮书
欧洲发展报告（2013~2014）
著(编)者:周弘 2014年6月出版 / 定价:89.00元

葡语国家蓝皮书
巴西发展与中巴关系报告2014（中英文）
著(编)者:张曙光 David T. Ritchie
2014年11月出版 / 估价:69.00元

日本经济蓝皮书
日本经济与中日经贸关系研究报告（2014）
著(编)者:王洛林 张季风 2014年5月出版 / 定价:79.00元

日本蓝皮书
日本发展报告（2014）
著(编)者:李薇 2014年3月出版 / 定价:69.00元

上海合作组织黄皮书
上海合作组织发展报告（2014）
著(编)者:李进峰 吴宏伟 李伟 2014年9月出版 / 定价:89.00元

世界创新竞争力黄皮书
世界创新竞争力发展报告（2014）
著(编)者:李建平 2014年9月出版 / 估价:148.00元

世界社会主义黄皮书
世界社会主义跟踪研究报告（2013~2014）
著(编)者:李慎明 2014年3月出版 / 定价:198.00元

泰国蓝皮书
泰国国情报告（2014）
著(编)者:邹春萌 2014年11月出版 / 估价:79.00元

土耳其蓝皮书
土耳其发展报告（2014）
著(编)者:郭长刚 刘义 2014年9月出版 / 定价:89.00元

亚太蓝皮书
亚太地区发展报告（2014）
著(编)者:李向阳 2014年1月出版 / 定价:59.00元

印度蓝皮书
印度国情报告（2012~2013）
著(编)者:吕昭义 2014年5月出版 / 定价:89.00元

印度洋地区蓝皮书
印度洋地区发展报告（2014）
著(编)者:汪戎 2014年3月出版 / 定价:79.00元

中东黄皮书
中东发展报告No.15（2014）
著(编)者:杨光 2014年10月出版 / 估价:59.00元

中欧关系蓝皮书
中欧关系研究报告（2014）
著(编)者:周弘 2013年12月出版 / 定价:98.00元

中亚黄皮书
中亚国家发展报告（2014）
著(编)者:孙力 吴宏伟 2014年9月出版 / 定价:89.00元

皮书大事记

☆ 2014年8月，第十五次全国皮书年会（2014）在贵阳召开，第五届优秀皮书奖颁发，本届开始皮书及报告将同时评选。

☆ 2013年6月，依据《中国社会科学院皮书资助规定（试行）》公布2013年拟资助的40种皮书名单。

☆ 2012年12月，《中国社会科学院皮书资助规定（试行）》由中国社会科学院科研局正式颁布实施。

☆ 2011年，部分重点皮书纳入院创新工程。

☆ 2011年8月，2011年皮书年会在安徽合肥举行，这是皮书年会首次由中国社会科学院主办。

☆ 2011年2月，“2011年全国皮书研讨会”在北京京西宾馆举行。王伟光院长（时任常务副院长）出席并讲话。本次会议标志着皮书及皮书研创出版从一个具体出版单位的出版产品和出版活动上升为由中国社会科学院牵头的国家哲学社会科学智库产品和创新活动。

☆ 2010年9月，“2010年中国经济社会形势报告会暨第十一次全国皮书工作研讨会”在福建福州举行，高全立副院长参加会议并做学术报告。

☆ 2010年9月，皮书学术委员会成立，由我院李扬副院长领衔，并由在各个学科领域有一定的学术影响力、了解皮书编创出版并持续关注皮书品牌的专家学者组成。皮书学术委员会的成立为进一步提高皮书这一品牌的学术质量、为学术界构建一个更大的学术出版与学术推广平台提供了专家支持。

☆ 2009年8月，“2009年中国经济社会形势分析与预测暨第十次皮书工作研讨会”在辽宁丹东举行。李扬副院长参加本次会议，本次会议颁发了首届优秀皮书奖，我院多部皮书获奖。

社会科学文献出版社
SOCIAL SCIENCES ACADEMIC PRESS (CHINA)

社会科学文献出版社成立于1985年，是直属于中国社会科学院的人文社会科学专业学术出版机构。

成立以来，特别是1998年实施第二次创业以来，依托于中国社会科学院丰厚的学术出版和专家学者两大资源，坚持“创社科经典，出传世文献”的出版理念和“权威、前沿、原创”的产品定位，社科文献立足内涵式发展道路，从战略层面推动学术出版的五大能力建设，逐步走上了学术产品的系列化、规模化、数字化、国际化、市场化经营道路。

先后策划出版了著名的图书品牌和学术品牌“皮书”系列、“列国志”、“社科文献精品译库”、“中国史话”、“全球化译丛”、“气候变化与人类发展译丛”“近世中国”等一大批既有学术影响又有市场价值的系列图书。形成了较强的学术出版能力和资源整合能力，年发稿3.5亿字，年出版新书1200余种，承印发行中国社科院院属期刊近70种。

2012年，《社会科学文献出版社学术著作出版规范》修订完成。同年10月，社会科学文献出版社参加了由新闻出版总署召开加强学术著作出版规范座谈会，并代表50多家出版社发起实施学术著作出版规范的倡议。2013年，社会科学文献出版社参与新闻出版总署学术著作规范国家标准的起草工作。

依托于雄厚的出版资源整合能力，社会科学文献出版社长期以来一直致力于从内容资源和数字平台两个方面实现传统出版的再造，并先后推出了皮书数据库、列国志数据库、中国田野调查数据库等一系列数字产品。

在国内原创著作、国外名家经典著作大量出版，数字出版突飞猛进的同时，社会科学文献出版社在学术出版国际化方面也取得了不俗的成绩。先后与荷兰博睿等十余家国际出版机构合作面向海外推出了《经济蓝皮书》《社会蓝皮书》等十余种皮书的英文版、俄文版、日文版等。

此外，社会科学文献出版社积极与中央和地方各类媒体合作，联合大型书店、学术书店、机场书店、网络书店、图书馆，逐步构建起了强大的学术图书的内容传播力和社会影响力，学术图书的媒体曝光率居全国之首，图书馆藏率居于全国出版机构前十位。

作为已经开启第三次创业梦想的人文社会科学学术出版机构，社会科学文献出版社结合社会需求、自身的条件以及行业发展，提出了新的创业目标：精心打造人文社会科学成果推广平台，发展成为一家集图书、期刊、声像电子和数字出版物为一体，面向海内外高端读者和客户，具备独特竞争力的人文社会科学内容资源供应商和海内外知名的专业学术出版机构。

中国皮书网

发布皮书研创资讯，传播皮书精彩内容
引领皮书出版潮流，打造皮书服务平台

栏目设置：

☐ 资讯：皮书动态、皮书观点、皮书数据、 皮书报道、皮书新书发布会、电子期刊

☐ 标准：皮书评价、皮书研究、皮书规范、皮书专家、编撰团队

☐ 服务：最新皮书、皮书书目、重点推荐、在线购书

☐ 链接：皮书数据库、皮书博客、皮书微博、出版社首页、在线书城

☐ 搜索：资讯、图书、研究动态

☐ 互动：皮书论坛

www.pishu.cn

中国皮书网依托皮书系列“权威、前沿、原创”的优质内容资源，通过文字、图片、音频、视频等多种元素，在皮书研创者、使用者之间搭建了一个成果展示、资源共享的互动平台。

自2005年12月正式上线以来，中国皮书网的IP访问量、PV浏览量与日俱增，受到海内外研究者、公务人员、商务人士以及专业读者的广泛关注。

2008年10月，中国皮书网获得“最具商业价值网站”称号。

2011年全国新闻出版网站年会上，中国皮书网被授予“2011最具商业价值网站”荣誉称号。